JN116100

日本企業論

企業社会の経営学

勝部 伸夫［著］

文眞堂

はじめに

　本書は，経営学を学ぶ学生の皆さんならびに社会人を対象とする企業論の教科書として書かれたものである。日本は他の先進諸国と同様に企業社会となっており，企業が私たちの日常生活に広く深く関わっていることは今や誰が見ても明らかであろう。これを一言で言えば，企業なしでは生きていけない社会になっているということである。実際，企業は地域・社会に住む私たち1人ひとりの衣食住にとって必要不可欠な財サービスを提供し，雇用の場も提供してくれている。それに加えて企業は人々の生活スタイルや生きがい，若者の教育や進学，そして結婚・育児・家族の在り方といった人生の根幹に関わる問題から，国の経済・財政といった社会の基盤を成す問題にまで直接・間接に関わっており，最終的には地球規模での人類の生存にまで，決定的な影響を及ぼしている。随分大げさに聞こえるかも知れないが，これが現代社会における企業の実相である。日本の企業社会の中で生活している私たちにとっては，そうした日本企業の今を知り，今後社会がどのような方向に進んでいこうとしているのか考えてみることは極めて重要である。

　ではその企業とは何か，どのような仕組みになっているかと問われると，なかなかうまく説明できないというのが実感であろう。そもそも企業をどのレベルでどう捉えるのかという問題がある。理論レベルにおいても，企業把握には複数あって，決して1つに収斂しているわけではない。企業の何を見るのか，本質をどう捉えるのかによって企業理解は異なる。また企業はそれが活動している国や地域社会における歴史的，社会的，文化的背景と密接に結びついており，企業の経営スタイルは決して一様ではない。例えば，日米のそれを比較するだけでも違いは歴然としている。さらに社会・経済そのものが大きく変動していく中では，企業もまた新たな経営環境に適応しようとその在り方や行動様式を変化させてきているのも事実である。

　こうした点を踏まえて書かれた本書は，以下のような特徴をもっている。

1．本書は，日本企業を主な対象として，企業の仕組みや役割，行動を説明し

ている。全体は3部構成になっており，第Ⅰ部は企業の基礎理論，つづく第Ⅱ部は日本企業の歴史と経営の特徴，最後の第Ⅲ部は日本企業のガバナンスという内容になっている。日本企業の現在を知ってもらうことは本書の重要な目標の1つであるが，そのためには単なる目先の現象だけではなく，そこに至る歴史的経緯とその意味を学んでもらうことも大切である。そのため第Ⅱ部に日本企業の歴史を配置し，経営史的な説明を行った。今なぜこうなっているのか，また今後どうなるのかを展望しようとすれば，やはり歴史的視点が不可欠である。

2．本書では可能な限り新しいデータを用いて，日本企業の現在の姿を的確に捉えられるように努めている。理論は言うまでもなく，実態がどうなっているかを含めてトータルに把握することが重要である。企業活動の最前線でどのような動きがあるのか，関連する図表を示すとともに，平易な文章で説明するように心がけた。

3．本書は日本企業を主たる対象として論じてはいるが，その歴史や経営の独自性を明らかにしようとすれば他国の企業との比較も大切である。特にアメリカ企業の歴史や経営に関しては，これまでも経営学の多くの著作において紹介されており，アメリカとの比較は日本企業の理解には有益である。本書でも，必要に応じてアメリカの制度や企業の実態について取り上げており，特に第Ⅲ部のコーポレート・ガバナンスに関しては，アメリカの状況について多少詳しく説明している。

社会が大きく変動していき，しかも将来が不透明でなかなか見通せない中で，本書は，歴史・理論・現実という観点から，日本企業と日本の企業社会の特質を理解してもらうことを意図したものである。これから未来に向かって日本の企業社会を生きていく学生や社会人の皆さんにとって，本書が少しでも問題を発見し考えるヒントを提供するものになれば幸いである。

最後に，出版事情が厳しい中，本書を刊行できたのは文眞堂・前野隆社長はじめ編集部の前野眞司氏，山崎勝徳氏のご理解とご尽力の賜である。この場をお借りして心より感謝申し上げたい。

2023年3月20日

勝部　伸夫

目　　次

コラム❶　フリーランスとギグワーカー　5

コラム❷　大企業がわざわざ「中小企業」になる理由　26

コラム❸　会長と社長の関係　78

コラム❹　「会社は誰のものか」──バーリ＝ドッド論争　252

コラム❺　日本人社長よりも高い外国人取締役の報酬　306

コラム❻　B Corporation と Benefit Corporation　318

第 I 部

企業の基礎理論

第 1 章

経営学と企業
——なぜ企業のことを学ぶのか？

〈本章のポイント〉

　現代社会は企業が社会の中心的な役割を担う企業社会になっており，衣食住などすべての面で，もはや企業なしでは人々の生活は成り立たなくなっている。具体的には，私たちは消費者，労働者，生活者というそれぞれの立場で企業と直接的，間接的に関わりを持っており，そのいずれの側面においても企業の影響力はきわめて大きい。したがって，私たち 1 人ひとりが企業の仕組みや機能を理解し，また企業の行動やその在り方を注視していく必要がある。

　日本の資本主義は 150 年を超える歴史があるが，企業社会の本格的な成立は戦後の高度成長期からだと言える。この時期に高校などへの進学率が急上昇し，企業に雇用される人が多数を占めるようになった。これは日本の人口ボーナス期とも重なっている。日本は高度経済成長を経て世界第 2 位の「経済大国」となり，人々は豊かな生活を享受できるようになった。そして日本の企業社会は 1980 年代後半のバブル経済でその絶頂期を迎える。しかし，1990 年代のバブル経済崩壊以降のこの 30 年間は，世界における日本経済のプレゼンスは次第に低下してきている。

　私たちはモノが溢れる「豊かな」社会に住んでいる反面，長時間労働や低所得にあえぐワーキングプアなどの問題も無視できない。人々の働き方や賃金などの面からも，日本の企業社会の在り方が改めて問われている。

キーワード▶企業社会，消費者，労働者，生活者，高度成長期，経済大国，人口ボーナス，豊かな社会，少子高齢化，ワーキングプア，過労死

▌第1節　企業社会における企業の位置と意味

◆ 企業社会とは何か？

　現代社会をどう把握するかは，経営学を学ぶ上でも重要なテーマの1つである。例えば，資本主義社会，社会主義社会という社会経済体制の区分は今でもよく使われている。あるいはまた，ネット社会，モバイル社会，情報社会，少子高齢化社会，格差社会，キャッシュレス社会等々，その時代の社会の態様を示す言葉が次々に生み出されてきた。いずれも社会の問題や特徴を掴んでいるが，重要なのはその言葉がどれだけ深く，的確に社会の本質を捉えているかである。

　経営学者P. F. ドラッカーは現代社会を「**組織体の社会**」（a society of institutions）と呼んだ。それは社会のあらゆる領域における活動が大規模組織体によって担われるようになってきたからである。組織が社会の基本になってきたという意味では**組織社会**と呼ぶことができる。これは組織の学問として生成・発展してきた経営学にとっては，現代社会認識としては大きな意味を持つ。組織体には企業，行政機関，病院，学校などさまざまな種類があり，しかもそうした組織体はいずれも大規模化してきている。その中でも中心に位置するのが企業である。特にこの点に注目すれば，現代社会は企業が中心的な役割を担っている**企業社会**だと言うことができよう。そう呼んでもよい理由は，企業が社会において決定的な位置と意味を持つようになり，衣食住を含めて人々の生活のすべての面において企業なしでは社会が成り立たなくなってきたからである。勿論，企業以外の組織体の役割やその重要性も増大してきており決して無視できないが，社会の経済的基盤を中心になって支えているのが企業であることには異論はなかろう。

　以下では現代社会を企業社会として論じていく。企業社会と言う場合，それはいろいろな視点からの分析が可能であるが，ここでは「企業社会とは何か」を，私たちの生活に引きつけて消費者，労働者，生活者という3つの視点から見ておこう。

　まず，**消費者**の視点から見た企業社会である。私たちは毎日，さまざまな商

品（財・サービス）を購入し，それを消費して生きている。家族や友人と食事をしたり，街で余暇を楽しんだりするとき，必要な商品を提供してくれるのは企業である。ショッピングに行けば流行のファッションなど，欲しいものはほとんどすべて揃っているし，今やオンラインで注文さえすれば自宅にまで届けてくれる。また，あるのが当たり前で日常的にはほとんど意識されないのが電気・ガス・水道などである。これらは人々の生存に必要不可欠なまさに「命綱」であるが，こうした商品を供給しているのもすべて企業である。通勤，通学，買い物に使う電車，バス，タクシーなどの公共交通機関も同じく企業である。あるいは契約数2億334万件で普及率162.5％（2022年6月末）と国民全員が1台以上持っている携帯電話（大部分はスマホ）は，これもまた現代人にとってのライフラインであり，SNSも含めてコミュニケーション手段としてなくてはならない生活の必需品である。スマホの端末もネット環境もやはり企業が提供している。このように消費者の視点で見ると，衣・食・住のすべてに渡って便利で快適な生活を支えてくれているのが企業であり，企業が提供してくれる商品なしにはもはや私たちの「豊かな」生活は一時も成り立たなくなっている。つまり企業社会では財・サービスを提供してくれるのは基本的に企業である。

　次に，**労働者**の視点から見た企業社会である。企業はいうまでもなく生産のための組織体であり，さまざまな商品を生産するために多数の労働者を雇用している。労働者は企業で働くことによって賃金を得る。この賃金で労働者は生計を立てており，企業は生活のための所得を得る場になっている。つまり現代社会では多くの人が**雇用者**（雇う方の雇用主の意味でも用いられるが，ここでは雇われる方の被傭者の意味）として所得を得ており，その雇用の場を提供してくれるのが企業である。図表1-1を見ると，日本の就業者は6667万人いるが，そのうち雇用者は6012万人で，その比率は90％と大多数を占める（「労働力調査（基本集計）2023年2月分」）。この中には官公庁や非営利組織で働いている人も含まれてはいるものの，大部分は民間企業の雇用者である。つまり，圧倒的な数の人々が企業で雇用されて所得を得ているのである。このように労働者にとって所得を与えてくれる企業は生きていくためには必要不可欠な存在になっているが，企業の意味は決してそれだけではない。企業は所得に加

えて，実はその人の**社会的地位と機能**もまた付与してくれる存在である。人間が生きていくには地位や機能がなくてはならず，もしそれがなければ社会の根無し草となってしまうからである（Drucker 1942）。したがって，企業社会において人々は，所得だけでなく社会的な地位や機能も手にしているのである。

図表 1-1　従業上の地位別就業者数

（万人）

2023 年 2 月	実数	対前年同月増減
就業者	6,667	9
自営業主・家族従業者	622	−3
雇用者	6,012	7
男	3,261	−12
女	2,751	18

出所：総務省統計局「労働力調査（基本集計）2023年2月分」2023年3月31日（2023年4月1日アクセス）https://www.stat.go.jp/data/roudou/sokuhou/tsuki/pdf/gaiyou.pdf

コラム❶　フリーランスとギグワーカー

　日本人の大多数が企業を中心とする組織体に属して仕事をしている一方で，働き方の多様化も進んでおり，特定の組織体に属さないで働く人たちも近年は増加してきている。そうした人たちを表すフリーランスやギグワーカーといった言葉を，頻繁に耳にするようになってきた。特にギグワーカー（Gig Worker）は，言葉として登場してきたのは比較的最近である。**ギグワーカー**とは，インターネットを介して単発の仕事を請け負う就業者のことをいう。「ギグ」とはもともと音楽用語で，ライブ会場で行う1回限りの演奏を指している。具体的な仕事としては，料理宅配サービスの配達員や事務・家事代行などがあり，特に前者は街中でその姿をよく目にするようになっている。厚労省のガイドラインによれば，**フリーランス**とは「実店舗がなく，雇人もいない自営業主や一人社長であって，自身の経験や知識，スキルを活用して収入を得る者」とされており，この規定にはギグワーカーも含まれる。

　フリーランスやギグワーカーとして働く人がどれ位いるのかははっきりしないものの，フリーランス実態調査（内閣官房，2020 年）によれば，その総数

は462万人で，このうち本業で働く人が214万人，副業は248万人と推計されている。この調査ではギグワーカーという区分はないが，「業務・作業の依頼（委託）を受けて仕事を行い，主に事業者と取引を行う者」をそれと見做せば，全体の43.2％である。つまり約200万人がギグワーカーと考えられよう。また料理宅配サービスの配達員を対象とした調査（「フリーランス白書2022年」）では，回答者の5割近くが個人事業者なのに対し，3割近くは副業でやっている会社員であった。隙間時間を有効に使え，しかも自由度が高い点が好感されてか，仕事に満足するとの回答は全体の6割を占めた。

　しかし，こうしたギグワーカーの置かれた状況は必ずしも良好とは言えない。そのため，低所得の改善や社会保障の適用などの動きが世界では広がってきている。今後のギグエコノミーの拡大を考えれば，ギグワーカーに対する一定の保護は避けて通れない。日本でも下請法を改正し，フリーランスを保護対象とすることが決まった。

　最後は，**生活者**の視点から見た企業社会である。「生活者」とは辞書的には「日々の暮らしを営む人」という意味であるが，ここではもう少し積極的に，地域・社会を基盤として自律した生活を志向する市民といったイメージで捉えたい。「生活者」とはいうまでもなく同時に消費者であり労働者でもあるが，そうした側面も含めてトータルな1個の人間として地域やコミュニティにおいて生活をしている「市民」ということになる。こうした「生活者」にとって，企業はさまざまな便益を提供してくれる有難い存在であるが，逆に，企業の行動によって大きな災厄がもたらされることもある。1960年代の高度成長期に起こった**四大公害病**（水俣病，新潟水俣病，四日市ぜんそく，イタイイタイ病）などはその代表的な事例であり，今も後遺症や認定問題で苦しんでいる人たちが多数いる。また2011年の東電・福島第一原子力発電所事故は地域・社会に計り知れないほどの甚大な被害をもたらし，未だ解決にはほど遠い状況にある。企業はその行動如何によっては，地域で暮らす人々の生存までをも脅かす圧倒的な影響力を持っている。「生活者」の立場からすると，自分たちの生活の基盤を奪い，安心・安全な生活を破壊するような企業行動は絶対に認められない。さらに日々の生活に不可欠な食の安全や環境保護，あるいは地球温暖

化などの気候変動に対しても無関心ではいられない。したがって，企業は，同じ社会の中のメンバーとして「生活者」あるいは「市民」の視点を共有することで責任ある行動を取ることが求められている。

　以上，企業社会とは何かを見てきたが，それは一言でいえば，企業なしでは私たちの生活が成り立たない社会ということである。消費者，労働者，生活者といういずれの視点で見ても，企業というものが私たちの生活と密接に関係し，今や決定的な存在になっていることが理解できたであろう。ただし，企業社会には光と影がある。「光」の部分だけ見ていたのでは企業社会の全体像を正確に把握することはできないし，また「影」の部分を変革することなしに健全な企業社会にはなり得ない。「光」の部分を生み出しているのも企業であれば，「影」の部分を生み出しているのも企業である。まず両者をしっかり見極める必要がある。そして今日，先進諸国はいずれも企業社会になっていると言ってよいが，同じ企業社会といっても日本のそれは日本ならではの特徴をもっていることも事実である。そうであれば，その企業社会に生きる私たち自身が，日本企業のことをもっと深く知り，企業の在り方を考えてみる必要があろう。

第2節　日本における企業社会の成立と発展

◆ 日本はいつ頃から企業社会になったのか？

　日本社会は企業社会になっていることを見てきた。では日本はいつ頃，どのようにして企業社会になったのであろうか。この点を人口，産業構造，教育の観点から確認しておこう。

　まず日本の人口である。日本が資本主義社会としてスタートした明治維新（1868年）に3330万人ほどであった日本の人口は，経済発展とともに明治・大正・昭和と右肩上がりで拡大し，終戦の年の1945年には7199万人となった（図表1-2参照）。人口の拡大は戦後も続き，1967年には1億人を突破し，2008年には1億2808万人でピークに達した。この間，第一次ベビーブーム（1947年〜49年），第二次ベビーブーム（1971年〜74年）などで人口増は加速した。このように明治以降はいわば人口の拡大期と言うことができるが，その

図表 1-2　わが国の人口の推移

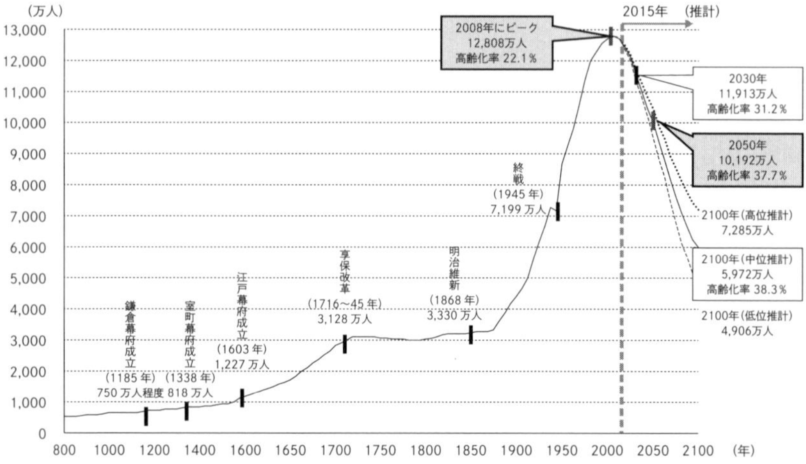

出典：1920 年までは，国土庁「日本列島における人口分布の長期時系列分析」（1974 年），1920
　　　年からは総務省「国勢調査」。なお，総人口のピーク（2008 年）に係る確認には，総務省
　　　「人口推計年報」及び「平成 17 年及び 22 年国勢調査結果による補間補正人口」を用いた。
　　　2020 年からは国立社会保障・人口問題研究所「日本の将来推計人口（平成 29 年推計）」を
　　　基に作成。
出所：総務省「国土の長期展望専門委員会最終とりまとめ参考資料」（2021 年 10 月 6 日アクセ
　　　ス）https://www.mlit.go.jp/policy/shingikai/content/001412278.pdf

　背景としては，農業や工業の生産力の増大による所得や生活水準の向上，あるいは医療などの公衆衛生の向上等が挙げられる。また，経済の発展と人口は密接に結びついており，人口の増大は労働力の供給源の拡大，あるいは消費人口の増大を意味する。ここで特に重要なのは，人口に占める**生産年齢人口**（15歳以上 65 歳未満）の比率である。この比率が高い状態を**人口ボーナス（期）**と呼び，働き盛りの豊富な労働力が供給されて経済が発展する時期と言われる。日本は 1960 年代から 1990 年代半ば頃までがまさにそれに該当し，この時期は戦後の**高度経済成長期**とそのまま重なる。日本経済は人口ボーナス（期）をうまく経済発展に結びつけてそれを謳歌したのである。ちなみに現在の日本はすでに**人口オーナス（期）**に入っており，急速な**少子高齢化**の中で生産年齢人口に代わって**従属人口**（65 歳以上と 15 歳未満）の比率が上昇してきている。なおオーナス（onus）とは重荷，負担の意味である。
　次に日本の産業構造である。人口は明治以降，右肩上りで拡大し経済も大き

く成長してきた。この日本の資本主義150年をそのまま企業社会として見てよいのであろうか。そうだとも言えるが，ここでは明治以降の産業構造の変化に注目して，人々がどのようにして所得を得ていたのかを見ておこう。

　経済の発展にともない産業構造が高度化するというのが**ペティ＝クラークの法則**である。よく知られている通り，第一次産業（農林漁業）→第二次産業（製造業，建設業，鉱業）→第三次産業（小売・卸売，サービス，金融など）という順番で就業者数や国民所得に占める比率が上昇していく。日本はこの法則の通り，資本主義社会となった明治以降の約150年間で，第一次産業から第二次産業，第三次産業へと産業構造の重心を大きく変化させていった。問題はそこから企業社会について何が読み取れるかである。

　産業ごとの時系列のデータを見ると，日本は19世紀後半に資本主義国になったとはいえ，20世紀に入った1906年時点では60％の人々が第一次産業に従事していた。第一次産業の中心は農業であり，これは国民の半数以上が農業を中心に生計を立てていたということを意味する。農業を支えていたのは自

図表1-3　産業別就業者数の推移（第一次〜第三次産業）1951年〜2021年

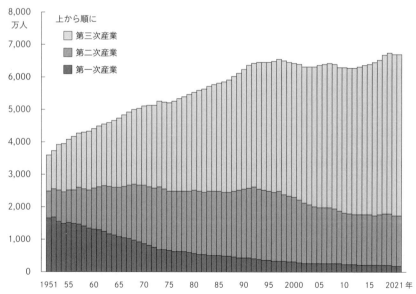

出所：独立行政法人労働政策研究・研修機構「早わかり　グラフでみる長期労働統計」（2022年7月28日アクセス）https://www.jil.go.jp/kokunai/statistics/timeseries/html/g0204.html

作農，小作農の人たちである。そしてこの比率は 1920 年 54％，40 年 43.6％と次第に低下していくのであるが，それでも戦前は第一次産業の比率は他の産業よりも高かった。これはすなわち日本人の半数近い人々は，戦前は企業以外で所得を得ていたということである。この産業別の就業者の比率が大きく変動するのは戦後（1945 年〜）になってからである。第一次産業の就業者比率が急速に減少していき，代わりに第二次産業と第三次産業の就業者比率が大きく伸張した。こうした動きが顕著に表れたのが**高度経済成長期**である（図表 1-3 参照）。1960 年の時点で第一次産業 32.9％，第二次産業 29.3％，第三次産業 36.7％であったのが，1970 年には第一次産業 19.7％，第二次産業 34.8％，第三次産業 45.0％へと変化した。第一次産業の就業者比率が約 20％なのに対し，第二次産業と第三次産業の就業者比率を合わせると約 80％に達している。この第二次産業と第三次産業の就業者とは，実質的には企業などの雇用者が大部分を占めていると言ってよい。農業と違って，製造業や流通・サービス・金融業などは会社形態での事業が多いからである。戦後の雇用状況を振り返ると，集団就職で地方の農村から都市部の企業に多くの若者が就職するようになった。つまり経済成長に伴って人々の雇用の場が主として企業となり，企業は働いて所得を得る場として不可欠の存在になってきたのである。そして 2021 年のデータ（分類不能があるためトータルでは 100％にならない）では，第一次産業 3.1％，第二次産業 22.1％，第三次産業 74.1％となっている（『日本のすがた 2023』）。いまや第三次産業が圧倒的な比率を占めるようになり，日本人の多くがサービス，流通，金融などの分野を中心に働くようになっている。

　こうして，経済の発展にともない第一次産業から第二次，第三次産業へと就業者の比率が移行するという現象は，企業論的に解釈するならば，農業（＝自営）中心から産業企業が中心となる社会への移行と読み解くことができる。したがって，日本の**企業社会**の本格的な成立は戦後になってからだと言うことができ，特に高度経済成長期以降がそれに該当すると考えられる。このことは，日本の就業者の内訳の推移を示した図を重ねて見るとはっきりする（図表 1-4 参照）。戦後，企業等の雇用者の比率は大きく増大しており，これは産業構造の変化にそのまま対応するものである。

図表 1-4　就業者，雇用者（就業者，従業上の地位）

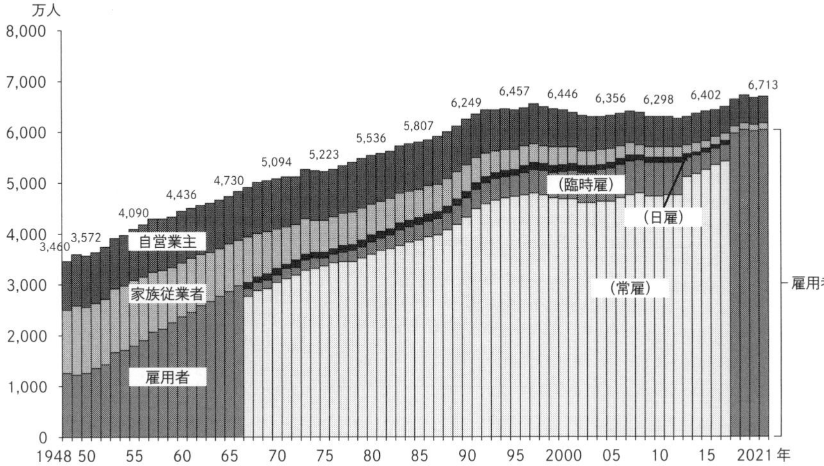

万人

資料出所：総務省統計局「労働力調査」

注：現在と比較可能な雇用者の内訳の統計は 1967 年以降。また，2013 年以降は，2013 年 1 月分調査からの調査票変更に伴う断層がある。臨時雇は 1 か月以上 1 年以内の期間を定めて雇われている者，日雇は日々又は 1 か月未満の契約で雇われている者，常雇は左以外及び役員

出所：独立行政法人労働政策研究・研修機構「早わかり　グラフでみる長期労働統計」（2022 年 7 月 28 日アクセス）https://www.jil.go.jp/kokunai/statistics/timeseries/pdf/g0202_02.pdf

◆ 企業社会になるとなぜ大学に行くのか？

　最後は日本の教育である。企業社会の成立と切っても切れない関係にあるのが，高校そして大学などの高等教育機関への進学率の急激な上昇である。なぜなら戦後の進学率の上昇は，わが国の企業社会の成立・発展に不可欠な優秀な人材の大量育成と供給をもたらしたからである。つまり経済発展と人材育成は密接不可分の関係にある（図表 1-5 参照）。

　企業社会が本格的に成立し，企業中心に生産が展開されるようになると当然ながら労働力が必要とされ，多数の人々が企業に雇用されるようになる。最初は工場などで働く**ブルーカラー**（Blue collar workers）が大量に雇用されたが，それに加えてオフィスで企画・営業・管理などを担う**ホワイトカラー**（White collar workers）の雇用も急速に増大していった。新規学卒者の学歴別の就職状況を見ると，1950 年代には中学卒業者（以下，中卒）が中心であったが，60 年代になると高校卒業者（以下，高卒）が中心となる。それと歩調

図表 1-5　高校生の卒業後の進路状況（推移）

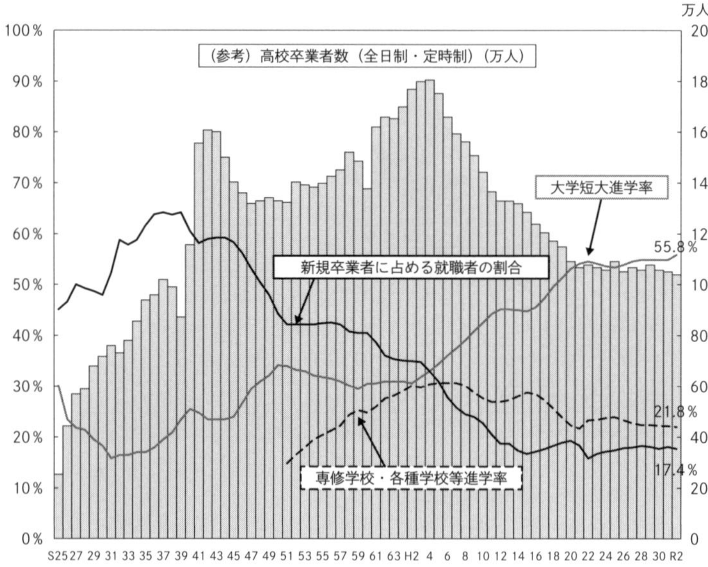

※　「大学短大進学率」は，昭和 58 年度以前は通信制への進学を除いており，厳密には 59 年度以降と連続しない。
出典：文部科学省「学校基本調査」
出所：文部科学省「高等学校教育の現状について」（2021 年 3 月）（2022 年 7 月 28 日アクセス）https://www.mext.go.jp/a_menu/shotou/kaikaku/20210315-mxt_kouhou02-1.pdf

を合わせるように，高校進学率は 1950 年に 42.5％だったのが，1965 年には 70.7％となり，さらに 1974 年には 90.8％にまで上昇した。わずか 25 年という短期間で高校進学率は倍増し，ほとんどの人が高校に進学するようになったのである。これは驚くべき変化だと言わねばならない。そして 2019 年の高校等進学率（通信制も含む）は 98.8％と，もはや義務教育と同じ水準である（文科省（2021 年）「高等学校教育の現状について」）。

　こうした高校進学率の上昇は，続いて大学などの高等教育機関へと波及していくことになる。4 年制大学への進学率は 1954 年には 7.9％と 10％を切っていたが，1965 年には 12.8％となり，さらに 1976 年には 27.3％にまで上昇した。その後，大学進学率は若干減少して推移していたが，1990 年代になると再び上昇を始め，1993 年の 28.0％から 2000 年には 39.7％となり，2022 年には

56.6％に達した（文科省「令和 4 年度学校基本調査」）。いまや高校生の 6 割近くが大学に進学する時代になったのである。そのため，大学卒業者（以下，大卒）の就職者数もまた大幅に増大していくことになった。1998 年には高卒と大卒の就職者数はついに逆転し，現在では大卒の就職者のウエートが大きな比重を占めている。

　戦後の高校・大学への進学率の上昇を押し進めた背景には，企業の国際化，情報化など環境が大きく変化していく中で，仕事の内容も高度で専門的な知識が必要とされるものへと変わってきたため，それを担える優秀な人材を企業が必要としたことが指摘できる。戦後，企業の新卒採用が中卒→高卒→大卒へと重心がシフトしていったのは，人材を採用する企業側の要請であったと同時に，個人にとってはそれに応えることでより高い賃金や生活が保証され，出世にもプラスに働くという期待があった。そのため，有名大学を目指して入試は過熱し，受験地獄と呼ばれる状況を生み出した。戦後の若者の進学意欲の高さは，勉学の機会を得るためであることは勿論，同時に，卒業後の就職を強く意識したものだったと言ってもよかろう。つまり，より良い就職先を求めて日本の若者は大学に行くようになった。

　なお，18 歳人口は 1968 年の約 254 万人が戦後のピークで，その後第二次ベビーブームの影響で 1990 年前後に再び 200 万人台まで上昇したが基本的には長期にわたって減少してきている。2023 年には 112 万人となり，現在の大学定員との関係では，今や選ばなければ進学希望者全員がどこかの大学に入学できる計算である。ただし，これによって有名大学への入学が容易になったわけではない。

　人口，産業構造，教育の 3 つのデータから，日本の企業社会がいつ頃成立したのかを検証した。そこから明らかになったのは，1950 年代後半以降，日本は急速に企業社会へと転換したということである。つまり日本は高度経済成長期を境に，本格的な企業社会になっていった。この時期以降，私たちの生活のあらゆる面で企業が大きく係わるようになり，企業なしでは生活が成り立たない時代になっていった。それは企業が社会のさまざまな方面で，直接間接に大きな影響力をもつ時代になったということでもある。

第3節　日本の企業社会の現在

◆ 日本の企業社会は人々を豊かにしたのか？

　戦後，日本は本格的な企業社会になったが，ではその企業社会とは私たちにとってどのような意味をもっているのであろうか。ここでは，日本の企業社会の今がどうなっているか，その概要を見ておこう。

　日本は戦後の経済復興を経て，1950年代後半から高度経済成長期に入る。「もはや戦後ではない」という経済白書の宣言は1956年であるが，この年のGDP（名目）は9兆8832億円であった。これが65年には34兆5894億円と3倍以上に増え，高度成長期が終わる73年には119兆5636億円と実に12倍以上にまで上昇した（内閣府「国民経済計算」）。1968年にはGNPで西ドイ

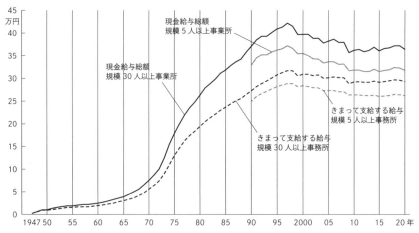

図表 1-6　常用労働者1人平均月間現金給与額（1947年〜2020年：年平均）

資料出所：厚生労働省「毎月勤労統計調査」
注：1）規模30人以上事業所の1969年以前はサービス業を除く調査産業計
　　2）2019年6月分速報から，「500人以上規模の事業所」について全数調査による値に変更している。
　　3）2004年〜2011年は時系列比較のための推計値。2012年〜2017年は東京都の「500人以上規模の事業所」についても再集計した値（再集計値）。
出所：独立行政法人労働政策研究・研修機構「早わかり　グラフでみる長期労働統計」（2022年7月28日アクセス）https://www.jil.go.jp/kokunai/statistics/timeseries/html/g0401.html

ツ（当時）を抜いて世界第2位の経済大国になった。企業は経済成長のエンジンとなって日本経済を牽引した。この間，1960年には所得倍増計画が唱えられ，経済成長の果実は国民にも分配された。図表1-6は従業員の賃金の推移を示したものであるが，60年代から70年代に右肩上りで大きく上昇しているのが分かる。「民間給与実態統計（国税庁）」によれば，民間企業の1人当たりの年間給与は1955年が18.5万円なのに対し，65年には45.0万円と2.4倍，73年には132.2万円と7.1倍に上昇している。まさに日本人の所得が急速に伸びていった時代である。これに伴い日本には大衆消費社会が到来し，テレビ（白黒），洗濯機，冷蔵庫が「**三種の神器**」と言われ，続いてカラーテレビ，カー，クーラーの「3C」がそれに取って代わった。最初は高嶺の花だったこうした製品は日本の家庭に急速に普及していき，今ではあるのが当たり前になっている（図表1-7参照）。またかつて「夢」であった飛行機での海外旅行なども，誰もが手軽に行けるものとなった。企業によってモノやサービスが豊富に生産

図表1-7 主要耐久消費財の普及率

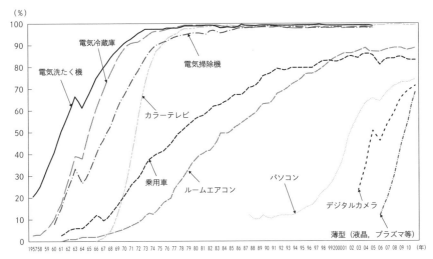

資料出所：内閣府「消費動向調査」
注：1）対象は，単身世帯を除いた一般世帯。
　　2）2005年より調査品目が変更されている。
出所：厚労省「平成23年版 労働経済の分析—世代ごとにみた働き方と雇用管理の動向—」（2022年8月28日アクセス）https://www.mhlw.go.jp/wp/hakusyo/roudou/11/dl/02-1.pdf

され，また個人の所得が大きく増えることで欲しいものはほとんど何でも買える「**豊かな社会**」に日本はなったのである。

◆ 日本経済の停滞と企業社会の問題

　高度経済成長の終焉から半世紀，そしてバブル経済崩壊から 30 年になる現在，右肩上りで経済がどんどん成長していく時代はすでに過去のものとなっている。今や日本の企業社会は経済の低成長からなかなか抜け出せず，起死回生の突破口を見出せないでいる。図表 1-8 は主要国の GDP の動きを示したものであるが，日本は 42 年間続いた GDP 世界第 2 位の座を 2010 年に中国に明け渡すことになった。またその後もアメリカや中国が GDP を拡大させ続けているのとは対照的に，日本の GDP はほとんど伸びていないのが現状である（図表 1-8 参照）。

　ところで，先ほどの月間給与のグラフ（図表 1-6）は，日本が抱える現在の問題点を如実に映し出している。すなわち右肩上りで上昇してきた日本企業の賃金は，1990 年代後半から上昇しない，あるいは一部では下落する動きさえ

図表 1-8　主要国の GDP の動き

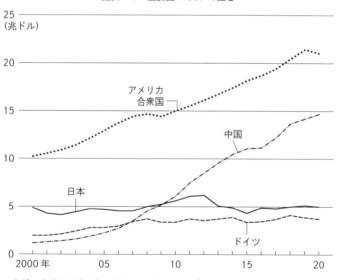

出所：公益財団法人矢野恒太記念会（2023）『日本のすがた 2023』

図表 1-9　主要国の平均賃金（年収）の推移　OECD 調べ

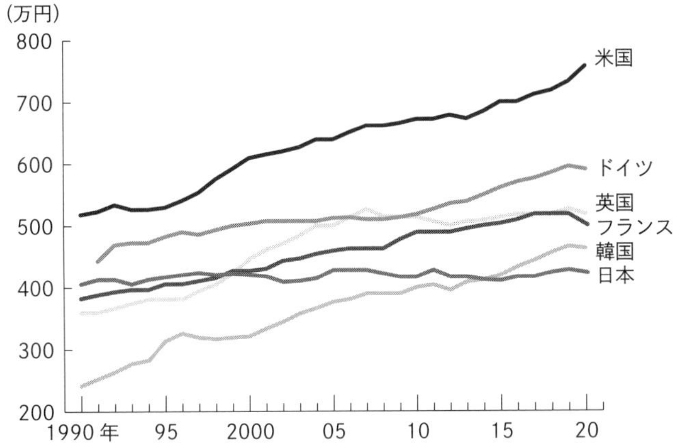

（万円）

筆者注：OECD の 2020 年の調査（物価水準を考慮した「購買力平価」
　　　　ベース）を基に，1 ドル＝110 円として金額を算している。
出所：「朝日新聞デジタル」2021 年 10 月 20 日（2021 年 11 月 29 日アク
　　　セス）https://www.asahi.com/articles/ASPBM54P1PBCULFA023.
　　　html

見せているのである。これは先進国の中では日本だけの特異な現象と言える。
アメリカはこの 30 年間で賃金は約 1.5 倍に増え，同じく他の先進諸国の賃金
も大きく上昇している。日本の賃金はほとんど横ばいが続き，2015 年には韓
国にも追い抜かれた（図表 1-9 参照）。

　また日本国内の所得格差も大きくなってきており，**ワーキングプア（働く貧
困層）**などの問題も指摘されている。日本の成長をリードしてきた企業はどう
なってしまったのであろうか。

　ところで人間にとって生きていく上での経済的な「豊かさ」は非常に重要で
あるが，所得が向上すればそれに見合った精神的な「豊かさ」を人々は同時に
求めるようになる。健康でゆとりのある生活環境を確保し余暇を楽しもうとす
れば，その前に仕事に充てられる労働時間がどれ位であるかが問題となる。
ここで日本企業の労働時間を見てみよう。図表 1-10 は**常用労働者**（①期間を
定めずに雇われている者，②1 か月以上の期間を定めて雇われている者のいず
れか）の年間実労働時間の推移であるが，高度経済成長が始まる 1960 年前後
には 1 人平均最大 2400 時間であったのがその後減少に転じ，2020 年には 1700

図表 1-10　常用労働者 1 人平均年間総実労働時間数（1951 年～2020 年，年平均）

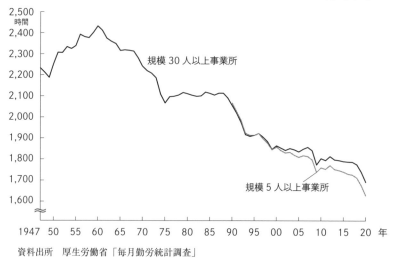

資料出所　厚生労働省「毎月勤労統計調査」

注：1）年間総実労働時間は，各月間平均値を 12 倍し，小数点以下第 1 位を四捨五入したもの。

　　2）規模 30 人以上事業所の 1969 年以前はサービス業を除く調査産業計。

　　3）2019 年 6 月分速報から，「500 人以上規模の事業所」について全数調査による値に変更している。

　　4）2004 年～2011 年は時系列比較のための推計値。2012 年～2017 年は東京都の「500 人以上規模の事業所」についても再集計した値（再集計値）。

出所：独立行政法人労働政策研究・研修機構「早わかり　グラフでみる長期労働統計」（2022 年 7 月 28 日アクセス）https://www.jil.go.jp/kokunai/statistics/timeseries/html/g0501_02.html

時間前後にまで短縮されている。つまりこの 60 年間で労働時間は実に 700 時間も減ったことになる。これは 8 時間労働で換算すれば約 90 日分の労働である。かつての日本が如何に長時間労働であったかが分かる。国は，1947 年に**労働基準法**（以下，労基法）を制定し，これで 1 日 8 時間，週 48 時間の法定労働時間となり，87 年の労基法改正で週 46 時間，93 年の労基法改正で週 40 時間となり，労働時間の短縮が図られた。戦後の長時間労働はかなり改善され，今日では多くの職場で週休 2 日制が採用されて余暇に時間を充てられる時代になってきた。ただし，日本の労働時間が手放しで賞賛されるほど短くなったわけではなく，依然として問題があるのも事実である。

　日本の労働者の年間労働時間の減少という長期的趨勢はデータの通りであっ

ても，注意しなければならないのは，この数字にはパートタイムの労働者も含まれているという点である。もともとパートタイム労働者は労働時間が短く，しかも 90 年代以降はそのパートタイム労働者の比率が上昇してきている（図表 1-11 参照）。そうなると，1 人当たりの総労働時間が減少してきていると言っても，その内実は短時間のパートタイム労働者比率の増大が主たる要因だと考えられる。特に 1990 年代以降の 1 人当たりの総労働時間の減少はそれを

図表 1-11　就業形態別年間総労働時間及びパートタイム労働者比率の推移

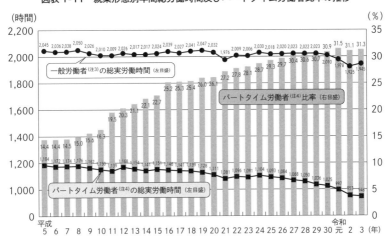

資料出所：厚生労働省「毎月勤労統計調査」を基に作成

注：1）事業所規模 5 人以上，調査産業計。
　　2）就業形態別総実労働時間の年換算値については，各月間平均値を 12 倍し，小数点以下第 1 位を四捨五入したもの。
　　3）一般労働者：「常用労働者」のうち，「パートタイム労働者」以外の者。なお，「常用労働者」とは，事業所に使用され給与を支払われる労働者（船員法の船員を除く）のうち，
　　　　①期間を定めずに雇われている者
　　　　②1 か月以上の期間を定めて雇われている者
　　　のいずれかに該当する者のことをいう。（平成 30（2018）年 1 月分調査から定義が変更になっていることに留意が必要）
　　4）パートタイム労働者：「常用労働者」のうち，
　　　　①1 日の所定労働時間が一般の労働者より短い者
　　　　②1 日の所定労働時間が一般の労働者と同じで 1 週の所定労働日数が一般の労働者よりも少ない者のいずれかに該当する者のことをいう。
　　5）平成 16 年から平成 23 年の数値は「時系列比較のための推計値」を用いている。
出所：厚生労働省「平成 4 年版過労死等防止対策白書」（2022 年 11 月 22 日アクセス）
https://www.mhlw.go.jp/content/11200000/001001666.pdf

反映したものだと言ってよかろう。そのため，**一般労働者**（短時間労働者以外の者）に限って見ると，年間総労働時間は 2000 時間程度で高止まりしているのが日本企業の実態である。コロナ禍で，この数年はやっと 2000 時間を割るようになってきた。政府は 1990 年代に「生活大国」を目指して年間総労働時間を 1800 時間にすることを掲げたが，実際は今もこの数字は達成されていないと言わねばならない。

　長時間労働の問題はそれだけに留まらない。日本の企業社会の裏面を直視すれば，他の先進諸国ではあまり見られない長時間労働やそのストレスに起因する「**過労死**」「**過労自殺**」といった悲惨な状況が今も起こっている。過労死はもともと該当する言葉が英語にはなかったため，「KAROSHI」と表記される。長時間労働に起因する脳・心臓疾患に係る労災請求件数は毎年，700 件〜900 件あり，このうち労災支給決定（認定）件数は，2007 年に 392 件あったが，2021 年には 172 件と減少傾向にある。このうち死亡者の数は 2019 年 86 人，20 年 67 人，21 年 57 人となっている。この他にも長時間労働をめぐっては「**サービス残業**」「**名ばかり管理職**」「**ブラック企業**」「**ブラック・バイト**」「**やりがい搾取**」といったいくつもの問題が指摘されてきた。労働時間に関わる「**働き方改革**」は待ったなしの課題である。

　またこれとも関連するが，2021 年 10 月現在，日本では外国人労働者が約 173 万人働いている（厚生労働省「『外国人雇用状況』の届出状況」）。国内で人手を確保することが困難な産業があり，そうした業種では技能実習制度を利用して働く外国人労働者の存在なしには事業の継続は難しい。外国人労働者の労働環境や人権も守られねばならず，日本社会での「共生」もまた課題である。

◆ 日本の企業社会を見る視点は？

　日本は戦後，驚異的な経済成長を実現することで生活水準が向上し，国民 1 人ひとりが豊かさを実感できるようになった。日本の企業社会は「豊かな社会」を実現したと言ってもよかろう。しかしその一方で，若者の視点で見れば，現在の日本の企業社会は少し違った景色に映っているかも知れない。生まれたときからすでに物質的な生活水準はかなりの程度高くその限りでは「豊

か」ではあったが，これから先も親の世代と同じように「豊か」であり続けられるかどうかは不透明で，明るい将来展望を描けない人が少なからずいるのではなかろうか。例えば，急速に進む少子化問題の背景には，子供をしっかり育てられるだけの経済的余裕もなければ，仕事との両立が困難だからといった悲観的な理由が挙げられている。これは働き方の問題や賃金の問題など，企業の在り方と決して無関係な話ではない。また繰り返される自然災害を目の当たりにする時，このまま利便性や快適さだけをひたすら追求していくと地球環境問題で人類は後戻りできないところまで行ってしまうのではないかという危惧の念を持つ人もいよう。問題は切実である。では日本企業は今どういう方向に進もうとしているのか，また日本の企業社会はこれからどうなるのか，誰もが関心を持たざるを得ない。

　そしてここで強調しておきたい点は，企業社会は決して企業が「主人公」の社会ではないということである。企業の論理，企業の都合が何よりも優先される社会であってはならない。企業もまたわれわれと同じ企業社会における1人の「市民」だということである。日本の企業社会が未来において持続的（sustainable）であるためには，企業が「市民」として健全な振る舞いをすることが不可欠である。

第2章

企業の数と規模
——企業のサイズはどれくらいか？

〈本章のポイント〉

　企業の中には個人企業と法人組織の会社企業がある。企業の数と規模を示す統計データから明らかになったのは，会社企業が増加しているのに対し，個人企業は大きく減少してきていることである。また会社企業には4つの形態があるが，実際は9割以上が株式会社形態を採っており，日本の会社はほぼ全部が株式会社だと言ってもよい。

　企業はその規模によって中小企業，大企業といった呼び方がされており，中小企業基本法，会社法などの法律でそれぞれの基準は示されているものの，大企業に関しては必ずしも統一的な定義や基準があるわけではない。日本の企業は9割以上が中小・零細企業であり，大企業と比べると資本装備率などで劣っている。これに対して，大企業は資本金，利益，従業員等のいずれの指標も相対的に大きく，また社数も非常に限られている。

　わが国のトップ企業の規模と経済力はきわめて大きく，国家の経済力にも比肩できるだけの力を持っている。また企業を見る場合，個別企業の経済規模だけを見たのでは実態は分からない。日本の大企業は子会社，関係会社を多数擁しており，企業グループが形成されている。また大企業は巨大な経済力を持っているため，企業が地域や社会に与える影響力は大きく，企業城下町などでは企業の盛衰がそのまま地域社会の盛衰につながっている。

キーワード▶大企業，株式会社，個人企業，中小企業，中小企業基本法，二重構造論，企業城下町

第 1 節　企業の数と形態

◆ 個人企業の減少と会社企業の増加

　わが国の企業数や会社数についてはいくつかの統計が公表されている。ここでは代表的なものを取り上げて確認しておこう。

　まず企業に関連する基本的な統計データとしては「令和 3 年経済センサス（速報集計）」（総務省，経済産業省，2022 年）がある。これによれば，わが国の企業等の総数は 367 万 4058 で，その内訳は会社企業 177 万 7291 社，会社以外の法人 28 万 3954 社，個人経営 161 万 2813 という結果である。個人経営とは個人企業のことを指す。「平成 24 年経済センサス」（同，2013 年）では，企業総数 412 万 8215，会社企業 170 万 6470 社，会社以外の法人 24 万 6483 社，個人経営 217 万 5262 だったので，この 10 年程で企業総数は 45 万 4157 社の減少である。その内訳は，会社企業等が約 11 万社の増加に対して，個人経営が約 56 万の大幅な減少となっている。自営業率（就業者数に占める自営業者数の割合）の低下は先進諸国で見られる傾向であるが，わが国のそれは減少のテンポがかなり早い。個人企業数の減少は顕著であり，今後の動向を注視していく必要があろう。

　ところで会社企業は増加傾向にあるが，約 178 万社ある会社企業を資本金別に見ると 1000 万円未満が約 103 万社（58.0%）となっている。他方，資本金 10 億円以上の大規模な企業は 5919 社（0.3%）である。またこれを従業員数別に見ると，従業員 10 人未満が約 133 万社（75.0%）である。他方，従業員 1000 人以上の企業は 4042 社（0.2%）となっている。このように会社企業には大規模な企業も一定数含まれているが，全体としては中小，小規模事業者が大多数を占めていることが分かる。

　次に，国税庁の統計データ（2022 年）をもとに，会社の数とその内訳がどうなっているか確認しておこう。こちらのデータでは，株式会社が 258 万 3472 社，合名会社が 3352 社，合資会社が 1 万 2969 社，合同会社が 13 万 4142 社，その他が 7 万 436 社となっており，総計では 280 万 4371 社である（図表 2-1 参照）。2013 年度の総計は 259 万 436 社なので，会社の総数はこの間，約

図表 2-1　組織別・資本金階級別法人数

区　分	1,000万円以下	1,000万円超 1億円以下	1億円超 10億円以下	10億円超	合　計	構成比
（組織別）	社	社	社	社	社	％
株式会社	2,225,768	337,935	14,279	5,490	2,583,472	92.1
合名会社	3,214	137	1	0	3,352	0.1
合資会社	12,508	457	3	1	12,969	0.5
合同会社	133,170	837	116	19	134,142	4.8
その他	53,452	15,802	603	579	70,436	2.5
合計 構成比	2,428,112 (86.6)	355,168 (12.7)	15,002 (0.5)	6,089 (0.2)	2,804,371 (100.0)	100.0

出所：国税庁長官官房企画課（2022年）「令和2年度分　会社標本調査　税務統計からみた法人企業の実態」（2022年8月5日アクセス）(https://www.nta.go.jp/publication/statistics/kokuzeicho/kaishahyohon2020/pdf/kekka.pdf)

20万社増加したことになる。

　またこれとは別に，法務省に登記されている会社数の統計（法務省・民事統計系）によれば，2022年12月現在，株式会社が205万6000社，特例有限会社が146万7000社，合名会社が1万8000社，合資会社が8万8000社，合同会社が28万4000社となっており，総計では391万3000社である。なお株式会社の総数は特例有限会社を併せて計算すると352万3000社になる。

　以上が日本の企業数などの状況であるが，統計手法の違いにより数字のばらつきがある点は注意が必要である。

第2節　大企業と中小企業

◆ 大企業と中小企業の定義は？

　企業はさまざまな分野で経済活動を行っており，巨大なものから零細なものまで，企業規模には大きな違いがある。そのため，企業の呼び方も巨大企業，大企業，中堅企業，中小企業，零細企業など多様である。大企業や中小企業はどのように定義されているか，確認しておこう。

　中小企業基本法（第2条第1項）では，中小企業者と小規模企業者の範囲は以下のようになっている。まず**中小企業者**は，資本金の額または出資の総額，

図表 2-2　中小企業者等の範囲

業種区分	法人税法における定義	中小企業基本法の定義
製造業その他	資本金 1 億円以下	資本金 3 億円以下又は従業員数 300 人以下
卸売業		資本金 1 億円以下又は従業員数 100 人以下
小売業		資本金 5,000 万円以下又は従業員数 50 人以下
サービス業		資本金 5,000 万円以下又は従業員数 100 人以下

●中小企業は大企業と比べて，様々な税負担の軽減措置があります。
　例えば，「法人税率」の軽減税率です。資本金が 1 億円以下の中小企業には，大企業の法人税より低い税率が適用されます。
出所：中小企業庁 HP（2022 年 8 月 5 日アクセス）（https://www.chusho.meti.go.jp/zaimu/zeisei/faq45/index.html）

あるいは従業員数を基準に，①製造業等では 3 億円以下，または 300 人以下，②卸売業では 1 億円以下，または 100 人以下，③サービス業では 5000 万円以下，または 100 人以下，④小売業では 5000 万円以下，または 50 人以下，と規定されている。次に，**小規模企業者**（同条第 5 項）では従業員数を基準に，①は 20 人以下，②③④は 5 人以下と規定されている。

　では大企業とはどのようなものであり，その基準はどうなっているのであろうか。実は大企業の明確な定義や基準はない。上記の中小企業の定義（範囲）に該当しないもの，つまり非中小企業が大企業だということになる。ただし，会社法（第 2 条 6 号）には「**大会社**」の定義は存在する。「大会社」とは「資本金の額が 5 億円以上又は負債の額 200 億円以上である会社」と規定されている。同様に，租税特別措置法では「**大規模法人**」の定義があり，「資本金の額もしくは出資金の額が 1 億円を超える法人または資本もしくは出資を有しない法人のうち常時使用する従業員の数が 1000 人を超える法人」となっている。また法人税法（第 66 条第 5 項②）には「**大法人**」の定義があり，「資本金の額または出資金の額が 5 億円以上である法人，相互会社，法人税法 4 条の 3 に規定する受託法人」となっている。

　ここまで見て明らかなように，法律が定める大企業と中小企業の定義はそれぞれ異なる。ただ，資本金，従業員数などが基準として用いられている点では共通すると言ってもよいであろう。

コラム❷　大企業がわざわざ「中小企業」になる理由

　多くの企業は事業に成功して成長することを目標としている。中小企業から脱皮して，中堅企業さらには大企業になろうとする。ところが一般的によく知られた大企業がわざわざ「中小企業」になろうとする動きがある。それは何故であろうか。

　大企業と中小企業を分ける絶対的な基準は必ずしもないが，中小企業の範囲に関しては中小企業基本法が１つの基準を示している（図表 2-2 参照）。同じく，**法人税法**では「中小法人等」とは「普通法人のうち，資本金の額もしくは出資金の額が１億円以下であるもの」といった定義があり，また租税特別措置法では「中小企業者」という定義がそれぞれ定められている。中小企業に該当するか否かを明確にしてもそれ自体に意味はなさそうに思えるが，実務的には，中小企業か否かで企業への補助金の有無や金額，税の優遇なども変わってくる。そのため，中小法人の範囲がどう定義されているかは当該企業にとっては極めて重要である。具体的には，資本金１億円以下の「中小法人」には，法人税率の軽減，欠損金の繰越・繰戻，交際費の損金算入の特例が適用されるようになっている。要するに，中小企業に対しては，財務的な優遇策が用意されているのである。

　こうした中小企業政策を逆手にとって，大企業がわざわざ資本金を１億円以下に減資して「中小企業（中小法人）」になり，**税負担の軽減**を図るといった現象が近年見られる。「中小企業」になれば，上記の通り欠損金の次年度繰り越しが認められ，また黒字・赤字を問わず税負担がある「外形標準課税」から外れるので，もし赤字であれば法人事業税を支払う必要が無くなるからである。上場会社で資本金を１億円以下に**減資**した企業は 2019 年に 18 社，20 年に 16 社と増加傾向にある。2021 年には旅行業最大手の **JTB** が資本金を 23 億 400 万円から１億円に減資して大きな注目を集めた。同社は未上場であるが連結の売上高が１兆 2885 億円，従業員数が２万 7212 名（2020 年 3 月）というまさに大企業である。ところがコロナ禍で業績が大きく落ち込んだため，大企業にもかかわらず節税を目的に「中小法人」に衣替えしたのである。同様の対応をした会社としては，HIS，日本旅行，藤田観光，はとバス，スカイマーク，毎日新聞社などがある。

　厳しい経営環境の中での苦肉の策とも言えるが，より根本的には企業の稼ぐ

力が落ち，体力が無くなってきていることの証左である。「税逃れ」との批判もあり，こうした企業には早期の「中小企業」からの脱皮が期待される。

◆ 大企業と中小企業を比較すると何が見えてくるか？

　わが国の大企業と中小企業の企業数，従業員数，付加価値額の各項目を中小企業庁のデータに基づき確認しておこう（図表2-3参照）。まず企業数では，大企業は約1.1万者あり企業全体のわずか0.3％なのに対し，中規模企業は約53万者で14.8％，小規模事業者は304.8万者で84.9％となっている。中規模企業と小規模事業者を併せたものが中小企業（中小企業基本法による）であり，企業全体に占める中小企業の比率は99.7％となる。つまり数の上では日本企業のほぼ全部が中小企業と言っても過言ではない。次にこれを従業者数で見ると，大企業は約1459万人で31.2％なのに対し，中小企業の従業者数は中規模企業が約2176万人（46.5％），小規模事業者が約1044万人（22.3％）で，併せて約3220万人（68.8％）となる。企業数ほどではないにしろ，中小企業の従業者数の比率は全体の約70％に上っており，雇用の場としての中小企業の役割の大きさがこの数字からも見て取れる。これに対して付加価値額で見ると，大企業は約120.5兆円で47.1％，中規模企業が約99.4兆年（38.9％），小規模事業者が約35.7兆円（14.0％）の併せて約135.1兆円（52.9％）となる。

図表 2-3　中小企業の企業数，従業員数，付加価値額

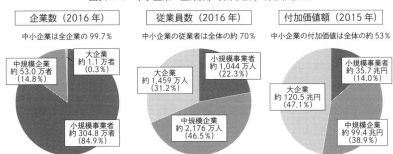

資料：総務省・経済産業省「平成28年経済センサス—活動調査」再編加工
出所：中小企業庁「2020年版中小企業白書・小規模企業白書＜講演用資料＞」（2021年12月6日アクセス）https://www.chusho.meti.go.jp/pamflet/hakusyo/2020/kaisetsu.pdf

図表 2-4　企業規模別・業種別の資本装備率

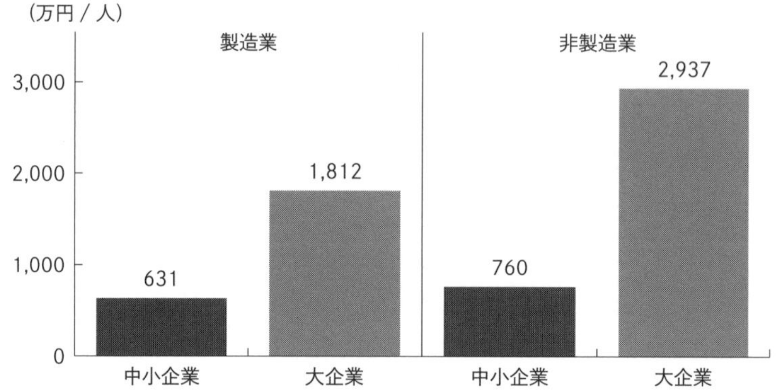

（万円／人）

資料：財務省「平成 30 年度法人企業統計調査年報」
注：1）ここでいう大企業とは資本金 10 億円以上，中小企業とは資本金 1 億円未満の企業
　　　とする。
　　2）資本装備率＝有形固定資産（建設仮勘定を除く）（期首・期末平均）／従業員数
出所：中小企業庁「2020 年版中小企業白書」（2021 年 12 月 6 日アクセス）https://www.
　　　chusho.meti.go.jp/pamflet/hakusyo/2020/PDF/chusho/03Hakusyo_part1_chap2_web.
　　　pdf

　わずか 0.3％を占めるに過ぎない大企業が付加価値額では全体の約半分を生み出しており，これは大企業の経済力の大きさを端的に示すものである。

　ところで付加価値額に大きな影響を与えるのが労働生産性である。**労働生産性**とは，財貨などの生産高・産出高を労働量で除した比率のことをいう。つまり従業員 1 人当たり，あるいは 1 時間当たりどれだけの成果を生み出したかを示す指標である。これが高ければ高いほど効率的に生産が行われたことを意味する。生産性を左右する要因の 1 つが機械や設備への投資であり，その程度を示しているのが資本装備率である。**資本装備率**とは，資本ストック（有形固定資産）を労働者数で除した比率であるが，これが高いと機械化が進んでいるということであり，生産性も高くなる。大企業と中小企業では，この資本装備率に大きな違いがある。また業種による違いも無視できず，非製造業では大企業と中小企業の差はより顕著である（図表 2-4 参照）。

　大企業と中小企業の労働生産性を比較すると，明らかに前者が高く後者が低い結果となっている（図表 2-5 参照）。こうした生産性や賃金などの著しい格差を理由に，かつては**二重構造論**が唱えられた。現在も大企業と中小企業の生

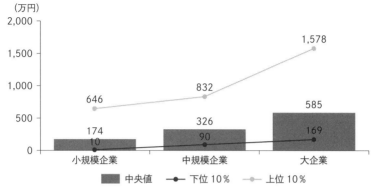

図表 2-5　企業規模別の労働生産性の比較

資料：総務省・経済産業省「平成 28 年経済センサス—活動調査」再編加工
出所：図表 2-4 と同じ

産性の違いは依然として見られ，問題が完全に解消したわけではないことが分かる。ただし，中小企業でも生産性が高い上位 10％は大企業の生産性の中央値を上回っている点は見逃せない（同上）。中小企業が常に大企業の下位に位置しているわけではない。

第3節　大企業の規模と経済力

◆ 大企業の規模はどれくらいか？

わが国の企業の数や規模について見てきたが，その中でも大企業こそが日本経済を牽引する中心的な役割を担っている。では大企業は実際のところどれ位の規模があるのであろうか。資本金や従業員数などの各項目を取り上げて，日本のトップ企業の大きさを確認しておこう。なお，以下はいずれも**連結決算**の数字である。連結決算では，親会社だけでなく子会社や関連会社も含めてデータが集計されており，いわば企業グループ全体の包括的な数字が示されている。

まず，資本金を基準に見た日本企業のトップ 10 社である（図表 2-6 参照）。第 1 位の日本郵政，ゆうちょ銀行は何れも資本金は 3 兆 5000 億円と極めて大きい。次に第 3 位から第 5 位までは，三井住友フィナンシャルグループ，み

図表 2-6　資本金上位 10 社

（単位：円）

	会社名	資本金
1	日本郵政（株）	3 兆 5000 億
2	（株）ゆうちょ銀行	3 兆 5000 億
3	（株）三井住友 FG	2 兆 3418 億
4	（株）みずほ FG	2 兆 2567 億
5	（株）三菱 UFJFG	2 兆 1415 億
6	武田薬品工業（株）	1 兆 6762 億
7	東京電力 HG（株）	1 兆 4009 億
8	日本電信電話（株）	9379 億
9	ソニーグループ（株）	8803 億
10	日本ペイント HG（株）	6714 億

注：FG はフィナンシャルグループ，HG は
ホールディングスの略
出所：ヤフー・ファイナンスのデータを基
に作成（2023 年 3 月 17 日アクセス）
https://info.finance.yahoo.co.jp/
ranking/?kd=53&mk=1&tm=d&vl=a

ずほフィナンシャルグループ，三菱 UFJ フィナンシャルグループのメガバンク 3 行が資本金 2 兆円台で続いている。そして第 6 位の武田薬品，第 7 位の東京電力ホールディングスまでが資本金 1 兆円以上となっている。トップ 10 の企業を見ると何れも巨額の資本金を有していることが分かるが，このランキングで特徴的なのは金融機関が上位を占めていることである。その背景としては，銀行は経営安定のために **BIS（国際決済銀行）**による**自己資本比率規制**（自己資本÷融資額× 100 で算出，国際業務をする銀行は 8%）が適用されるため，融資額の大きい銀行はそれだけ資本金を積んでおく必要があるからである。資本金は規模を計る代表的な指標の 1 つであるが，絶対的なものではない。

　次に，売上高を基準に見た日本企業のトップ 10 社である（図表 2-7 参照）。第 1 位はトヨタ自動車の 31 兆 3795 億円である。第 2 位は三菱商事の 17 兆 2648 億円，第 3 位は本田技研工業（以下，ホンダ）の 14 兆 5526 億円となっており，4 位伊藤忠商事，5 位日本電信電話，6 位三井物産，7 位日本郵政，8

図表 2-7　売上高上位 10 社

（単位：円）

	会社名	売上高
1	トヨタ自動車（株）	31 兆 3795 億
2	三菱商事（株）	17 兆 2648 億
3	ホンダ	14 兆 5526 億
4	伊藤忠商事（株）	12 兆 2933 億
5	日本電信電話（株）	12 兆 1564 億
6	三井物産（株）	11 兆 7575 億
7	日本郵政（株）	11 兆 2647 億
8	ENEOSHG（株）	10 兆 9217 億
9	（株）日立製作所	10 兆 2646 億
10	ソニーグループ（株）	9 兆 9215 億

出所：図表 2-6 と同じ

位 ENEOS ホールディングス，9 位日立製作所までが 10 兆円を超える売上高となっている。業種としては売上の 1 位，3 位を自動車企業が占めていることや，あるいは総合商社 3 社がトップ 10 に顔を揃えているのはわが国の産業構造の特徴を示すもだと言える。いずれの企業も売上高は巨額であるが，特にトップの座にあるトヨタ自動車は 2 位以下を大きく引き離しているのが目を引く。コロナ禍で売上高が 2019 年の 30 兆円から 2020 年の 27 兆円へと減少していたが，21 年度は 31 兆円に増大した。トップのトヨタ自動車の売上高はやはり巨額で，わが国の 2022 年度の一般会計予算 107 兆 5964 億円と比べると，国家予算の 4 分の 1 を超える経済規模である。さらにこれを自治体トップの東京都の一般会計予算（2022 年度）7 兆 8010 億円と比べると 4 倍の経済規模である。また 2021 年の世界の名目 GDP と比較すると 3000 億ドル前後のフィンランドやルーマニアのそれと同社の売上高はほぼ肩を並べる位置にある。こうしてみると，1 私企業の経済力が国家のそれに比肩するまでに巨大化していることが分かる。

　続いて経常利益を基準に見た日本企業のトップ 10 社である（図表 2-8 参照）。トップはトヨタ自動車の 3 兆 9905 億円，第 2 位は日本電信電話の 1 兆 7995 億円，3 位は三菱 UFJ フィナンシャルグループの 1 兆 5376 億円となって

おり，トップ 10 はすべて 1 兆円以上の経常利益を上げている。その内訳は，自動車 2 社，商社 3 社，情報・通信 2 社，金融 2 社，サービス 1 社となっており，情報・通信関連が多いのが特徴である。なお，前年の 2021 年度トップのソフトバンク・グループの経常利益は 5 兆 6704 億円で，日本企業の経常利益としては歴代最高額であった。同社は持株会社として傘下にソフトバンク等を擁しているが，近年は投資会社としての性格を強く持つことで世界の株価の影響を強く受けるため，22 年度の経常利益は逆に 8696 億円の赤字となった。

図表 2-8　経常利益上位 10 社

(単位：円)

	会社名	経常利益
1	トヨタ自動車（株）	3 兆 9905 億
2	日本電信電話（株）	1 兆 7955 億
3	（株）三菱 UFJFG	1 兆 5376 億
4	（株）INPEX	1 兆 4382 億
5	三菱商事（株）	1 兆 2931 億
6	三井物産（株）	1 兆 1644 億
7	伊藤忠商事（株）	1 兆 1500 億
8	ソニーグループ（株）	1 兆 1175 億
9	ホンダ	1 兆 701 億
10	KDDI（株）	1 兆 644 億

出所：図表 2-6 と同じ

　そして時価総額を基準に見た日本企業のトップ 10 社である（図表 2-9）。**時価総額**とは株価×発行済株式総数で算出される株式の総額のことである。これは会社をそのまま丸ごと買おうとした場合のお値段ということである。時価総額が大きいということはその会社の企業価値が大きいということを意味する。第 1 位はトヨタ自動車で 29 兆 1385 億円，第 2 位はキーエンスの 14 兆 7164 億円，第 3 位はソニーグループの 14 兆 6663 億円，第 4 位は日本電信電話の 14 兆 5097 億円，5 位は三菱 UFJ フィナンシャルグループの 10 兆 6690 億円で，いずれも 10 兆円を超えている。第 6 位 KDDI，第 7 位第一三共，第 8 位ファーストリテイリング，第 9 位ソフトバンクグループ，第 10 位信越化学工業と続いている。トップのトヨタ自動車の時価総額は，2 位以下の企業を大きく引き

図表 2-9　時価総額上位 10 社

（単位：円）

	会社名	時価総額
1	トヨタ自動車（株）	29 兆 1385 億
2	（株）キーエンス	14 兆 7164 億
3	ソニーグループ（株）	14 兆 6663 億
4	日本電信電話（株）	14 兆 5097 億
5	（株）三菱 UFJFG	10 兆 6690 億
6	KDDI（株）	9 兆 3559 億
7	第一三共（株）	8 兆 9154 億
8	（株）ファーストリテイリング	8 兆 9054 億
9	ソフトバンクグループ（株）	8 兆 4269 億
10	信越化学工業（株）	8 兆 1592 億

出所：図表 2-6 と同じ

　離している。また 10 位圏外ではあるが，第 11 位オリエンタルランド（東京ディズニーランドの運営会社）8 兆 284 億円，第 17 位任天堂 6 兆 6804 億円となっており，トップ 10 を含めた上位企業はかつてのような重厚長大型の企業ではなく，情報通信，娯楽関連（テーマパーク，ゲーム産業など），サービスなどの企業が企業価値を上げてきていることが見て取れる。

　最後は，従業員数を基準に見た日本企業のトップ 10 社である（図表 2-10 参照）。こちらの第 1 位はトヨタ自動車で 37 万 5396 人である。第 2 位は日立製作所の 34 万 8640 人，第 3 位は日本電信電話の 34 万 3750 人で，トップ 3 はいずれも 30 万人台となっている。第 4 位住友電気工業，第 5 位パナソニック，第 6 位日本郵政，第 7 位ヤマト・ホールディングス，第 8 位ホンダまでの 5 社が 20 万人台である。トップ 10 の顔ぶれを見ると，やはり製造業を中心にして通信，運輸といった業種が多くの従業員を抱えていることが分かる。1 企業（グループ）でありながらそこで雇用されている従業員数は地方都市の人口と変わらぬほどの規模である。例えば，30 万人以上の従業員を擁するトヨタ自動車や日立製作所の従業員数に近い 30 万人台の都市と言えば，横須賀市，高崎市，和歌山市，奈良市等がある。また住友電気工業やパナソニックと同じ 20 万人台なら盛岡市，福島市，青森市といったいずれも地方の中核都市が挙

図表 2-10　従業員数上位 10 社

（単位：人）

	会社名	従業員数
1	トヨタ自動車（株）	37 万 5396
2	（株）日立製作所	34 万 8640
3	日本電信電話（株）	34 万 3750
4	住友電気工業（株）	28 万 8935
5	パナソニック HG（株）	23 万 5714
6	日本郵政（株）	23 万 3781
7	ヤマト HG（株）	21 万 5280
8	ホンダ	20 万 4035
9	（株）NTT データ	19 万 3300
10	キヤノン（株）	18 万 775

出所：図表 2-6 と同じ

げられる。さらにこれを従業員とその家族という括りで見れば，トヨタ自動車や日立製作所は優に 100 万人を超える規模になると想定され，そうであれば広島市，千葉市，仙台市のような政令指定都市の人口と同程度と見ることができる。

　企業がこれだけ多数の従業員を雇用していることの意味は，単に従業員本人と家族の生活を経済的に支えているだけでなく，同時にその人々が住む地域や社会も経済的に支えられているという点にある。

◆ 大企業の経済的影響力はどれ位か？

　大企業の規模を資本金，売上高，時価総額，従業員数などの観点から見てきたが，日本経済をリードするような巨大企業の影響力を分析しようとすれば，企業単独ではなくグループとして見る必要がある。例えば，売上高や従業員数でトップのトヨタ自動車は，連結決算の対象になっている**子会社**が 559 社あり，**関連会社**等は 169 社ある。これらがトヨタの**関係会社**とされている（「有価証券報告書」，2022 年 3 月 31 日現在）。そもそも自動車産業は部品を集めてきて完成車を組みたててそれを販売する事業であるため，関係する会社の数は非常に多い。そのため，グループの連結子会社は言うまでもなく，それ以外に

も取引を通じて直接，間接に影響が及ぶ会社の範囲は極めて広い。なお，わが国において子会社数が多い代表格はソニーグループで，子会社 1521 社，関連会社 155 社を擁している（同上）。

　図表 2-11 は「トヨタ経済圏」を示したものである。ここで経済圏とは，トヨタ・グループ 16 社（トヨタ自動車，豊田自動織機，アイシンなど 13 社＋ダイハツ工業，日野自動車，トヨタホーム）と取引のある国内企業の売上高総額を意味する。具体的には，仕入れ先企業，販売先企業，出資先企業を抽出し，そのうち重複を除いて売上高を算出したものである。仕入れ先企業が 6064 社

図表 2-11　トヨタ経済圏の規模

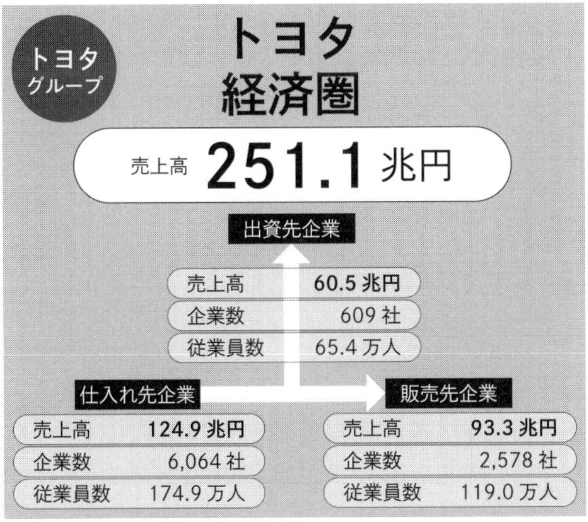

注：［データの説明］
　・データの提供：2020 年 9 月，東京商工リサーチ調べ。
　・算出の仕方：東京商工リサーチの企業データから，七大企業グループの仕入れ先企業，販売先企業，出資先企業の単体データを抽出し，グループ企業との重複を除いた売上高を合算してグループ別の経済圏（売上高）を算出した。全て，国内取引が対象。
　・企業グループの定義：三菱，三井，住友の旧財閥グループについては社長会加盟企業を対象とした。トヨタ自動車は三井グループの社長会加盟企業だがオブザーバー企業であるため，三井グループから除外している。トヨタグループについてはトヨタ自動車がグループ企業と定めている 16 社が対象（データ提供時）。
出所：『週刊ダイヤモンド』2021 年 10 月 2 日号

で 124.9 兆円，出資先企業が 609 社で 60.5 兆円，販売先企業が 2578 社で 93.3 兆円となっており，「トヨタ経済圏」の売上高は実に 251.1 兆円に上っている。トヨタ自動車の連結の売上高（海外を含む）は約 31 兆円（2022 年 3 月期）であったが，トヨタ自動車の事業と関連して生み出されている国内の売上高の規模はそれよりも遙かに大きいということである。これは言い換えるとトヨタ・グループ全体の経済規模ということになる。巨大企業を頂点にした経済活動の連鎖は地域社会全体に大きな影響を及ぼすものとなっており，企業を俯瞰的に見ていく視点が重要である。

　また大企業が本拠地を置いているような都市はしばしば**企業城下町**と呼ばれている。トヨタ自動車の愛知県豊田市，日立製作所の茨城県日立市，旭化成の宮崎県延岡市，パナソニックの大阪府門真市などが有名であるが，全国には雇用や税収などの面で大企業に大きく依存している都市はたくさん見られる。その場合，企業と地域は言わば一心同体の関係である。例えば，トヨタ自動車のお膝元の豊田市は同社の業績が好調の時はその恩恵を十分に享受できたが，逆に 2008 年に世界を襲ったリーマンショックの際は，同市の法人市民税は 442 億円（2008 年度）から 16 億円（2009 年度）に激減するという事態に見舞われた（植田大祐「世界同時不況下の地域経済―愛知県の経済動向」国立国会図書館調査及び立法考査局『レファレンス』2010 年 9 月号）。こうした経済の突発的な急変も地域にとっては大きな問題ではあるが，より長期的に見ると，製鉄や炭鉱のようなかつての花形産業で大いに栄えた都市の中には，産業構造の変化で企業の撤退，工場の移転によって地域が衰退してしまった事例がいくつもある。まさに企業の盛衰がそのまま地域の盛衰に直結するものとなっている。

第3章

企業の形態
——企業にはどのような種類があるか？

〈本章のポイント〉

　資本主義社会における最も基本的な企業形態は私企業である。私企業はさらに，個人企業と共同企業の2つに分かれる。個人企業は最も古くからある企業形態で，出資者が1人の単独資本である。そのため資本集中に限界がある。これに対して共同企業は出資者が複数いる結合資本である。具体的には会社企業と呼ばれる合名，合資，合同，株式の4つのタイプがあり，その中心に位置するのが株式会社である。現在は同じ株式会社でも出資者が1名の零細なものがある一方，出資者が100万人近い巨大株式会社も存在する。また，共同企業には協同組合も含まれ，これは相互扶助を目的に自分たちが出資して設立し，出資者である組合員が運営，利用する形態である。

　こうした私企業に対して，国や地方公共団体が資本の全部あるいは一部を出資する事業体があり，これらは公企業あるいは公私混合企業と呼ばれる。国の公企業は経済のインフラを支え，日本の経済発展に大きく貢献したが，多くがその役割を終えて姿を消すことになった。国の公企業が民営化等で大幅に縮小されたのに対し，地方公共団体による地方公営企業や公私混合の第三セクターは，現在でも地域の人々の生活に密着した事業を行っている。

　各企業形態がもっている役割や意義は時代によって異なっており，そうした社会的背景を理解するとともに，公共性と企業性のバランスをどう取るかも重要な課題である。

. . . .

キーワード▶資本主義，企業形態，私企業，個人企業，株式会社，持分会社，協同組合，公企業，独立採算制，民営化，第三セクター，公共性と企業性

▌ 第1節　資本主義と私企業

◆ 企業にはどのような種類があるか？

　企業社会の中核に位置するのは言うまでもなく企業であるが，一言で企業と言ってもその中身は多様である。日本は他の先進諸国と同じく**資本主義**（capitalism）という社会経済システムをとっており，中心となるのは民間が出資して設立された**私企業**である。ところが，同じ私企業の中にもさまざまな**企業形態**がある（図表3-1参照）。私企業だけに限らず，公企業や公私混合企業といった企業形態もある。このように企業にはさまざまな種類があるが，こうした企業形態の違いは，主として資本の出資主体，経営主体，資本の結合様式，あるいはその役割や目的の違いなどによって生まれる。すなわち資本の出資者が民間か公機関か，経営しているのは誰か，また資本は単独資本か結合資本か，結合資本だとするとどのように結合しているか，といった違いによるものである。

　ここでは企業形態とともにその特徴を見ておこう。

図表 3-1　わが国の企業形態

```
                  ┌ 個人企業         ┌ 会社企業 ┌ 持分会社…合名会社，合資会社，合同会社
         ┌ 私企業 ┤                  ┤          └ 株式会社（上場会社，未上場会社）
         │        └ 共同企業         │
         │                            └ 協同組合…消費生活者協同組合，生産者協同組合
  企業 ──┤        ┌ 国の公企業…公社，現業，公団，事業団，営団，金庫など
         │ 公企業 ┤
         │        └ 地方公共団体の公企業…地方公営企業，地方三公社
         └ 公私混合企業…特殊会社（株式会社），第三セクター
```

出所：筆者作成

▌ 第2節　個人企業とその特徴

　個人企業は，あらゆる企業形態の出発点をなしており，その歴史は古い。それだけわれわれの生活にも馴染みがあり，身近な存在だと言ってよい。では個人企業とはどのような特徴を持っているのであろうか。

　個人企業の最大の特徴は，その名の通り個人が単独で出資して作られた企業であり，**単独資本**だという点である。出資者である個人が事業のオーナーであり，出資した財産はまさにオーナー個人の所有物ということになる。また個人企業は経営も自分で行うのが一般的である。したがって，個人企業の基本形態は事業の所有者が支配者であり，経営者である。つまり所有・経営・支配が一致している企業形態である。

　この他にも個人企業にはいくつかの特徴があるが，それはメリットとデメリットに分けて捉えることができる。

◆ 個人企業のメリットは何か？

1．開業も廃業も手続きが容易

　　個人企業は事業を始めるのも止めるのも簡単にできる。税務署に事業の開始届けを出すだけで始められ，止める場合も同様に廃業届を出すだけでよい（第6章第1節を参照）。

2．組織も簡素で，意思決定やその伝達も容易

　　個人企業はオーナーが1人ですべて運営する場合もあれば，家族や一般の従業員を雇用して組織的に運営される場合もある。何れにしろ，個人企業は基本的に規模が小さいため，オーナーが自ら即断即決でき，組織も簡素で伝達が容易である。

3．利潤インセンティブが大きい

　　個人企業は売り上げからコストを差し引いたものが利益となる。利益があればそのままオーナー個人の利益となるので，利潤インセンティブは大きい。

◆ 個人企業のデメリットは何か？

1．資金調達に限界

　　個人企業では事業を拡大していくための資金調達に限界がある。なぜなら個人企業の出資者は1人すなわち単独資本だからである。しかもその資金力は一般に小さい。自己資金で足らなければ銀行などからの借り入れも考えられるが，信用力が小さいために融資を受けるには制約がある。

２．出資者の無限責任

　　個人企業の出資者は**無限責任**である。すなわち債務者であるオーナーの全
　財産で債務を支払う義務を負う。例えば倒産した場合は，債務の全額を出資
　者は返還しなければならない。したがって，万一の場合は，出資者にとって
　は大きなリスクを背負うことになる。

３．個人の寿命が企業の寿命

　　個人には必ず寿命がある。継承者がいなければ個人企業はその代で事業を
　終えなければならない。

４．オーナーの所得には累進課税が適用される

　　利潤インセンティブが大きい反面，所得が大きくなると累進課税で税負担
　も大きくなる

　以上の通り，起業に意欲のある人であれば個人企業は比較的容易に始めるこ
とができる企業形態であり，事業が順調で利益も確保できてオーナー＝経営者
も満足しているのであれば，個人企業であることに特段の問題はない。しか
し，その一方で個人企業ならではの制約がある。特に事業を拡大してより大き
な利潤を獲得しようとするのであれば，さらに大きな資本を調達する必要があ
るが，単独資本ではどうしても資金調達に限界がある。そうした個人企業にお
ける資金調達の限界を克服するために登場してきたのが，次に見る「会社」で
ある。

第3節　会社企業とその特徴

◆ 会社とは何か？

　「会社」とは何であろうか。日常的には「会社」も「企業」も区別せずに同
じ意味で用いられることが多いが，企業形態の面から言えば両者は決して同じ
ではない。まず「会社」とは**会社企業**のことであり，企業という点で見れば個
人企業と共通する。しかし，同じ企業とはいえ，会社企業と個人企業ではその
特徴は大きく異なる。第一に，個人企業が単独資本であるのに対し，会社企業
は**結合資本**である。すなわち個人企業のように1人の出資者ではなく，複数の

出資者を集めることで**資本集中**を可能にしたのが会社企業である。例えば，アップルやトヨタ自動車といった大企業が今日存在し得るのは，会社企業，特に株式会社という資本集中の仕組みがあったからに他ならない。そして第二に，会社は**法人**であり，法人である会社が権利・義務の主体となるが，個人企業は事業主である個人がすべての権利・義務の主体となっている。この点の相違も会社企業の資本集中に大きく貢献したと言える。以下では会社企業の種類やその特徴を見ていくが，今ある法制度上の仕組みをただ並べてみただけでは，なぜいくつもの種類の会社があるのか十分には理解できないであろう。会社企業の生成・発展の歴史的プロセスを同時に見ていく必要がある。

　さて2006年に**会社法**（それ以前は**商法**）が施行され，わが国では合名会社，合資会社，合同会社，株式会社の4つが「会社」と呼ばれるようになった。それまで数の上では最も多かった**有限会社**は株式会社に統合され，新規に設立することはできなくなった。また会社法で新たに登場したのが合同会社である。これに伴い，株式会社を除く合名会社，合資会社，合同会社の3つは一括りにして**持分会社**と呼ばれるようになった。また会社法には含まれないが，生命保険会社のみに適用される**相互会社**という会社形態もある。このように会社の形態は多様である。ここでは，わが国の会社企業とその特徴を見ていくことにする。

◆ 持分会社とは何か？

　会社法では合名会社，合資会社，合同会社の3つを総称して持分会社という。持分会社の特徴を簡単にまとめれば，次のようになる。①持分会社の「持分」とは出資者の地位を示すものであり，株式会社でいえば「株式」がそれに該当する。②持分会社では出資者が会社の業務執行を行う。つまり出資した人が経営を行うということである（これを「**所有と経営の一致**」という）。③会社の内部関係（社員間及び社員・会社間）のルール・規律については原則として**定款自治**が認められており，その会社毎に自由な設計が可能である。つまり出資者が自分たちで自由に会社内部のルールを決められる。④会社機関について株式会社のような厳格な規制はない。予め定款で決めておけば，社員総会，代表社員，業務執行社員を置くことができる。⑤議決権は原則として**1人1議**

決権である。⑥利益または負債に対する分配の割合は，定款で自由に決めることができる。定めがない場合，各社員の出資の額に応じて決まる。⑦持分の譲渡は原則として出資者全員の同意が必要である。⑧退社制度が認められており，辞めるときは会社から出資の払戻を受けることができる。

　以上が持分会社である合名会社，合資会社，合同会社に共通して見られる特徴であるが，その一方で，それぞれの会社形態で異なる特徴もある。

◆ 合名会社の特徴

　合名会社は個人企業に最も近い会社形態である。出資者が複数（2006年の会社法によって現在は1名でも可）いる点で個人企業とは異なる。合名会社には資本金についての規定は設けられておらず，出資に関しては金銭その他の財産だけでなく，信用や労務等を出資とすることができる。なお，出資者はいずれも無限責任社員である。**無限責任社員**とは，会社の債務の全額を返還する義務を負う出資者のことをいう。そのため，10万円出資したとしても，債務が1000万円あればその全額を出資者全員で返却する義務を負う。会社法では出資者のことを**社員**といい，一般で用いられているような従業員を指していないので注意が必要である。このように合名会社の出資者は無限責任で個々のリスクが大きいため，出資者相互の信頼関係がないと成立しない会社形態だと言ってよい。また，取引先や債権者にとっても出資者個人に対する信用が基盤になっている。すなわち対内的にも対外的にも**個人の信用**がベースとなっており，社員の個性が重視されるという意味で，合名会社は**人的会社**と呼ばれる。出資者が複数いる結合資本ではあっても，上記のような理由から，合名会社は出資者の数をどんどん増やしていくことは，実際には難しい。

　また合名会社では，出資者が業務執行社員として全員で経営を行う。出資額に関わらず**1人1議決権**であるため，会社の意思決定は社員の過半数をもって決まる仕組みである。

◆ 合資会社の特徴

　合資会社は無限責任社員と有限責任社員という2つのタイプの出資者で構成される会社形態である。**有限責任社員**とは，会社の債務に対して出資額を限度

として責任を負う出資者のことをいう。つまり出資した額以上の債務を背負うリスクはないので，責任は限定的である。旧商法の時代には，無限責任社員が業務執行社員として経営を担うとともに会社債務に対し責任を負い，他方，有限責任社員は出資をしても経営には関与せず利益の分配のみを受けた。つまり経営を担っていたのは無限責任社員のみであった。しかし，現在の会社法では，定款で予め決めておけば合資会社の出資者は誰でも経営を担うことは可能とされている。

　合資会社は有限責任社員が登場することで合名会社よりもより多くの資本を集めることが可能である。ただし，経営を担うのは基本的に無限責任社員であることを考えると，この無限責任社員に対する信頼がなければ有限責任社員といえども安易な出資は難しいと考えるべきである。つまり有限責任社員が登場したとはいえ，それだけで資本集中がどんどん進むわけでは必ずしもない。合資会社でも人的な信頼が重要であるため，合名会社と同じく人的会社に分類されている。

　この他，合資会社には資本金制度はなく，経営や持分等に関するルールも合名会社のそれと基本的に同じである。

◆ 合同会社の特徴

　合同会社は 2006 年の会社法によって新たに登場した会社形態である。アメリカで各州法に基づいて設立されている **LLC**（Limited Liability Company：**有限責任会社**）をモデルにしており，**日本版 LLC** とも呼ばれている。合同会社は他の持分会社と同様に，会社の内部関係（社員間，社員と会社間）に関して**定款自治**が認められており，機関設計が自由にできる。株式会社のような取締役や監査役はなくてもよく，また予め定款で定めれば，出資金額とは無関係に議決権や利益配分の比率を自由に決めることも可能である。他方，他の持分会社と大きく異なる点は，合同会社は，全員が有限責任社員だという点である。合名会社，合資会社では全員，あるいは一部が無限責任社員であったのに対し，合同会社は有限責任社員のみで構成されている。つまり合同会社は，株式会社のような全社員の有限責任制をとりながら，しかも株式会社ほど規則に厳格に縛られることなく，出資者が自分たちで会社の運用についてのルールを

自由に決められるという特徴を持っている。

　なお，アメリカの LLC は会社の利益に対しては課税されず，出資者に対する利益配分にのみ課税されるという**パススルー課税（構成員課税）**制度を選択できるようになっている。これだと会社への課税はスルーされてしまい，出資者個人にのみ直接課税される。つまり会社は課税を免れるので利益を減らさないですみ，その分を出資者へ配分すれば出資者の利益はより大きくなる。日本版 LLC である合同会社にもこの制度を採用してはどうかという議論はあったが，これまでのところ採用されていない。現在，日本でパススルー課税制度が適用されているのは有限責任事業組合，投資事業有限責任組合，任意組合などである。これらは法人格を持たないので法人税が課されない。このうち**有限責任事業組合**は **LLP**（Limited Liability Partnership）と呼ばれ，合同会社と同じく出資者全員の有限責任，内部自治が認められている。LLP は組合契約に基づいて作られた法人格をもたない社団である。次に**投資事業有限責任組合**は **LPS**（Limited Partnership）と呼ばれ，投資家が有限責任組合員となるもので，責任を出資額に限定することができる。これは未上場会社等への投資を行うファンドなどが利用する形態である。また任意組合は，複数の人が出資をして，共同事業をする場合に用いられる。

◆ 株式会社の特徴

　株式会社は，出資者である株主から零細な資金を広く集めることができる会社形態である。そのため，株式会社は**資本集中の最高の形態**と言われる。こうした株式会社の特徴は，以下のような点にある。①全社員の有限責任制。会社の出資者のことを社員というが，株式会社の出資者＝社員は株主である。この株主は全員が有限責任（有限責任社員）である。つまり出資額を限度としてそれ以上の追加的な負担は求められないため，出資者のリスクは限定されることになる。②等額株式制と株式譲渡の自由。株主は出資と引き換えに株式を手にする。なお，図表 3-2 は株式会社と持分会社の特徴を比較したものである。

図表 3-2　株式会社と持分会社（合名，合資，合同）の比較

	株式会社	合同会社	合名会社	合資会社
出資者	株主（社員）	社員	社員	社員
出資者の数	1名以上	1名以上	1名以上	有限責任社員1名以上 無限責任社員1名以上
資本金	1円以上 （現物出資も可）	1円以上 （現物出資も可）	規定なし （金銭・信用・労務・現物の出資可）	規定なし （金銭・信用・労務・現物の出資可）
社員の責任	有限責任	有限責任	無限責任	有限責任と無限責任
会社の内部関係	定款自治に制限	定款自治	定款自治	定款自治
最高意思決定機関	株主総会	社員総会	社員総会	社員総会
議決権	原則1株につき1議決権	原則社員1人につき1議決権	原則社員1人につき1議決権	原則社員1人につき1議決権
株式・持分の譲渡	原則自由	社員全員の同意	社員全員の同意	社員全員の同意
利益の分配	出資割合に応じて	定款で自由に決定	定款で自由に決定	定款で自由に決定

出所：筆者作成

◆ 有限会社はなぜ無くなったのか？

　有限会社は，1940年（昭和15年）施行の有限会社法で導入された会社形態である。もともとドイツで作られたもので，同族などが有限責任で小規模な事業を営む場合などに適しており，日本ではこれまで会社の約半数は有限会社ということで人気のある会社形態であった。株式会社と有限会社はいずれも有限責任であるという点では共通するものの，株式会社では株主の数には上限がないのに対し，有限会社では出資者の数は **50人以下** と限定されていた。つまり資本を集中させて大規模化することを想定した株式会社に対し，有限会社は比較的小規模で閉鎖的な会社形態として位置付けられてきた。そのため，有限会社は会社の財務内容などを外部に公開する義務はなく，持分（有限会社は出資証券である株式はない）の譲渡にも制限が付いていた。また取締役は1人いればよく，任期も無制限であった。

　このように株式会社と有限会社はそれぞれの特徴に応じた「棲み分け」が想定されていたのであるが，実際の株式会社の中身をよく見ると，個人企業とほとんど変わらない小規模なものから上場している大企業まであらゆるサイズの

企業が株式会社形態に含まれており，当初の想定とは大きく乖離していた。その背景としては，資本金額で見ると1990年までは株式会社は最低資本金が35万円（1人5万円×出資者7人），同じく有限会社は10万円（1人5万円×出資者2人）と両者とも設立のハードルは低く，また有限会社は株式会社と比べると信用力が低いとされていたからである。そのため，小規模でも有限会社ではなく敢えて株式会社を選ぶケースが多く見られた。つまり中身は別にして，外見だけは有限会社よりも格が高いと見做される株式会社にしておいた方がメリットは大きいと考えられたのである。こうした現状を考慮し，2006年の会社法の施行に合わせて有限会社法は廃止され，零細・小規模なものから大企業まで株式会社形態に統一されることになった。つまり従来の有限会社型の小規模で閉鎖的なタイプのものも含めて，株式会社の中から選択できるようにしたのである。

　なお，新規に有限会社を設立することはできなくなったが，既存の有限会社は法的には株式会社の中に組み込まれ，**特例有限会社**としてこれまで通り事業を行うことは認められている。

◆ 相互会社とは何か？

　相互会社とは，**保険業法**に基づいて設立される**非営利の社団法人**であり，保険会社のみに適用される特殊な会社形態である。一般にはあまり馴染みのない会社形態であるが，その特徴は株式会社と比較してみると分かりやすい。株式会社の株主（＝社員）に当たるのが実は保険契約者で，この契約者が相互会社の社員である。つまり保険に加入すると，契約者は顧客であると同時にその保険会社の社員となる。また株式会社では株主総会が最高意思決定機関であるが，相互会社では**社員総代会**がそれに該当する。社員総代会には**社員＝保険契約者**から選出された代表である総代が参加し，定款の変更，剰余金の処分，取締役・監査役の選任などの重要事項を決定する。総代は特定の利害に偏らないように配慮しながら社員の中から推薦で選出される。その際，保険契約額は一切関係ない。また相互会社の保険契約者はその数が極めて多いため全員が総会に参加することはそもそも現実的ではない。そうした実務的理由から，社員である保険契約者全員が参加する社員総会ではなく，社員の代表が参加する社員

総代会が設置されている。例えば，日本生命では 200 名の社員総代が選出されている（2021 年 7 月）。このように，相互会社は株式会社とは異なり保険契約者による**相互扶助**の精神で運営される会社であり，会社の利益は社員である保険契約者に還元される仕組みになっている。

　相互会社の歴史は古く，1902 年に設立された第一生命保険相互会社がわが国初の相互会社形態の保険会社である。2022 年 8 月現在，わが国では 42 社の生命保険会社が事業を行っているが 37 社が株式会社形態であり，日本生命保険相互会社，明治安田生命相互会社，朝日生命保険相互会社，住友生命保険相互会社，富国生命保険相互会社の 5 社が相互会社形態をとっている（金融庁資料）。かつて相互会社形態で経営されていた保険会社のうち，大同生命は 2002 年，三井生命（現在は大樹生命）は 2004 年，第一生命は 2010 年にいずれも株式会社に転換した。また相互会社形態を採っていた共栄火災海上保険は 2003 年に株式会社化し，損害保険業界から相互会社形態は姿を消した。

　株式会社への組織変更が行われた理由としては，株式会社化することで資金調達が容易になり，事業の多角化など柔軟な経営が可能になることが挙げられる。また収益性を高めて株主への利益の配当を行わなければならないので，経営者の緊張感が高まることも期待できる。実際，これまでの社員総代会はほとんど形骸化していたという指摘もある。しかし，その一方で，株主の利益が中心になるという可能性も考えられる。保険契約者にとっては会社がどういう経営をするのが好ましいのか，注視していく必要がある。

第 4 節　協同組合

◆ 協同組合とは何か？

　協同組合は，人々が共通の目的のために集まって事業を設立，運営する**相互扶助**の経済組織である。元手となる出資金を拠出した人たちは**組合員**と呼ばれ，その組合員が事業の所有者であり，運営者であり，また事業の利用者となる。簡単に言えば，自分たちで出資し，自分たちで運営し，自分たちで利用するのが協同組合である。その先駆けとなったのが，1844 年にイギリスのロッチデールで生まれた**ロッチデール公正開拓者組合**である。生活に困窮する労働

者たちが自分たちの生活を守るために結成したいわゆる消費生活協同組合であり，こうした経済的弱者による相互扶助の組織はその後世界に広がっていった。**国際協同組合同盟**（略称は ICA，1895 年設立）の定義では「協同組合は，自発的に団結した人びとの自治的な組織であり，共同で所有し民主的に管理する事業をつうじて，共通の経済的，社会的，文化的なニーズと希望をかなえるものである」と規定されている。そして協同組合の原則として，以下の 7 つが挙げられている。すなわち 1. 自発的で開かれた組合員資格，2. 組合員による民主的管理，3. 組合員の経済的参加，4. 自治と自立，5. 教育，研修および広報，6. 協同組合間の協同，7. 地域社会（コミュニティ）への関与，である（いずれも ICA の HP より）。

　このように協同組合は一般の会社と比べるとかなり性格を異にする事業体である。目的を共有する人たちには広く門戸が開かれており，出資金を拠出さえすれば誰でも組合員になることができる。そして出資金の額に関係なく 1 人 1 票の投票権が与えられており，民主的で自治的な組織運営を基本とする。また協同組合は利益の分配である配当を目的としない非営利組織であるが，一定の制限を設けて配当を行うことは可能であり，それには出資配当と利用分量配当

図表 3-3　数字で見る日本の協同組合

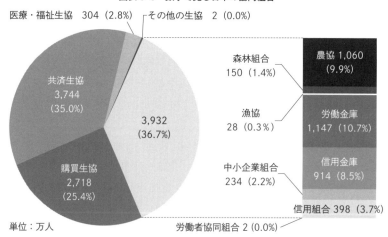

単位：万人

注：括弧内は組合員数全体に占める構成比。
出所：日本協同組合連携機構（JCA）HP（2022 年 10 月 11 日アクセス）https://www.
　　　japan.coop/study/pdf/coop_in_numbers_2019.pdf

がある。前者は出資金に応じて行う配当であり，後者は事業の利用量に応じて
行う配当である。

　日本協同組合連携機構（JCA）によれば，日本の協同組合の数は 4 万 1463
組織あり，組合員数は延べ 1 億 699 万人で，事業収益は 35 兆 3000 億円に上る
とされる（「2019 事業年度版協同組合統計表」，図表 3-3 参照）。

◆ 協同組合の種類

　協同組合は大きく分けると消費生活者協同組合と生産者協同組合の 2 つから
成る。前者は生活者のための協同組合であり，後者は農林水産業や中小零細企
業などの生産者のための協同組合である。こうした協同組合は個別の法律に
よって設立されており，それぞれ消費生活者協同組合法，農業協同組合法，森
林組合法，水産業協同組合法，中小企業等協同組合法がある。協同組合はかつ
ては中間法人に分類されていたが，中間法人法の廃止で現在はこの区分はな
い。

　ところで私たちに最も身近な協同組合は**消費生活者協同組合**であろう。
全国で活動中の生協 866 組合の内訳は地域生協 409（47.2％），職域生協 384
（44.3％），連合会 73（8.4％）となっている。また組合員数は 6761 万人（延べ
数）おり，地域生協 6004 万人（88.8％），職域生協 757 万人（11.2％）である
（「令和 3 年度消費生活協同組合（連合会）実態調査」）。事業は，生活に必要な
物資の供給事業，共済事業，協同施設利用事業，医療・福祉事業など多岐にわ
たる。

　また農業協同組合，漁業協同組合，森林組合といった農林水産業に従事する
人々によって作られた協同組合も古くから活動している。このうち**農協**（JA
と略称）は，営農・生活指導，共済，信用，経済（販売・購買），厚生・医療
の 5 つの事業を行っている。2020 年度の組合員数は約 1041 万人（正組合員
409 万人，準組合員 632 万人）となっている。役員数は約 1 万 6000 人，職員
数は約 18 万 6000 人である（2022 年「農業協同組合及び同連合会一斉調査」）。
農協組織は末端の単位農協がある市町村レベル，次に都道府県レベル，そして
全国レベルの組織で構成される系統三段階制が採られている。

　この他，中小企業等協同組合法に基づく中小企業の協同組合としては，事業

協同組合，企業組合などがある。このうち**事業協同組合**は，既存の中小企業者が集まって，経営の近代化・合理化と経済的地位の向上のためにお互い助け合い，新技術・新製品開発，生産・加工・販売などの事業を共同で行うものである。こうした中小企業者による相互扶助の共同事業は広く行われている。これに対して**企業組合**は，個人及び法人などが集まって自分たちで企業活動を行う組合である。つまり会社員や主婦などの一般の人たちが仲間（4人以上）と起業し，出資・経営・労働を自分たちで行う。こうした企業組合の特徴は，法人格を持ち，出資金は少額でも可能であり，ともに働くという意味で組合員の半数以上は事業に従事することが求められる。また，剰余金の配当は，年間20％まで行うことができ，事業に従事した分量による従事分量配当がある。さらに2022年10月からは**労働者協同組合**（労働者協同組合法）が設立できるようになり，地域社会で必要とされる介護，障害福祉，子育て支援，地域づくりなど幅広い分野での事業の立ち上げが期待されている。こちらは3人以上揃えば起業でき，要件さえ満たせば登記をして法人を設立できる**準則主義**が採用されている（図表3-4参照）。

　また相互扶助を目的とする共同組織の金融機関としては**信用金庫**（信用金庫

図表 3-4　労働者協同組合と既存の法人制度

	労働者協同組合	企業組合	農事組合法人
目的事業	持続可能で活力ある地域社会の実現に資する事業（労働者派遣事業以外の事業であれば可）	組合員の働く場の確保，経営の合理化	(1)農業に係る共同利用施設の設置又は農作業の共同化に関する事業 (2)農業の経営 (3)(1)及び(2)に附帯する事業
設立手続	準則主義	認可主義	準則主義
議決権	1人1票	1人1票	1人1票
主な資金調達方法	組合員による出資	組合員による出資	組合員による出資
配当	従事分量配当	・従事分量配当 ・年2割までの出資配当	・利用分量配当（(1)の事業を行う場合に限る） ・従事分量配当 ・年7分までの出資配当

出所：厚生労働省「労働者協同組合法」より一部抜粋（2022年10月11日アクセス）https://www.mhlw.go.jp/content/11909000/000995367.pdf

法），**信用組合**（中小企業等協同組合法），**労働金庫**（労働金庫法）などがある。

第5節　公企業

◆ 公企業とは何か？

　資本主義社会は私有財産制度を基礎としている社会であり，したがって民間が資本を出資して事業を行う私企業が基本的な企業形態となっている。しかし，その一方で，国や地方公共団体といった公的機関が出資して設立された企業があり，これらは**公企業**と呼ばれる。公企業が設立される理由としては，主に次のような点が挙げられる。①市場の失敗への対応——市場機構によって資源の最適な配分ができないことを「**市場の失敗**」というが，そうした資源配分の歪みを是正する1つの方法として，政府が公企業などを設立する。つまり市場を通じて最適配分がうまくできない場合に，公企業が登場するのである。②公共財の供給——立法，司法，警察，消防，港湾，病院，上下水道，道路のような誰もが共通に消費するものを公共財というが，価格形成可能な準公共財を公企業が供給する。③近代化の推進——いまだ経済発展の未成熟な段階において，政府自らが公企業を設立して近代化の推進者となる。

　要するに，私企業ではうまく機能しない，あるいは私企業に任せることができない分野に，国や地方公共団体が公企業を設立するのである。その場合，自己の収支で採算がとれるように経営する**独立採算制**が前提とされるが，そもそも最初から収益を上げるのが容易でない，あるいは不可能な事業が多数存在することは言うまでもない。

　ところでわが国では資本主義の発展に合わせて，これまで多くの公企業が設立されてきた。その歴史を紐解くと，まず明治期には官営企業と呼ばれる公企業が多数設立された。(1) 軍事工業，(2) 鉄道，郵便，印刷，通信，(3) 化学，造船，製糸，紡績などの分野であり，これは上記の③の理由による。このうち鉄道（明治5年，新橋－横浜），郵便（同1年），印刷（同5年，紙幣など），電信事業（同2年）などはまさに社会の**インフラ**（インフラストラクチャーの略，鉄道，道路，港湾など，産業や生活の基盤となる施設を指す）をなすもの

であった。他方，化学，造船，製糸，紡績などの事業は，その後民間に安価で払い下げられ，私企業として発展していった。また日清，日露の戦争を経て第一次，第二次大戦へと進んでいく中で，日本では特殊会社や国策会社と呼ばれる公企業も作られた。そして戦後になると，さまざまな分野で多数の公企業が設立され，復興を支える重要な役割を担った。しかし，社会経済情勢の変化にともない，1980年代以降は公企業のもつ意義は大きく低下してしまった。

◆ 国の公企業とその特徴

　戦後は政府によって公企業が幅広い分野で積極的に設立された。それらの中で最も有名なのが**三公社五現業**である。またこれら以外にも公団，事業団，公庫，営団など，さまざまな形態の公企業が設立された。こうした公企業は現在ではほとんどが姿を消してしまったのであるが，国の公企業にはどのようなものがあったのか確認しておこう。

◎公社──国の出資によって作られた特殊法人であり，公共企業体と呼ばれた。公社は，国から独立した理事会あるいは経営委員会が経営を担う形態であったが，実際は経営の自主性は必ずしも高くなかった。日本国有鉄道（以下，国鉄），日本電信電話公社（以下，電々），日本専売公社（以下，専売）の３つが公社形態であり，**三公社**と呼ばれた。国鉄，電々の２社は運輸，通信という分野で社会の重要なインフラを担った。他方，専売はタバコ・塩の専売事業による税収が主たる目的であった。このうち国鉄と電々は規模が大きく，職員数だけ見ても戦後の一時期は国鉄は50万人を超えており，同じく電々もピーク時には約33万人という規模を有していた。いずれも超巨大企業と言ってよく，他の私企業とは比較にならない規模を有していた。

◎現業──国が行う事業のうち経済的性格を持つ事業部門のことを指して用いられる。国の一般会計と区別された企業特別会計に指定され，独立採算を原則として運営された。国有林野事業（林野庁），アルコール専売事業（通産省），造幣事業（大蔵省造幣局），印刷事業（大蔵省印刷局），郵政事業（郵政省）の５つは**五現業**と呼ばれた。なお，アルコール専売は工業用アルコールの専売，印刷は紙幣，切手，旅券などの印刷，造幣は貨幣の製造を行う。また郵政は郵便，貯金，簡易保険の３事業を行い，職員数も27万人と巨大

な事業体であった。

◎公団──社会的に要請の強い公共事業（社会資本充実のための公共政策）を実施するための公共法人である。日本道路公団，日本住宅公団，新東京国際空港公団などがあった。

◎事業団──公団よりも企業性は希薄であり，独立採算制は最初から期待されていない。宇宙開発事業団，公害防止事業団，中小企業事業団，年金福祉事業団などがあった。

◎営団──公共的な事業を行う特殊法人であり，戦時中に多数つくられた。戦後は帝都高速度交通営団のみが存続し，「営団地下鉄」を運行していた。

◎公庫──金融事業を行う政府全額出資の公共法人で，独立採算性は希薄である。国民金融公庫などがあった。

◎特殊銀行──公庫とほとんど違いはない。日本開発銀行と日本輸出入銀行があった。

◎金庫──組合金融を行う公共法人であり，商工組合中央金庫があった。

　同じ国の公企業と言っても，その呼び名や事業の性格は多様である。ただ上記の公企業はいずれも**特殊法人**（特別の法律により特別の設立行為をもって強制設立される法人）である点では共通していた。2022年現在，存続している特殊法人は，日本放送協会（NHK），日本中央競馬会（JRA），日本年金機構など全部で33法人ある。

◆ 公企業の民営化とは何か？

　わが国では戦後，政府によって100を超える数の公企業が設立され，国民生活を支える大きな役割を担っていた。公企業はそれぞれが必要とされる事業分野で成果を上げてきたのであるが，社会経済情勢の変化にともない公企業としての存在意義も自ずと変わってこざるをえない。特に公企業として事業を行う必然性がなくなったこと，また事業のやり方そのものの効率性などの問題が生じたことで，廃止や経営形態の見直しの議論が出てくることになった。経営の非効率の背後には，**親方日の丸**と言われていたように，国が出資した事業体だから赤字でも潰れることはないといった労使の慢心があったことも指摘でき

る。また公企業は監督官庁からの**天下り**の受け皿になっていた面があり，これ
も厳しく批判された。

　先進国では 1980 年代になると，アメリカでは**レーガン**，イギリスでは**サッ
チャー**，日本では**中曽根康弘**がそれぞれリーダーとして登場し，**公企業の民営
化**（privatization）や**規制緩和**（deregulation）が積極的に推進されるように
なった。この時期，民営化・規制緩和は世界的な潮流となったのである。その
背景には次のような点が挙げられる。①先進国では経済成長と福祉国家の実現
を目指して，政府による積極的な財政投融資や産業規制，補助金の支給が行わ
れたが，そのため**大きな政府**になり財政赤字が肥大化した。②公企業の赤字増
大に伴う財政負担への批判の声が大きくなり，また公企業の経営の非効率性が
問題視されるようになった。③私企業への信頼感が高まり，必ずしも公企業
でなければならないとは見なされなくなった。そして以上のことと関連して，
④新自由主義的な経済思想がアメリカを中心に台頭してきたことが指摘でき
る。この**新自由主義**とは，市場メカニズムに絶大な信頼を寄せ，公共部門にお
ける政府の役割と機能は限定すべきであり，**小さな政府**こそが望ましいと考え
る経済思想である。いわば**市場万能主義**に立脚した経済思想ということになる
が，こうした主張が出てきたのは，裏を返せば従来のケインズ主義的な経済政
策の行き詰まりを反映したものだと言うことができる。時代は市場重視，効率
性重視の流れになったのであり，それにともない公企業の存在意義が改めて問
われることになった。

◆ 日本の公企業はどうなったのか？

　では現在，わが国における公企業はどうなったのであろうか。結論から言え
ば，日本の公企業の多くは 1980 年代の国の行財政改革の流れの中で次々と民
営化され，公企業のほとんどが姿を消していった。**民営化**とは公企業を民間企
業である株式会社に転換することをいう。具体的な流れは次のようになる。最
初に公企業を株式会社形態に変え，国が株式の全部または一部を所有する**特殊
会社**にする。次に国が所有する株式をすべて一般の投資家に売却することで株
式会社は完全に民営化されるのである。

　まず三公社は，電々と専売が 1985 年に民営化され，それぞれ**日本電信電話**

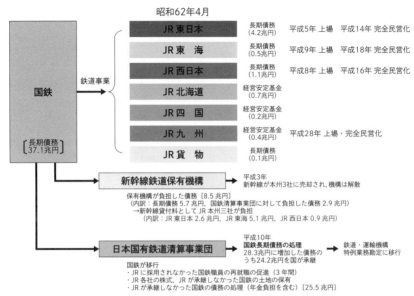

図表 3-5　国鉄の分割民営化の概要

出所：国土交通省鉄道局「国鉄の分割民営化から30年を迎えて」（2022年4月9日アクセス）
https://www.mlit.go.jp/common/001242868.pdf

（NTT と略称）と**日本たばこ産業**（JT と略称）という特殊会社になった。両社は経営的には赤字ではなかったが，民営化によって規制に縛られない競争的，開放的な市場のもとで，低廉なサービスの提供や競争力の強化が期待された。続いて 1987 年には国鉄が**分割民営化**された。同じ民営化と言っても，国鉄は 37.1 兆円にも及ぶ巨額の長期債務を抱え，列車を走らせれば走らせるほど赤字が累積していく状態であった。つまり経営的にはすでに破綻していたといってもよい。国鉄は民営化にともない地域別に分割され，北海道・東日本・東海・西日本・四国・九州の各**旅客鉄道**（それぞれ JR 北海道・JR 東日本・JR 東海・JR 西日本・JR 四国・JR 九州と略称）そして日本貨物鉄道（JR 貨物と略称）の 7 社体制で再出発した（図表 3-5 参照）。これにともない三公社はすべて姿を消すことになった。なお，民営化後の現在も NTT，NTT 東日本，NTT 西日本，JT，JR 北海道，JR 四国，JR 貨物などは特殊法人のままであり，株式会社形態の特殊会社として国が株式の全部または一部を所有してい

る。

　次に五現業に関しては，まずアルコール専売事業が 1982 年に新エネルギー総合開発機構（現在は特殊会社である日本アルコール産業）に移管され四現業となった。84 年には造幣事業と印刷事業が大蔵省の特別の機関となり，現在はそれぞれ独立行政法人造幣局，独立行政法人国立印刷局となっている。なお**独立行政法人**とは，「各府省の行政活動から政策の実施部門のうち一定の事務・事業を分離し，これを担当する機関に独立の法人格を与えて，業務の質の向上や活性化，効率性の向上，自律的な運営，透明性の向上を図ることを目的とする制度」（総務省 HP）のことをいう。また郵政 3 事業は 2003 年に郵政公社に変わり，さらに 2007 年に民営化されて持株会社である日本郵政のもとで郵便事業，郵便局，ゆうちょ銀行，かんぽ生命保険という 5 社体制となり，2012 年には郵便事業と郵便局が統合して日本郵便が誕生して 4 社体制となった。2015 年には日本郵政，ゆうちょ銀行，かんぽ生命の 3 社が東証第一部（現・プライム市場）に上場したが，日本郵政株の 3 分の 1 超は政府に保有義務がある。最後に，国有林野事業は，2012 年から国の一般会計事業となり，企業的運営は廃止された。これで五現業はすべてなくなることになった。

　この他の公企業の動向をみると，公団はすべて独立行政法人あるいは株式会社形態の特殊会社に転換された。例えば，日本住宅公団は，1981 年住宅・都市整備公団，1999 年都市基盤整備公団と名前を変えながら公団として存続していたが，2004 年には独立行政法人・都市再生機構（UR 都市機構）となった。また高速道路など有料道路の建設と管理を担っていた道路公団は 2002 年，特殊会社である東日本高速道路（NEXCO 東日本），中日本高速道路（NEXCO 中日本），西日本高速道路（NEXCO 西日本）の 3 社に分割された。事業団もまた，日本私立学校振興・共済事業団を除いて，すべて独立行政法人あるいは株式会社形態の特殊会社に転換された。例えば，公的年金の管理・運用を担っていた年金福祉事業団は 2001 年に廃止され，年金資金運用基金を経て 2006 年に**年金積立金管理運用独立行政法人**（GPIF と略称）となった。営団は帝都高速度交通営団のみ存続していたが 2004 年に廃止され，特殊会社である東京地下鉄（東京メトロと略称，株式は国 53.4％，東京都 46.6％）になった。国と東京都は株式を売却し，持株比率を 50％にする予定である。公庫は，

沖縄振興開発金融公庫を除いてすべて廃止された。住宅金融公庫は2007年設立の独立行政法人住宅金融支援機構，国民生活金融公庫は2008年設立の特殊会社である日本政策金融公庫など，独立行政法人あるいは株式会社形態の特殊会社に転換された。金庫は商工組合中央金庫のみあったが，2008年に特殊会社である商工組合中央金庫になった。特殊銀行であった日本開発銀行と日本輸出入銀行はいずれも廃止されて，それぞれ日本政策投資銀行，国際協力銀行という特殊会社になった。これらの金融機関は**政府系金融機関**と呼ばれる。

◆ 民営化は成功したのか？

　3公社は民営化されてJR，NTT，JTとなったが，民営化は成果を上げているのであろうか。JR，NTT，JTの民営化後20年間の売上，従業員数，生産性の変化を示したのが図表3-6～図表3-8である。これには直近の数字は含まれていないが，民営化後の3社の経営が改善の方向で推移していったことを示している。特に巨額の債務を背負って分割民営化された**JR**は，利益を生み出す会社へと変貌した点が重要である。「駅ナカ」なども含め事業の多角による収益向上が図られ，またサービスの面でも改善されてきていることは民営化

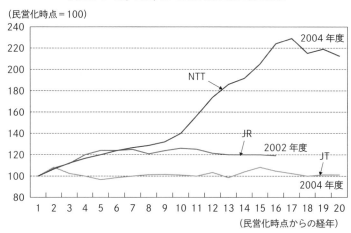

図表3-6　JR，NTT，JTの民営化後の売上高の変化

(民営化時点＝100)

出所：内閣府「平成17年度 年次経済財政報告」(2022年4月9日アクセス)
https://www5.cao.go.jp/j-j/wp/wp-je05/pdf/05-00203.pdf

図表 3-7　JR，NTT，JT の民営化後の従業員数の変化

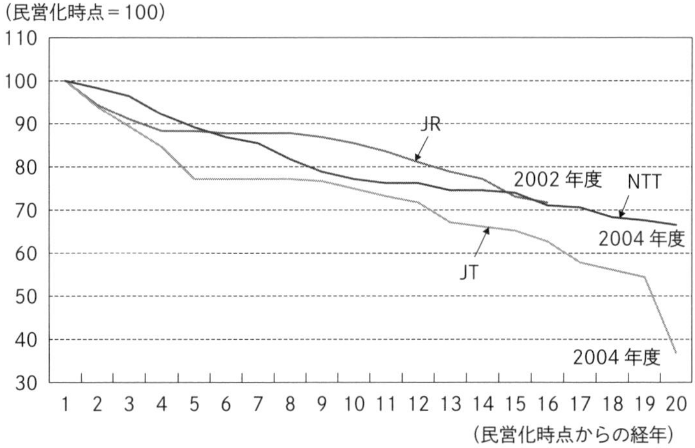

（民営化時点＝100）

備考：1）日本たばこ産業株式会社「日本専売公社の民営化について」（「郵政民
　　　　営化に関する有識者会議」提出資料），国土交通省「陸運統計要覧」，各
　　　　社有価証券報告書等により作成。
　　　2）JT の 20 年目の大幅な人員の減少は，約 4 千人規模の希望退職を募集
　　　　したことによる。
出所：図表 3-6 と同じ

の成果として評価してよかろう。

　また民営化した企業は上場して国が株式を売却することで民間企業となる。
国にとってはこうした企業の株式が高く売れれば売れるほど収入も大きくな
る。1987 年に上場した NTT 株は，初値の 160 万円（売り出し価格 119 万 7
千円）が高騰して 318 万円の高値を記録し，株に縁のなかった主婦をも巻き込
んで **NTT 株フィーバー** とまで言われた。その後，JT，JR 東日本・JR 東海・
JR 西日本・JR 九州，日本郵政の株式が上場された。国の売却収入は，NTT
株 16 兆 3022 億円，JT 株 2 兆 436 億円，JR 東日本株 1 兆 9939 億円，JR 西日
本株 7485 億円，JR 東海株 1 兆 2919 億円，JR 九州株 4160 億円，日本郵政株
3 兆 9248 億円となっている（2022 年 11 月現在，財務省「政府保有株式等の
売却状況」）。このうち JR の 4 社は政府が保有していた株式がすべて市場で売
却されて **完全民営化** されたが，NTT，JT，日本郵政はそれぞれ NTT 法，JT
法，郵政民営化法によって国が 3 分の 1 以上の株式（会社の特別決議で拒否権
を行使できる）を保有する義務がある特殊会社である。

図表 3-8　JR，NTT，JT の民営化後の生産性の変化

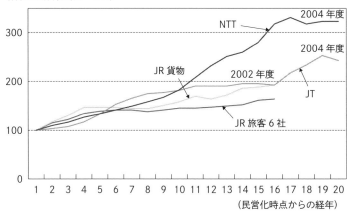

（各社の民営化時点＝100）

備考：1）日本たばこ産業株式会社「日本専売公社の民営化について」（「郵政民
　　　　　営化に関する有識者会議」提出資料），国土交通省「鉄道統計年報」，
　　　　　「陸運統計要覧」各年度版，各社有価証券報告書等より作成。
　　　2）JT の生産性は，労働生産性（たばこ製造本数 / たばこ製造工場の実
　　　　　人員）。
　　　3）JR の一人当たり利益は，JR 各社合計の全事業経常損益 / 職員数。ま
　　　　　た JR の生産性は，JR 旅客各社の物的労働生産性（輸送人キロ / 職員
　　　　　数）と JR 貨物の物的労働生産性（輸送トンキロ / 職員数）。
　　　4）NTT の一人当たり利益は，連結ベース。2002 年より米国会計基準を
　　　　　採用の為，2002 年度以降は，税引前当期純利益を使用。NTT の生産性
　　　　　は，労働生産性（売上高 / 職員数）。
出所：図表 3-6 と同じ

　このように民営化によって各企業の収益性やサービスの質も向上し，プラ
スの成果がもたらされたが，その一方で看過できない負の側面も表面化して
いる。JR 西日本では 2005 年に福知山線脱線事故が起き，多くの犠牲者を出し
た。その背景には，目先のサービスや利益を優先したことがあったのではない
かと指摘されている。また，JR 九州，JR 四国，JR 北海道は「3 島会社」と呼
ばれ，過疎地などの路線を多く抱えており収益性が見込めないために民営化さ
れる際に経営安定基金が付与された（図表 3-5 参照）。このうち JR 九州は多
角化などで収益を上げ上場にこぎつけたが，JR 四国，JR 北海道は民営化後も
財務状況が非常に厳しく，特に JR 北海道は 2011 年に JR 石勝線脱線炎上事故
が起き，その後もレールデータ改ざんなどの不祥事が起きている。こうした厳

しい経営環境の中では，民営化さえすればすべてうまく行くわけではないことは明らかである。実際，民営化の優等生と思われていた JR 東日本などもコロナ禍の影響で地方路線を中心に利用者減が深刻で，こうした赤字路線をどうするかが喫緊の課題として浮上してきている。どのようなサービスをどこまで提供して事業として成立させるのか，**企業の公共性と収益性（社会性と企業性）**の問題が改めて問われている。

◆ 地方公共団体の公企業とその特徴

　地方公共団体は教育や福祉などの一般行政とは別に，住民の福祉の向上を目的とする事業も行っている。こうした都道府県及び市町村が経営する企業を**地方公営企業**という。地方公営企業法では①水道，②工業用水道，③交通（路面電車などの軌道），④交通（バスなどの自動車運送），⑤交通（地下鉄などの鉄道），⑥電気（風力発電など），⑦ガス，これに⑧病院を加えた 8 つが適用事業とされているが，これら以外にも条例などに基づき交通（船舶），簡易水道，港湾整備，観光施設，市場，屠畜場，宅地造成など幅広く行われている。例えば，東京都で言えば上水道（東京都水道局），下水（東京都下水道局），都営バス，都営地下鉄，都電など（東京都交通局），あるいは豊洲市場などの中央卸売市場がすぐ頭に浮かぶ。いずれも生活に密着した事業を行っていることが分かる。こうした事業は行政の一般会計とは切り離されて事業ごとの企業特別会計で行われており，費用は料金・運賃収入で賄われる**独立採算制**がとられている。企業といっても会社のように法人格は持っていない。

　2020 年度のわが国の全事業に占める地方公営企業の比率を見ると，上水道99.6％，下水道 90.5％，鉄軌道 10.2％，バス 20.1％，電気 0.9％，ガス 1.5％，病院 13.5％となっている。特に水道事業はほぼ全部といってよいほど公営企業によって担われている（総務省（2022）「地方財政の状況」）。

　ところで地方公営企業の事業数は 8108 事業となっており，その中水道・下水道で全体の 66.5％を占めている。また決算規模は 17 兆 9766 億円で，病院が約 6 兆円（33.9％）と最大であるが，水道・下水道を合わせると約 9 兆 5000億円（53.0％）となっている（図表 3-9, 3-10 参照）。また地方公営企業全体の収支は，1 兆 192 億円の黒字となっている。黒字事業は全体の 88.3％を占め

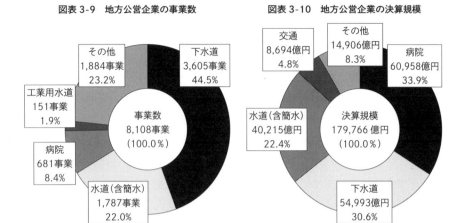

図表 3-9　地方公営企業の事業数

図表 3-10　地方公営企業の決算規模

出所：総務省（2022 年）「令和 3 年度地方公営企業決算の概要」（2022 年 10 月 10 日アクセス）
https://www.soumu.go.jp/main_content/000837845.pdf

る。独立採算制を基本原則とするが，少子高齢化の進展による需要の減少や施設の老朽化といった経営環境の悪化は無視できない。例えば，東京都は 2022 年に都立病院機構を設立し，広尾病院など都立・公社病院の独立行政法人化へと舵を切った。また，今後水道事業のような不可欠なライフラインをどのようにして持続可能な事業としてやっていくのか，多くの地域でこうした問題への対応が求められよう。

第 6 節　公私混合企業

　国・地方公共団体と民間が共同で出資する企業のことを公私混合企業あるいは公私合同企業という。国・地方公共団体（第一セクター），民間（第二セクター）の両者が共同で設立しているため**第三セクター**とも呼ばれる。第三セクターの定義にはいろいろあるが，総務省のそれによれば「地方公共団体が出資している社団法人・財団法人，会社法法人等」とされている。
　国が出資する公私混合企業としては，かつては特殊会社である日本航空（JAL）が「半官半民」の会社として有名であった。現在では国が出資者として株式の一定割合を所有する NTT，JT や日本郵政などがこれに該当する。つ

まり株式会社形態の特殊会社ということで，その数は非常に限られている。

　公私混合企業で数が多いのは，地方公共団体が出資している第三セクター等である。これには第三セクターと地方三公社が含まれる。第三セクターの活動分野は，農林水産，地域・都市開発，観光・レジャー，教育・文化など多岐にわたっている。2021年3月末現在，7149法人（第三セクター6461，地方三公社688）が活動している（総務省（2021）「第三セクター等の状況に関する調査結果」）。2011年には8401法人（第三セクター7317，地方三公社1084）あったので，この10年間で1252法人が消滅した。こうした減少の理由は経営の悪化などである。第三セクターの経営状況を見ると，調査対象となった5250法人のうち黒字は3121法人（59.4%），赤字は2129法人（40.6%）となっている（同上）。

　バブル期の1980年代後半には，民活法（1987年），リゾート法（1988年）による民間活力の利用促進といった流れの中で規制緩和や優遇措置が採られ，第三セクターのテーマパークやリゾート施設，ホテル等が次々に作られた。しかし，2001年に宮崎シーガイア（フェニックスリゾート），2003年にハウステンボス，さらに大阪ワールドトレードセンタービルディング（WTC）などが経営破綻するに至り，大きな問題となった。民間の経営ノウハウを活かして効率的な経営が行われるはずであったが，当初より計画や需要見通しに甘い面があったことは否めない。その後も，第三セクター等の中にはコロナ禍で経営が思うように行かない事業等が増加し，地方自治体も解散や譲渡などの対応を迫られている。

　しかし，第三セクターの事業には地域の生活と密着したものも少なくない。例えば，旧国鉄の赤字ローカル線を引き継いだものや，新幹線の開業で分離された並行在来線の受け皿として経営されているものなど，第三セクターの鉄道会社は住民の足としての重要な役割を担っている。一部の都市型の第三セクター鉄道を除くと経営は厳しく，最初から黒字を見込めない会社もある。中小民鉄49社及び第三セクター鉄道46社全95社のうち93社が経常赤字である（図表3-11参照）。コロナ禍で，第三セクター等鉄道協議会加盟40社の2021年度の経常赤字は126億円にも上っている（『日本経済新聞』2022年10月7日）。第三セクターを含む地域鉄道の現状は極めて厳しい。ここでも公共性と

収益性の問題にどう対処すべきかが問われている。

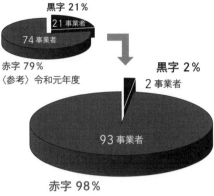

図表 3-11　令和 2 年度経常収支（鉄軌道事業）

黒字 21%
21 事業者
74 事業者
赤字 79%
〈参考〉令和元年度

黒字 2%
2 事業者

93 事業者

赤字 98%

※鉄道局調べ（令和 2 年度実績）
地域鉄道事業者（95 社）

出所：国交省「地域鉄道の現状」（2022 年 10 月
10 日アクセス）https://www.mlit.go.jp/
common/001385325.pdf

第4章

株式会社の仕組み ①
──株式会社はどういう組織構造になっているか？

〈本章のポイント〉

　株式会社の仕組みを考える時，まず株式会社が法人であることを理解する必要がある。株式会社は営利を目的とする社団法人であり，会社自身が法人格を持つ。そのため，会社の財産（資産）は会社自身が所有する。株主は，出資はするが，会社財産の直接的な所有者ではない。これはオーナーが資産を直接所有している個人企業とは大きく異なる点である。株主は出資と引き換えに株式を保有する。株式とは株主の地位を示しており，それを表象するものとして以前は株券があったが，現在は電子化されている。株主には株主権が付与されており，これには会社から利益を受け取る権利である自益権と，会社の経営に参加する権利である共益権がある。

　また会社は法人であるが人間そのものではないため，会社の意思決定や行為をする人間が必要である。持分会社では出資者が経営を行うが，「所有と経営の分離」を前提とする株式会社では会社機関が設置される。会社機関には株主総会，取締役会，監査役会などがあり，これらの組み合わせを機関設計という。機関の組み合わせは全部で47通りあり，＜会社の規模＞と＜株式譲渡制限の有無＞を基準にすると大きく4通りに分かれる。このうち公開会社かつ大会社では，監査役会設置会社，指名委員会等設置会社，監査等委員会設置会社の3つが選択可能である。

. . . .

キーワード▶法人，法人成り，社員，株主権，所有と経営の分離，会社機関，機関設計，株主総会，取締役会，監査役会，監査役会設置会社，指名委員会等設置会社，監査等委員会設置会社

第1節　法人としての会社

◆ 法人とは何か？

　日本の会社はすべて法人である（第3章参照）。では法人とは何であろうか。まず人間は民法では**自然人**と呼ばれており，生まれながらにして**権利能力**を有すとされる。これに対して**法人**とは「自然人以外で，権利能力の主体となるもの」をいう。ここで権利能力とは，権利の主体となることができる法律上の資格である。そのため，法人になれば土地を買って所有することも可能であるし，人を雇ったりすることもできる。つまり法人は人間と同じように自分の財産を持ち，その財産を使って活動し，さまざまな契約を結ぶことができる。もし会社が法人でなかったとすれば，会社が使っている土地，工場などは誰か人間の名前で登記することになり，その人が亡くなると登記し直さねばならず手続きは極めて煩雑なものとなる。そうなればビジネスに大きな支障が出るのは必至である。

　したがって，**法人制度の意義**としては，①団体の構成員とは別の権利主体を法的に認めることで，取引などを円滑に行うことができる，②団体の構成員の個人財産とは分離独立された団体の財産を認めることで，団体は構成員の債務に責任を持たなくてすむ，といった点が挙げられる。要するに，法人は構成員の財産とは分離された自分自身の財産を保有し，また法人の名前で取引などの活動を行うことができるのである。

◆ 法人にはどのような種類があるか？

　法人といってもさまざまな種類がある（図表4-1を参照）。まず法人には大きく分けて公法人と私法人がある。**公法人**は特定の行政目的を達成するために設立されたもので，広義には国や地方公共団体，さらに公社，公団，金庫などのかつての公企業などが該当する。これに対して**私法人**は私的目的（特定の行政目的以外）のために設立されたもので，その中身は大きく社団法人と財団法人に分けることができる。**社団法人**は，一定の目的を持った構成員（社員という）からなる団体なのに対し，**財団法人**とは，一定の目的のために個人や企業

が拠出した財産（基本財産）の集まりである。簡単に言えば，社団法人は人の集まりに対して法人格が付与されるのに対し，財団法人は財産の集まりに対して法人格が付与される。

　また法人は営利法人と非営利法人に分けることができる。**営利法人**とは，合名会社，合資会社，合同会社，株式会社などの営利を目的とする事業体である。またこうした会社とは別に，**士業法人**と呼ばれるものもある。士業とは弁護士，公認会計士，税理士，社会保険労務士といった専門の資格をもった職業であり，かつては個人事業主であったものが現在は法人化できるようになっている。例えば，税理士法人は「社員を税理士に限定した，商法上の合名会社に準ずる特別法人」（国税庁 HP）であると説明されている。

　非営利法人とは，**公益法人**（公益社団法人，公益社団法人），**一般法人**（一般社団法人，一般財団法人）とその他の法人（NPO 法人，社会福祉法人，学校法人，医療法人，事業協同組合，管理組合法人，農事組合法人，農業協同組合など）に分けることができる。営利と非営利を区別する基準は収益事業をしているか否かではなく，事業で得られた利益を分配できるか否かである（第8章第1節参照）。

　ここで非営利法人の数を見ておくと，わが国には公益法人が9794法人（公益財団法人5594，公益社団法人4200），一般法人が7万4683法人（一般財団法人7743，一般社団法人6万6940）となっている（2021年3月現在，公益財団法人「助成財団センター」HP）。また NPO 法人は，2022年2月末現在，認証法人数5万441，認定法人数1264となっている（内閣府 HP）。

図表 4-1　法人の種類

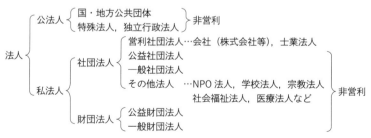

出所：筆者作成

◆ 法人としての株式会社の特徴は何か？

　株式会社は「営利を目的とする社団法人」である。会社などの社団法人を構成する人間のことを**社員**と言い，株式会社を含む会社においては出資者が社員である。

　株式会社は個人企業と比較すると大きな違いがある。それは，会社は法人であるが，個人企業は法人ではないという点である。個人企業はオーナーと企業が一体化している点が最大の特徴である。個人企業で事業に使っている資金や販売する商品，配達する車などはすべてオーナー個人が所有する。つまり事業用の資産はすべて個人の財産である。それらをどのように使ってビジネスをしようがオーナーの自由である。逆に負債もまたすべてオーナーが背負うことになる。責任を取るのはオーナーであり，無限責任である。このように個人企業ではオーナーと企業は完全に一体化している。

　これに対して株式会社は法人である。すでに見たとおり，法人である株式会社は登記をされており，独立した権利主体である。したがって法人である会社は土地や株式を購入し所有者となることが可能である。会社の資産（財産）は，社員＝株主の個人財産とは明確に区別される。そのため，社員＝株主は出資額以上の責任を負わない有限責任となる。ただし，同じ法人ではあっても，合名会社，合資会社は人的会社ということで，一部あるいは全社員の無限責任である点は株式会社とは異なる。また法人格の形骸化や法人格を濫用した場合には，法人格否認の法理が適用される。

　ところで，株主は一般的に株式会社の所有者と位置づけられている。しかし，株主が会社を「所有」するということは，私たちが家や土地を「所有」するのとは大きく異なる。会社には工場や土地といった資産があるが，株主はそれらの資産を直接所有しているわけではない。会社資産（財産）の直接的な所有者は法人としての会社である。つまり会社の財産は会社に帰属しており，直接的な所有者は会社である。そのため，たとえ大株主であっても会社が保有する土地等の資産に対する直接的な権利は一切持っておらず，したがって勝手に個人で処分することは許されない。

　では株主が会社を「所有」するとは，どうことであろうか。実は株式会社の所有は二重構造になっている。すでに述べたとおり会社資産（財産）の直接的

な所有者は法人である会社である。その会社を「所有」しているのが株主である。ただし，株主が持っているのは株主としてのさまざまな権利すなわち株主権である（本章第2節参照）。

　このように個人企業と株式会社を比較すると，企業という点では共通していても，法人であるか否かでその性格は大きく異なることが理解できよう。

◆ 個人企業を止めて法人に変えるべきか？

　個人企業を営んでいた事業者が，その後，株式会社などの会社企業に組織変更することは可能であり，実際にそのようにする事例は多くみられる。このように個人企業を法人化することを**法人なり**という。では個人企業をわざわざ会社に変更する理由は何であろうか。法人なりのメリットとデメリットを見ておこう。

　法人なりのメリットは，以下のような点である。

① 　節税効果——税金の負担が軽くなる

② 　信用力の増大——会社になることで社会的信用が増す

③ 　責任の範囲を限定——出資者は有限責任となる

④ 　資金調達が容易——融資などが受けやすくなる

⑤ 　社会的評価の向上——人材の採用などで有利

　このうち①の節税効果は事業者にとっては極めて大きな誘因である。節税が可能な主たる理由は，個人企業と会社では税金の仕組みと税率が異なるからである。まず個人企業では収入－経費＝所得となり，所得金額に応じて税率が定められている。個人の場合，**累進課税**となっており，所得税は最高45％になる。これに住民税10％を加えると最高税率は55％となり，さらに個人事業税（業種により3％〜5％）を支払うと所得の半分以上を税金として納める計算である（図表4-2参照）。多く儲けると多く税金を支払わねばならないということになる。これに対して会社の場合，収入－費用（経費）＝所得はオーナー個人ではなく会社の所得（法人所得）となる。会社が払う主な税金は**法人税（国税），法人事業税（地方税），法人住民税（地方税）**の3つで，「**法人3税**」と呼ばれる。このうち法人税は資本金の規模（1億円）と所得金額（800万円）を基準に，税率は15％〜23.2％となっている（2022年4月現在）。所得が800

図表4-2　個人の所得税

課税される所得金額	税率	控除額
1,000 円 から 1,949,000 円まで	5%	0 円
1,950,000 円 から 3,299,000 円まで	10%	97,500 円
3,300,000 円 から 6,949,000 円まで	20%	427,500 円
6,950,000 円 から 8,999,000 円まで	23%	636,000 円
9,000,000 円 から 17,999,000 円まで	33%	1,536,000 円
18,000,000 円 から 39,999,000 円まで	40%	2,796,000 円
40,000,000 円 以上	45%	4,796,000 円

注：平成25年から令和19年まで各年分の確定申告においては，所得税と復
　　興特別所得税（原則としてその年の基準所得額の2.1%）を併せて申告・納
　　付することになっている。
出所：国税庁「No.2260 所得税の税率」（2021年10月14日アクセス）
　　　https://www.nta.go.jp/taxes/shiraberu/taxanswer/shotoku/2260.htm

万円を超えても税率は一律であるため，個人企業と比べると節税効果は歴然と
している。また費用として計上できる範囲も個人企業よりも法人の方が広い。
この外にもオーナーやその家族が役員になることで所得を分散でき，さらに給
与所得控除も受けられるので節税になる。また赤字が出てもそれを9年間繰り
越せるのも法人化のメリットである。ただし，社会保険への加入や赤字でも法
人住民税の支払いがあったり，申告書の作成費用がかかったりといったデメ
リットもある。また，法人なりには②〜⑤のメリットもあり，個人企業でも一
定の所得があれば法人化は検討に値しよう。

第2節　株主の権利

◆ 株主とは何か？

　投資家は利益を目的に自分の資金を出して**株式**（stock, share）を購入し，
株主となる。したがって株主とは株式会社の出資者であり，株式会社という社
団法人の社員＝構成員である。株主には個人だけでなく法人もなることができ
る。
　株主が出資と引き換えに手にした株式は，株式会社における**社員の地位**を表
しており，それを細分化して割合的単位としたものである。多数の投資家によ

る出資を想定している株式会社では，各投資家に対して出資額に応じて権利を付与し，また他の人に譲渡することができるように，株式は細分化された均等な単位となっている。例えば，ある会社の株式を300株持っていれば，同じ株式100株を持っている株主の3倍の権利を有しているということは誰が見ても明確であるし，持っている株式の200株だけを第三者に譲渡しようと思えばそれも容易である。逆にそうでなければ多数の投資家からの出資は望めない。そのため，株式会社では**株主平等の原則**が認められている。つまり，同じ種類の株式であれば，株主はその持ち株数に応じて平等の権利があるということである。ただし，株式会社では定款に定めれば普通株式とは権利内容の異なる**種類株式**の発行も認められており，例えば**議決権制限株式**や**無議決権株式**などがこれに該当する。

　さて株主は株式を保有することで社員の地位を得ることになるが，それ自体は目には見えない。そこで社員の地位や権利を表章するものが必要となる。それが株券である。**株券**は社員の地位を表章する**有価証券**である。つまり株券はそれを持っていると株主であることを示すとともに，有価証券として市場で売買される。株券はもともと発行会社名や50円，500円，5万円といった額面が印刷されている紙片であり，株主の中には株券を自宅などで保管する例も見られた。しかし，紙に印刷された株券の発行や保管にはコストがかかるだけではなく，盗難，紛失，偽造などのさまざまな問題もあった。そこで上場会社では2009年に従来の株券は廃止され，**株券の電子化（ペーパーレス化）**が実施された。現在，株主の権利は「ほふり」と呼ばれる**証券保管振替機構**，証券会社などの金融機関の口座で電子的に管理されている。

　このように株主は出資者ということでその会社の社員になるが，手元に何かを持っているわけではなく，あるのは株主としての権利である。では株主はどのような権利を持っているのであろうか。

◆ 株主にはどのような権利があるか？

　株主は出資することで株主としての権利を手にする。株主がもっている権利のことを**株主権**という。株主権には大きく分けて自益権と共益権の2つがある。

　自益権とは，株主が「会社から直接経済的な利益を受ける権利」のことである。代表的なものとしては，利益配当請求権，残余財産分配請求権，株式買い取り請求権などがある。**利益配当請求権**は，会社が上げた利益から持ち株数に応じて配当を受け取る権利である。**残余財産分配請求権**は，会社が倒産あるいは解散した際に，残った財産の分配を受ける権利である。株式買い取り請求権は，会社が合併する際，株主が保有する株式を発行会社に買取りを求めることができる権利である。

　共益権とは，株主が「会社の経営に参加することを目的とした権利」のことである。代表的なものとしては，株主総会における議決権，株主提案権，株主総会決議取消訴権などがある。**議決権**は，株主総会の議案に投票する権利である。**株主提案権**は，一定の事項を株主総会の議題・議案とし，それを通知するように請求する権利である。株主総会決議取消訴権は，株主総会の手続や内容に問題がある場合，決議の取り消しを請求する権利である。

　株主権はまた，その行使の要件によって，単独株主権と少数株主権の2つに分類される。**単独株主権**とは，株式を1株だけでも持っていれば行使できる権利のことをいう。自益権はすべてこの単独株主権である。また共益権のなかでも議決権をはじめとする一部の権利は単独株主権である。つまり株主である全員に権利がある。これに対して**少数株主権**とは，（総株主の議決権の）一定割合または（発行済株式総数の）一定数以上の株式保有を条件に行使できる権利

図表 4-3　主な少数株主権の内容と要件

株主権の内容	要件
議題提案権	議決権 1％以上または 300 個以上 （取締役会設置会社）★
議案通知請求権	議決権 1％以上または 300 個以上 （取締役会設置会社）★
帳簿閲覧権	議決権 3％以上または株式数 3％以上
取締役等解任請求権	議決権 3％以上または株式数 3％以上★
総会招集権	議決権 3％以上★
解散請求権	議決権 10％以上または株式数 10％以上

　注：★は6か月前からの株式保有が条件（公開会社のみ，定款で短縮可能）
　出所：筆者作成

のことをいう（図表4-3参照）。代表的なものとしては，議題提案権，株主総
会招集権，取締役等の解任請求権，帳簿閲覧権，解散請求権などがある。この
うち**議題提案権**は株主提案権の1つで，株主が株主総会において議題として取
り上げるように請求する権利である。**帳簿閲覧権**は「会計帳簿又はこれに関す
る資料」ということで，総勘定元帳，現金出納帳，仕訳帳，領収書，伝票など
が含まれる。以上のような権利の行使のためには議決権の1％，3％さらには
10％の保有が各権利の要件になっており，乱用されないようにある程度の大株
主であることが前提とされている。

▌第3節　株式会社の機関

◆ 会社機関とは何か？

　株式会社は事業を行っていく上で，さまざまな意思決定を行わねばならな
い。しかし，会社は法人であり，生身の人間ではない。人間であれば自ら意思
決定を行いそれにしたがって行為するが，法人はそのままでは意思決定をする
ことも行為することもできない。そこで法人である会社の意思決定や行為をす
る人間が必要となる。そうした人間（自然人）や人間の集まりを**会社機関**とい
う。つまり会社機関は人間にたとえれば頭や手足にあたるものであり，会社機
関があって初めて会社は機能することになる。

　そのため株式会社においては会社機関が必ず設置されなければならない。そ
もそも株式会社は多数の出資を想定しており，株主が全員で経営を担うという
ことは実際には不可能である。そこで株主総会，取締役，取締役会，代表取締
役，会計参与，監査役，監査役会，会計監査人といった会社機関の設置が必要
となる。なお，同じ法人であっても持分会社である合名会社，合資会社，合同
会社の場合は株式会社とは異なる。社員が業務を執行し，社員の多数決によっ
て業務を決定することになっているからである。つまり出資者が会社運営に直
接的に関わらねばならない。持分会社でも定款に定めれば社員総会，代表社
員，業務執行社員といった会社機関を設置することはできるが，それは株式会
社のように強制的なものではない。

◆ 株主総会では何を決めるのか？

　株主総会は，すべての株式会社で必ず設置されなければならない会社機関である。株主総会はその名前の通り，株主が集まる会議体であり，株式会社の**最高意思決定機関**である。株主総会には議決権をもっている株主であれば誰でも参加することができる。定時株主総会は年1回必ず開催されなければならず，もし必要があれば臨時株主総会を開催することも可能である。また株主が1人しかいない「**一人会社**」の場合には，本人が望めばいつでもどこででも開催できるとされている。

　では株主総会では何を決めるのであろうか。つまり株主総会の権限とは何かである。株主総会の権限は，取締役会を設置しているか否かでその中身が異なる。〈取締役会を設置していない株式会社〉では，株主総会はあらゆる事項を決定することのできる言わば**万能機関**である。すなわち会社のすべての事項を総会で決めることが可能である。これに対して〈取締役会を設置している株式会社〉（**取締役会設置会社**という）では，株主総会で決定できる事項は重要なものに限定されている。この場合の株主総会の決定事項は，大きく分けて4つある。1. 役員の人事：取締役，会計参与，監査役，会計監査人の選任・解任，2. 会社の基本事項：定款の変更，会社の合併，分割，解散など，3. 株主利益に関する事項：剰余金配当，株式併合，自己株式取得など，4. 取締役が決議するとリスクになる事項：役員などの報酬である。つまり会社にとって最も基本的かつ重要な事柄のみ株主総会で決定されるようになっており，これ以外の会社経営に関わる事項はすべて取締役会で決定されるのである。これは**所有と経営の分離**の考え方から来ている。

　株主総会における株主の議決権は**1株1議決権**と定められている。ただし，単元株制度を採用している会社では**1単元1議決権**のため，単元未満株しかもたない株主には議決権はない。またこの他にも**自己株式**（自社が発行した株式で，市場から買い戻して保有しているもの）など議決権を認められない場合もある。議決権をもつ株主は株主総会に出席する権利があるが，それには会場まで行く時間と費用を自分で負担しなければならない。出席しない場合は委任状により代理人を立てることも可能であり，また議案の賛否を記入し送付する**書面投票制度**もある。なお**白紙委任状**を提出した場合は，通常は会社側（代表取

締役）が受任したものと考えられる。

　株主総会の決議は基本的には**多数決**によって行われる。ただし，決議の内容の重要度によってその要件は異なる。具体的な決議の種類には 1. 普通決議，2. 特別決議，3. 特殊決議の 3 つがある。①**普通決議**は，議決権の過半数を有する株主が出席し（これが定足数），出席株主の議決権の過半数で決定される。ただし定款で定足数は緩和，排除できるため，多くの会社では単純に出席株主の議決権の過半数で決定できるようにしていると言われている。これだと出席者が何人であっても，その議決権の過半数で決議できるからである。株主総会の決議は基本的にはこの普通決議である。②**特別決議**は，議決権の過半数を有する株主が出席し（これが定足数），出席株主の議決権の 3 分の 2 以上の多数で決定される。特別決議が求められる議題としては，定款変更，事業譲渡，会社合併，会社分割，株式の併合，減資，監査役の解任，会社解散といった重要事項が挙げられる。③**特殊決議**は特別決議よりもさらに要件が厳しく，内容によっては議決権の 4 分の 3 の賛成が求められる場合がある。

◆ 取締役・取締役会の役割とは何か？

　株主総会が必置の機関であったのと同じく，株式会社では取締役を必ず置かなければならない。そして取締役で構成されるのが取締役会である。こちらは**公開会社**（株式の譲渡に制限がない会社）では必置であるが，**非公開会社**（株式の譲渡に制限がある会社）では任意である。つまり取締役会が設置されている会社（以下，取締役会設置会社）と，取締役会が設置されていない会社（以下，取締役会非設置会社）の 2 つに分かれる。これは第 4 節で説明する機関設計と関係する。

　まず取締役とは何かを見ておこう。**取締役**は監査役，会計参与とともに会社法では**役員**と呼ばれる。役員である取締役は株主総会で選出される。取締役は，一部除外規定はあるものの，基本的に誰でもなることができる（未成年でも親権者の同意があれば可）。株主が自ら取締役になることもまったく問題なく，中小企業などでは多くがそうである。また逆に，非公開会社では，定款に定めれば取締役になる資格を株主に限定することも可能である。なお，取締役になれるのは自然人とされており，法人はなれない。

　取締役の人数は，取締役会設置会社の場合，3名以上が必要とされ，その任期は2年である。株主総会で再選されれば延長も可能である。また取締役会非設置会社の場合，取締役は1名以上いなければならず，任期は同じく2年である。ただし，非公開会社（株式譲渡制限会社）では，定款で任期を10年まで伸ばすことも可能である。また取締役の中には内部出身者でない社外取締役と呼ばれる人もいる。株主総会で選出された取締役は商業登記（法務局の商業登記簿に記載）されなければならない。

　次に，取締役と会社の関係であるが，会社と従業員の関係は**契約**に基づく雇用関係であるのに対し，会社と取締役など役員との関係は**委任**である。委任とは，「当事者の一方が法律行為をすることを相手方に委託し，相手方がこれを承諾することによって，その効力を生ずる」と民法では規定されている。したがって，取締役は会社に対して**善管注意義務**（善良なる管理者の注意義務）と**忠実義務**（忠実に職務を遂行する義務）を負うものとされる。

　では取締役会とはどのようなものであり，その機能とは何であろうか。**取締役会**は取締役をメンバーとする会議体であり，主たる役割としては①取締役会設置会社の業務執行の決定，②取締役の職務の執行の監督，③代表取締役の選定及び解職という3つを挙げることができる。このうち①の業務執行の決定とは，簡単に言えば会社を運営していくための意思決定をすることである。取締役会の権限は広範で，株主総会での決定事項を除けば，残りはすべて取締役会が決めることになっている。つまり取締役会は会社経営の業務に関してほぼすべてを決定するのである。②の取締役の職務の執行の監督とは，個々の取締役が適正に職務を行うように取締役会が監督することである。③の代表取締役の選定及び解職は，代表取締役を選任したり解任したりする権限を取締役会が持っていることを指す。この他にも，重要な財産の処分または譲受け，多額の借財，支配人その他の重要な使用人の選任・解任などの重要な決定も取締役会が行うことになっている。いずれにしろ，取締役会は株式会社の経営全般における意思決定を担う重要な機関だということである。

◆ 代表取締役とは何をする人か？

　代表取締役とは，会社の業務を執行し，対外的に会社を代表する権限をもつ

取締役のことをいう。つまり会社における業務執行者であり，会社の代表者である。ただし，代表取締役は業務執行者であってもすべての業務を１人で執行するというわけでは必ずしもない。取締役会で業務執行を担う取締役（**業務執行取締役**という）を定めることができる。あるいは一般の取締役が実務を担うことはしばしば見られる。また**代表権**とは，会社を代表して行為することのできる権限である。例えば，代表取締役が契約書にサインをすれば，それは会社の行った行為と認められる。つまり，代表取締役は，会社を代表して業務全般を執行する会社機関ということである。こうした代表取締役は取締役会に１名いるのが一般的であるが，大企業では複数の代表取締役がいる場合が多い。それは会社の有事の際のリスク分散や業務の迅速化のためである。

　代表取締役は取締役会設置会社では必置であり，まず株主総会で取締役が選出され，次にその取締役が集まる取締役会において代表取締役は選出される。そのため，取締役会が代表取締役の職務執行を監視・監督しなければならず，もし問題があれば代表取締役を解任することができる。ただし，代表取締役を解任しても取締役の地位までは失われないため，その先の取締役の解任は株主総会の決議に委ねられる。また先に株主総会で解任されて取締役の地位を失えば，代表権も同時に失われる。

　なお，取締役会非設置会社では，代表取締役は選任してもしなくてもどちらでもよく，もし選任しない場合は取締役全員が業務執行権と会社の代表権をもつ。また業務の意思決定は取締役の過半数によって行う。

◆監査役・監査役会は何をするか？

　会社の日常の意思決定や業務を担うのが取締役なのに対し，取締役（会計参与設置会社では会計参与も対象）の業務執行が適正かつ健全に行われているのかを監査するのが**監査役**である。監査役の役割は，業務監査と会計監査である。**業務監査**は，取締役が行うさまざまな職務執行が法令・定款に違反していないか監査する。そのため**適法性監査**とも言われる。**会計監査**は，株主総会に提出する貸借対照表，損益計算書などの計算書類に不正がないか監査する。監査役は取締役，会計参与等に事業報告を求めたり，会社の業務・財産を調査したりする権限を有しており，調査に基づき監査報告を作成する。監査役は取締

役会に出席する義務があり，意見を述べることができる。ただし，取締役会の議決には加われない。任期は4年である。なお，非公開会社（株式譲渡制限会社）では，定款で任期を10年まで伸ばすことも可能である。

　監査役会を設置している会社を**監査役会設置会社**という。監査役会は監査役3名以上で構成され，その半数以上は**社外監査役**でなければならない。また1名は常勤の監査役でなければならないとされている。公開会社かつ大会社では監査役会は必置であるが，それ以外の会社では任意である。

◆会計監査人と会計参与は何をするか？

　会計参与とは，取締役と共同して計算書類などを作成する会社機関で，設置は任意であるが，「非公開会社かつ取締役会設置会社かつ監査役がいない」場合は設置しなければならない。会計参与を設けることで，計算書類に対する信頼性が高まり，取締役等の労力の軽減にもつながる。資格としては公認会計士・監査法人・税理士・税理士法人でなければならない。

　会計監査人は，計算書類などを監査（会計監査）する会社機関で，会計監査報告を作成する。設置は任意であるが，大会社と指名委員会等設置会社，監査等委員会設置会社では会計監査人は必置である。資格としては公認会計士・監査法人でなければならない。

◆会社に社長は必要か？

　ここまで見てきて明らかなとおり，会社法では最高意思決定機関は株主総会であり，取締役会設置会社では総会で選出された取締役によって取締役会が構成され，代表取締役の選任と業務の決定が行われる。代表取締役は取締役会が決めた業務を執行する，という役割分担になっている。しかし，会社のトップは「代表取締役社長」という肩書きをもっているのが一般的で，社長は不可欠な役職だと思われている。それなのになぜ会社法に「社長」は出てこないのであろうか。

　実は「社長」は会社法とは関係なく，その会社が定款で独自に設けている職位である。「社長」の職位を設けなくとも「代表取締役」として会社を経営することは可能であり，「社長」のいない会社は実際にある。ただ，ほとんどの

会社ではこれまでの慣例に基づき「社長」という職位を設けている。社長は通常，その会社の経営の責任者と考えられる。いわゆる経営トップである。会社内部の職制は，それぞれの会社で異なるが，一般的には上から**会長，社長，副社長，専務，常務**となっている。いずれも取締役が就く職位であり，こうした職位をもつ取締役を**役付取締役**と呼ぶ。取締役会設置会社においては代表取締役と取締役の２つの職位しかないが，これに会社独自の職階が加わると同じ取締役でも上下の関係ができてしまい，監督機能が損なわれるという問題点もある。つまり部下である常務が上司の社長を監督しようとしても，実際にはかなり難しい（第12章第3節参照）。

コラム❸　会長と社長の関係

取締役会の職位を見ると，大企業では会長，社長，副社長，専務，常務といった序列になっている。この序列では，社長の上に位置しているのが会長で，会社のトップは会長のように見えるが，実態は必ずしもそうではない。多くの会社では，社長を辞めた人が次に就くポストが会長である。そして会長の役割は，会社の顔として対外的な行事に出たり，会社の経営の指揮を執る社長の相談相手になったりすることだと言われている。つまり会社の実質的なトップは経営を担っている社長であり，会長は経営には直接的にタッチしない名誉職というのが一般的である。

しかし，社長と会長の関係が，どんな会社でも一律に上記のようになっているわけではない点は注意を要する。会社によってはいわゆる「実力会長」と呼ばれる経営者がいるからである。会長兼CEOという肩書きがある場合は，会長が人事権を持ち，先頭に立って会社の成長戦略を描いて実行するということになる。これだと会長は名誉職などではなく，名実ともに会社のトップである。

かつて全日空で「天皇」と呼ばれたのが若狭得治名誉会長（当時）である。若狭氏は（旧）運輸省の事務次官から全日空に天下りし，ロッキード事件では逮捕・起訴されたことがあるものの，社長としては国際線への進出を成功させるなどして「全日空の中興の祖」と言われた。ところが若狭氏が名誉会長で，同じく運輸省出身・国鉄総裁を務めた杉浦喬也会長（当時），その下に普勝清治社長（当時）となった時，問題が生じた。次期役員をめぐって社長の人事案

が通らず，名誉会長・会長と社長が対立したのである。この「お家騒動」は結局，3人全員が辞任することで決着した。社長の権力は人事権を背景とする。それが明確でなかったことが，この騒動の原因である。たとえ功労者であっても，代表権のない名誉会長が人事に口を出すことには「私物化」との批判も出された。

　この事例に限らず，トップを退いた後も相談役，顧問などのポストに就いて「院政」を敷くケースもある。不要なポストは廃止するとともに，経営者の責任と権限を明確にすることが肝要である。

第4節　多様な機関設計

◆ 機関設計とは何か？

　株式会社では，会社機関として株主総会，取締役，取締役会，会計参与，監査役，監査役会，会計監査人，委員会を置くことができる。こうした会社機関の組合せのことを**機関設計**という。株式会社では株主総会と取締役は必置機関であるがそれ以外の機関設計は自由化され，柔軟に選択することが可能となっている。

　機関設計にはさまざまなタイプがあり，組合せのすべてのタイプを挙げると47通りあると言われる。図表4-4はそうした機関設計の中の基本的な選択肢を示したものであるが，＜会社の規模＞と＜株式譲渡制限の有無＞を基準にすると大きく4つのタイプに分けられる。基準となる会社の規模は，会社法では大会社と大会社でないものの2つに分けられる。**大会社**とは資本金5億円以上または負債200億円以上の会社をいう。他方，もう1つの基準の株式譲渡制限の有無は，定款で株式の譲渡に制限をつけているか否かの2つに分けられる。譲渡制限がある場合は，取締役会の承認を得なければ株主といえども自分の株式を自由に譲渡することはできない。会社法では，譲渡制限がある株式を発行している会社を**非公開会社**といい，1株でも譲渡制限がない株式を発行している会社を**公開会社**（株式を上場しているという意味ではないので要注意）という。したがって，株式会社は①大会社＋公開会社，②大会社＋非公開会社，

図表 4-4　機関設計の中の基本的な選択肢

	株式譲渡制限会社 （非公開会社）	公開会社
非大会社	取締役 取締役＋監査役 取締役＋監査役＋会計監査人 取締役会＋会計参与 取締役会＋監査役 取締役会＋監査役会 取締役会＋監査役＋会計監査人 取締役会＋監査役会＋会計監査人 取締役会＋監査等委員会＋会計監査人 取締役会＋三委員会＋会計監査人	取締役会＋監査役 取締役会＋監査役会 取締役会＋監査役＋会計監査人 取締役会＋監査役会＋会計監査人 取締役会＋監査等委員会＋会計監査人 取締役会＋三委員会＋会計監査人
大会社	取締役＋監査役＋会計監査人 取締役会＋監査役＋会計監査人 取締役会＋監査役会＋会計監査人 取締役会＋監査等委員会＋会計監査人 取締役会＋三委員会＋会計監査人	取締役会＋監査役会＋会計監査人 取締役会＋監査等委員会＋会計監査人 取締役会＋三委員会＋会計監査人

注：株主総会はすべての株式会社で必置機関であるため，ここでは表示していない。
出所：筆者作成

③非大会社＋公開会社，④非大会社＋非公開会社の４つに分けることができる。このうち①は規模が大きく株式を自由に売買できることから，ほぼ上場会社と見てよいであろう。②は規模は大きいものの上場していない会社である。未上場の有力企業や上場会社の子会社などが当てはまる。③は規模がまだ大きくない上場会社などである。④は規模が小さく，株式譲渡制限があるということで，株式会社の中で数が最も多い中小・零細の株式会社が当てはまる。

　会社機関の組合せによってさまざまな機関設計のタイプがあるが，最もシンプルなのが株主総会＋取締役である。これにさらに任意で会計参与を加えることも可能である。「一人会社」などはこのタイプだと言ってよい。また株主総会＋取締役会＋監査役といったタイプも多く見られる。しかし，規模がさらに大きい株式会社になるとより複雑な機関設計が求められる。

◆ 大会社の機関設計はどうなっているか？

　公開会社かつ大会社では，３つの機関設計の選択肢がある。その１つが監査役会設置会社である。このタイプは会社法以前の旧商法の時代からあり，わが

国の伝統的かつ典型的な機関設計のタイプだと言えよう。現在でも3つの中で最も多いのがこのタイプである。

監査役会設置会社は，株主総会，取締役会，監査役会の3つの機関を中心に構成されている。これは国の司法・立法・行政になぞらえることができ，株主総会は国会にあたる立法，取締役会は政府にあたる行政，監査役会は裁判所にあたる司法ということができる。つまり三権分立のシステムになっているということである。ただし国のシステムとまったく同じというわけではない。まず最高意思決定機関である株主総会で会社の基本方針や取締役等の役員が決定される。株主総会で選出された取締役会で代表取締役が選出され，取締役会で決まった業務を代表取締役が執行し，それを取締役会が監督するという関係になっている。また監査役会設置会社（公開会社かつ大会社）で上場会社の場合は，1名の社外取締役の設置が会社法で義務づけられている。監査役会は取締役の業務監査と会計監査を行い，株主総会で報告される。つまり株主総会で決まった基本的な目標に沿って経営の執行と監督が行われ，さらにそれが監査さ

図表4-5　監査役会設置会社

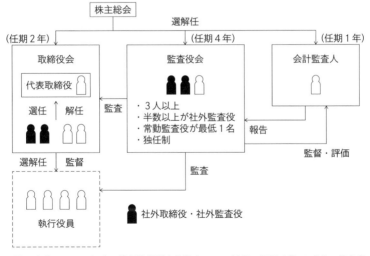

注：点線で囲った部分は執行役員制度を指す。この制度の詳細は第13章第1節を参照。

出所：「機関設計の3タイプ」（三戸・池内・勝部『ひとりで学べる経営学（改訂版）』文眞堂）に加筆修正。

れるシステムになっている（図表 4-5 参照）。

◆ **指名委員会等設置会社**

　指名委員会等設置会社は，2003 年に委員会等設置会社の名称で初めて導入
された。このタイプの機関設計は，監査役会を設置しない代わりに取締役会の
中に複数の委員会が設置されている。また監督と執行を明確に分離した点も大
きな特徴である（図表 4-6 参照）。わが国のコーポレート・ガバナンスの議論
の隆盛を背景に導入されたもので，アメリカ型と呼んでもよい機関設計となっ
ている。当初は，大会社とみなし大会社（資本金 1 億円以上）のみ選択できた
が，2006 年に施行された会社法ではその名称から「等」が削除されて委員会
設置会社となり，規模に関係なく選択できるようになった。そして 2015 年施
行の会社法改正で現在の名称である指名委員会等設置会社となった。

　指名委員会等設置会社の大きな特徴は，取締役会の中に指名委員会，報酬委
員会，監査委員会があることである。これらは 3 委員会と呼ばれる。**指名委員
会**は，株主総会に提出する取締役の選任・解任に関する議案を作成する。**報酬**

図表 4-6　指名委員会等設置会社

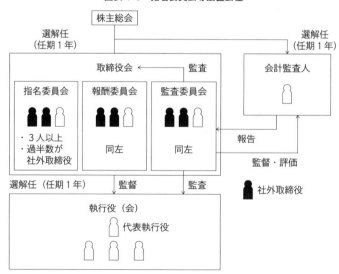

出所：図表 4-5 と同じ

図表 4-7　指名委員会等設置会社の主な特徴

○取締役会の中に，指名委員会，報酬委員会，監査委員会の3つの委員会が設置されている。
○各委員会は3名以上の取締役で構成され，過半数は社外取締役でなければならない。
○監査役・監査役会はなく，取締役による監査委員会がある。
○取締役会は業務の決定と監督を行い，業務の執行は執行役（会）が行うことで，監督と執行が
　分離されている。
○代表取締役は設置されず，代表執行役が会社を代表する。

委員会は，取締役，執行役の個人別の報酬内容を決定する。**監査委員会**は，取締役，執行役の職務執行を監査し，監査報告を株主総会に提出する。また会計監査人の選任・解任を決めて総会に提案する。各委員会のメンバーは3名以上の取締役で構成され，そのうち過半数は社外取締役でなければならないとされている。つまり社外取締役の意見が大きく反映される仕組みになっている。3つの委員会はいずれも重要であるが，特に次期取締役を誰にすべきか名簿を作成して提出する指名委員会の役割は極めて大きい。取締役会の役割は，基本的には業務執行の決定と取締役，執行役の監督である。つまり取締役は原則として自分たちで業務の執行はできないものとされている。取締役の任期は1年である。

　取締役会が業務執行の決定と監督を行うのに対し，業務の執行を行うのは**執行役（会）**である。つまり指名委員会等設置会社では監督と執行の機能が明確に分離されている。執行役は取締役会によって選任され，監督を受ける。また会社の代表権をもつ代表執行役が取締役会によって選任される。その代わり代表取締役はいない。なお執行役と取締役は兼任が可能である。その場合，執行役が指名委員会，報酬委員会の委員を兼任することは可能であるが，監査委員会の委員は兼任できないことになっている。執行役の任期も1年である。

　指名委員会等設置会社では監査役（会）は設置できず，代わりに取締役がメンバーとなる監査委員会が設置される。また会計監査人も必置の機関である（図表4-7参照）。

◆ 監査等委員会設置会社

　監査等委員会設置会社は，2015年施行の改正会社法で認められた機関設計

図表 4-8　監査等委員会設置会社

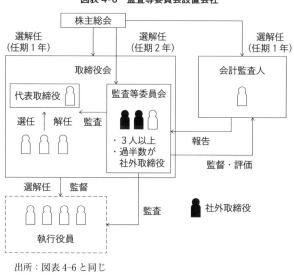

出所：図表 4-6 と同じ

図表 4-9　監査等委員会設置会社の主な特徴

○取締役会の中に監査等委員会が設置されている。監査役・監査役会はなく，取締役が監査を行う。
○監査等委員会は 3 名以上の取締役で構成され，過半数は社外取締役でなければならない。

である。委員会は監査等委員会のみが必置となっており，いわば取締役会設置会社と指名委員会等設置会社の中間に位置するタイプと言ってもよかろう。

　監査等委員会設置会社の大きな特徴は，取締役会の中に監査等委員会があることである。監査等委員会は 3 名以上の取締役で構成され，過半数は社外取締役でなければならない。監査等委員会は，取締役の職務執行を監査し，監査報告を株主総会に提出する。また会計監査人の選任・解任の議案を決めて総会に提案する。監査等委員は，監督する立場に専念することになっており，業務執行取締役との兼任は認められていない。監査等委員は株主総会で選任されるが，他の取締役とは別々に選任される。監査等委員の任期は 2 年なのに対し，他の取締役は 1 年である。

第 5 章

株式会社の仕組み ②
——株式会社はどういう経済構造になっているか？

〈本章のポイント〉

　会社の資金調達には外部金融（株式，社債，借入れなど）と内部金融（内部留保，減価償却）があり，株式会社はこれらを組み合わせて資金を調達している。特に株式会社は株式を発行して広く社会の遊休資本を集めることのできる資本集中の機構である。証券取引所で株式を発行できる会社は上場会社と呼ばれ，日本の株式会社の中では約4000社とその数は少ない。上場するには取引所の上場基準をクリアし審査に合格しなければならない。上場会社になると資金調達力や社会的評価の上昇など大きなメリットがあるが，その一方で短期経営のプレッシャーや乗っ取りなどのデメリットもあるため，有力企業の中には敢えて未上場のままでいるものもある。上場会社は東京証券取引所に一極集中しており，多くの取引がここで行われる。東証は市場改革を行い，現在はプライム，スタンダード，グロースの3市場に分かれている。

　会社は新株を発行して資金調達するが，いったん売られた株式は株主の間で流通する。株主は株式投資を通じてキャピタル・ゲインやインカム・ゲインといった経済的利益を手にすることができる。その際，重要なのが株価の動向であるが，株価は投資先企業の業績や内外の情勢などによって決まるため，株式投資にはリスクがともなう。現在は超高速取引が主流を占め，AI投資なども行われている。株価の動向を表す代表的な指標としては日経平均株価とTOPIXがある。株価には1国の経済状況や個別企業の経営を評価するバロメーターの機能もある。

キーワード▶株式会社，自己資本，資本集中の機構，上場会社，未上場会社，IPO，増資，信用取引，超高速取引，AI投資，キャピタル・ゲイン，インカム・ゲイン，日経平均株価，TOPIX

第1節　会社の資金調達

　会社を立ち上げるには資金が必要である。しかし，事業を継続的に行うためにはそれだけで必要な資金がすべて賄えるわけではない。規模の大小にかかわらず日常的に運転資金も必要であり，また事業規模を拡大していくための設備投資や研究開発のための投資を行おうとすれば，より大きな資金が必要になる。では会社はどこからどのように資金調達をしているのであろうか。

　まず会社の資金調達には自己資本（owner's capital）と他人資本（borrowed capital）の区別がある。**自己資本**とは出資者から調達した**資本金，資本剰余金，利益剰余金**などからなる。株式会社であれば株式を発行して株主から資金を調達するが，そのうち資本金に組み入れなかった部分が資本剰余金である。次に，利益剰余金は過去の税引き後純利益の蓄積されたもので，**内部留保**と呼ばれる。これらは貸借対照表の純資産の部に該当し，会社にとっては返済する必要のない資本である。こうした自己資本は**株主資本**とも呼ばれる。他方，**他人資本**とは借入金，支払手形，買掛金，社債などからなる。**借入金**は銀行などの金融機関や取引先などから借り入れたものである。**支払手形**は仕入先との取引によって生じた手形上の債務のことをいい，同じく**買掛金**は仕入先との取引によって発生した営業上の未払金のことをいう。**社債**は会社が資金調達のために発行する債券のことをいい，株式と違って予め満期日や利率を決めて発行される有価証券である。社債は償還期間が1年以上なのに対し，短期（主に30日以内）の無担保約束手形である**CP**（Commercial Paper）もある。これらは貸借対照表の負債の部に該当し，最終的に返済しなければならない資本であ

図表 5-1　株式会社の資金調達

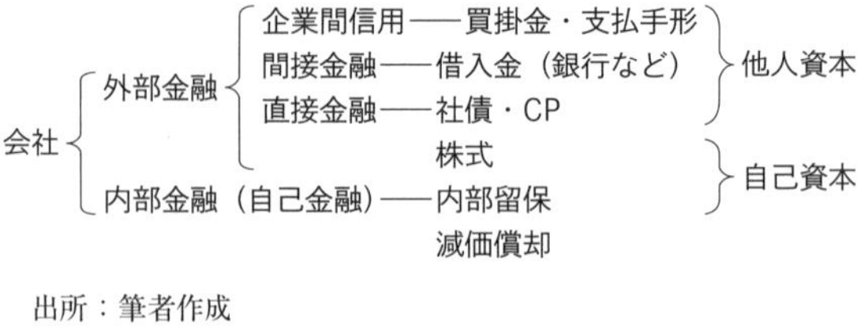

```
                  ┌ 企業間信用──買掛金・支払手形 ┐
         ┌ 外部金融 ┤ 間接金融──借入金（銀行など） ├ 他人資本
         │        └ 直接金融──社債・CP          ┘
会社 ┤                    株式              ┐
         │                                  ├ 自己資本
         └ 内部金融（自己金融）──内部留保   ┘
                         減価償却
```

出所：筆者作成

る（図表 5-1 参照）。

　こうした伝統的な資金調達の方法に加えて，近年は新たな手法が登場し，資金調達の多様化が見られる。その 1 つがインターネットを用いて不特定多数の人々（crowd）から資金調達する**クラウドファンディング**である。個人，中小企業，ベンチャー企業などがネットを通じて自らの企画やアイデアに出資を募るもので，大きく分けて次の 5 つの種類がある。寄付型は資金を寄付して一切のリターンを期待しないもの，購入型は資金を提供しモノ，サービス，権利などの返礼を得られるものである。これに対し，ファンド型，貸付型（ソーシャルレンディング），株式型は資金を提供してそれぞれ配当あるいは利子といったリターンを期待するものである。国内のクラウドファンディングの市場規模は，2021 年度は 1642 億円と推計されている（「矢野経済研究所」調べ）。

第 2 節　上場会社と未上場会社

　株式会社の特徴はいろいろあるが，その本質は**資本集中の機構**だという点である。合名会社や合資会社などの他の会社形態が人的会社なのに対し，株式会社は物的会社と呼ばれ，信用の基礎は資本（会社財産）である。そのため株式会社は株式を発行し，不特定多数の人々から遊休資本を広範に集めることで資本集中を進めることができる。ただし，同じ株式会社であっても上場会社と未上場会社では資金調達をめぐる状況は大きく異なる。株式による自由な資金調達ができるのは上場会社である。

◆ 上場とは何か？

　上場とは株式会社の発行する株式が証券取引所で自由に売買できるようになることをいう。では上場するにはどうすればよいのであろうか。株式会社は勝手に上場することはできない。証券取引所に申請を行い，各取引所の上場基準に基づく審査に合格することで初めて上場が認められる。証券取引所は一定の基準を満たさなければ上場を認めず，上場後でも基準に達しなければ上場廃止の措置をとる。つまり投資をするに足るだけの会社であるか否かを審査する。また上場会社には**情報開示（ディスクロージャー）**が厳しく求められている。

投資家にとっては投資をする上で会社の経営状況を的確に把握することが不可欠である。そのため，すべての上場会社は**有価証券報告書**の提出が法律で義務づけられており，また，証券取引所が定めたルールによる開示（適時開示）としては企業内外の情報や決算報告書の開示が求められている。こうして，投資家は正確な情報をもとに上場会社に投資ができるのである。

　さて，わが国の証券取引所（金融商品取引所ともいう）は**東京証券取引所**（以下，東証），**名古屋証券取引所**（以下，名証），**福岡証券取引所**（以下，福証），**札幌証券取引所**（以下，札証）の４つある。かつて国内には８市場あったが，2000年に広島と新潟が廃止，続く2001年には京都が廃止，そして2011年には東京と大阪が統合して現在の４つに集約された。このうち東証が最大の市場で，上場会社の９割がここに集中している。つまり実際の取引も東証に一極集中しているのである。証券取引所の経営形態は東証と名証が株式会社形態，福証と札証は金融商品会員制法人（金融商品取引業者を会員とする社団法人）である。東証は持株会社である**日本取引所グループ**（東京証券取引所グループと，大阪証券取引所が2013年に経営統合して設立）の傘下にある子会社である。ちなみに日本取引所グループはそれ自身が傘下の東証に株式を公開している上場会社である。

◆ 株式市場はどのような区分になっているか？

　証券取引所とは株式や債権が売買される市場のことであるが，このうち株式を取引しているのが株式市場である。証券取引所には株式会社が上場されており，同じ市場といってもその中でいくつかの区分がある。2022年に株式市場は再編されたが，まずは従来からあった市場区分を簡単に見ておこう。

　東証と名証にはこれまで**市場第一部，市場第二部**（以下，**一部市場，二部市場**）があった。上場基準は東証一部市場が最もハードルが高く，二部市場がそれに続いた。また東証，名証の一部，二部市場は**本則市場**と呼ばれ，これとは別に**新興企業向け市場**があった。東証には **JASDAQ**（1963年の店頭登録制度が源流，スタンダードとグロースに分かれていた）と**マザーズ**（1999年に開設），名証には**セントレックス**（2001年開設），福証には**Qボード**（2000年開設），札証には**アンビシャス**（2001年開設）があった。

　新興企業向けの市場はいずれも上場のハードルが低く設定されており，創業間もない企業でもベンチャー企業のような成長が見込まれる有望な企業であれば，上場して資金調達することが可能である。逆に上場まで長い時間がかかってしまうと，必要な資金を調達できずに成長の機会を失いかねないからである。したがって，新興企業向けの市場が整備されたお陰で，歴史も短く実績もまだ十分でない会社が，成長のための資金を調達することができるようになった。マザーズでは「高い成長可能性」があれば赤字で上場することも認められていた。同市場の2021年の新規上場会社数は93件であったが，実はそのうちの13件は赤字上場であった。

◆ なぜ市場再編は行われたのか？

　東証の市場区分は一部市場，二部市場という本則市場と，JASDAQ，マザーズという新興企業向け市場の4つあったが，これらは2022年4月からプライム市場，スタンダード市場，グロース市場の3つに再編された。同じく名証の一部市場は**プレミア市場**，二部市場は**メイン市場**，新興企業向けのセントレックスは**ネクスト市場**に再編された。ではどういう理由で市場の再編は行われることになったのであろうか。

　市場再編が実施された理由はいくつかあるが，まず東証一部市場の肥大化が挙げられる。一部市場は東証の中で最も「格」の高い市場であり，日本の優良企業が上場していると一般的に考えられてきた。しかし，その数を見ると2000社を超えて東証全体の58%を占めるに至り，上場する会社の中身にもかなり幅があった。同じ一部市場上場といってもトヨタのように時価総額が30兆円を超える巨大企業もあれば，その一方では時価総額10億円程度のかなり小規模な会社も含まれていた。つまり最も「格」の高い市場というイメージにも関わらず，実際は会社間でのばらつきが非常に大きかったのである。そうなった背景としては，上場基準と上場廃止基準の両方に問題があったと指摘されている。まず前者に関しては，一部市場に直接上場するには時価総額が500億円以上必要であったのが，2012年には250億円にハードルが引き下げられた。また二部市場，マザーズから一部市場へ内部「昇格」する場合は，流通株式数（比率）35%以上，時価総額40億円以上となっており，これは直接上場

図表 5-2　東証の新たな市場区分と主な上場基準

市場区分	プライム	スタンダード	グロース
株主数	800 人以上	400 人以上	150 人以上
流通株式数	2 万単位以上	2000 単位以上	1000 単位以上
流通株式時価総額	100 億円以上	10 億円以上	5 億円以上
流通株式比率	35 % 以上	25 % 以上	25 % 以上

出所：『西日本新聞』2021 年 8 月 17 日（2021 年 12 月 6 日アクセス）https://
www.nishinippon.co.jp/item/n/786052/

する場合よりもかなり低い基準である。実際，近年上場した会社を見ると，こ
の内部「昇格」組が多数を占めていた。他方，後者に関しては時価総額で 10
億円となっており，一旦上場すると成長が見込めないような会社でも「降格」
せずにそのまま残ってしまうことになった。要するに，一部市場に上場する基
準も，またそれを維持する基準も，いずれのハードルも低すぎたということで
ある。これでは投資家にとって，市場区分の意味がほとんどないことになる。

　また新興市場の方にも問題があった。JASDAQ とマザーズという 2 つの市
場の役割分担が必ずしも明確ではなかったことである。どちらの市場にも新興
企業は上場しており，中堅企業が多く上場している JASDAQ の方は二部市場
とも重なる面があった。

　以上のような点を考慮して，東証の新しい市場の区分では，従来の一部上場
の有力企業を中心とする**プライム市場**，中堅企業を中心とする**スタンダード市
場**，スタートアップ企業を中心とする**グロース市場**の 3 つに再編された（図表
5-2 参照）。プライム市場では，直接上場の要件である時価総額 250 億円以上
かつ流通株式比率が 35 % 以上に加えて，流通株式時価総額が 100 億円以上と
いう要件が加えられた。流通株式時価総額とは市場で売買できる株式数×株価
で算出されるもので，これによって市場における流動性を確保することが図ら
れる。ただし，こうした基準は新規上場の場合に限られ，既存の一部上場会社
にはプライム市場の基準を満たさなくても暫定的に上場を認める経過措置が取
られた。これは 2025 年に終了し，1 年の改善期間を経ても未達であれば上場

廃止となる。

◆ 上場の意義とは何か？

　新規上場のことを英語では **IPO**（Initial Public Offering）という。日本では株式公開と訳され，会社が発行する株式が初めて株式市場で売り出されるという意味である。上場前は創業者を含む限られた人しか株式を保有していないのが一般的であるが，株式が上場されると誰でも自由に購入することができる。すなわち株式が広く大衆に保有されるということで，会社は**公開会社**（publicly held corporation）と呼ばれることになる（会社法上の「公開会社」は株式の譲渡制限がないという意味であり，同じ言葉でも異なるので注意が必要である）。したがって，上場前であれば創業者が「私の会社」と言うことも可能であるが，上場後には多数の株主を前提に考えねばならなくなる。つまり株式会社は上場によって社会的な性格をもつようになるのである。

　では上場すると会社にはどのようなメリットがあるのであろうか。第一に，会社に対する社会的評価・信頼が高まることが挙げられる。取引所の審査をクリアしたということは，一定の基準を満たすことでお墨付きをもらったということである。会社の「格」が重視されるため，取引先や金融機関等からの信用度も大きくなる。第二に，資金調達が容易になることが挙げられる。上場すれば株式市場での公募増資が可能になり，また銀行等からも借入をしやすくなる。第三に，有能な人材を採用しやすくなることが挙げられる。上場は知名度や社会的評価のアップにつながり，有能な人材が集まりやすくなる。また社内の従業員の士気も高まることが期待される。第四に，経営の透明性が高まることが挙げられる。情報開示が強く求められるだけでなく，コーポレートガバナンス・コード等の遵守も要求される。第五に，創業者利得を手にできることが挙げられる。上場すると株式はそれ以前と比べて高値で取引されるため，創業者は持っている株式を売却すれば巨額の利益を得ることができる。

　他方，上場によるデメリットもまた指摘できる。第一に，短期的に経営がチェックされ，株主から業績を上げるよう求められると，長期的視点に立った経営ができなくなる恐れがある。なお，これまで金融証券取引法で提出が義務づけられていた**四半期報告書**は廃止されることになったが，東証が定める決

図表 5-3　IPO 経営者トップインタビュー

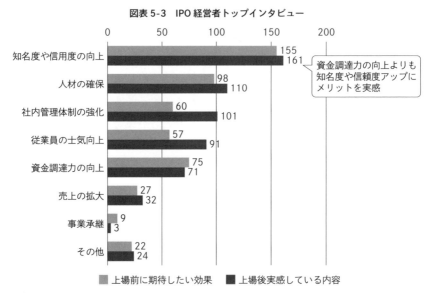

出所：横田雅之「最近の IPO の動向と東証の上場支援活動について」『月刊資本市場』2019 年 3
　　　月（No. 403）

算短信はそのまま残る。第二に，株の買占めや敵対的買収の可能性が挙げられ
る。株式は自由に売買できるため，会社にとって好ましくない人物や組織が大
株主として登場してくることが考えられる。第三に，上場するためにはかなり
のコストと時間がかかり，さらに上場した後も維持していくにはコストがかか
ることが挙げられる。上場するための準備には数年かかり，取引所には審査料
や新規上場料の支払い，あるいは上場をサポートする幹事証券には手数料やコ
ンサル料なども必要となる。上場後には年間上場料，監査報酬，内部統制のた
めの費用などもかかり，維持費はかなりの額に上る。

　こうしてみると上場さえすればよいというものでは必ずしもなく，会社が目
指すべき方向とは何か，どういう経営をしたいのか，といった上場の基本理念
が問われることになろう（図表 5-3 参照）。

◆ 上場会社はどれくらいあるか？

　わが国に上場会社はどれくらいあるのであろうか。日本の会社のほとんどが
株式会社形態をとっているが，その中で上場会社の占める割合は極めて小さ

い。日本全体の株式会社数が約 260 万社なのに対して上場会社は約 4000 社となっており，その比率はわずか 0.2%でしかない。

　次に取引所別の状況であるが，東証ではプライム 1836 社，スタンダード 1444 社，グロース 513 社，Tokyo Pro Market 69 社となっており，全部で 3862 社が上場している（2023 年 3 月 17 日現在）。同じく名証ではプレミア 177 社，メイン 81 社，ネクスト 16 社となっており，274 社が上場している（同上）。このうち，名証にのみ単独で上場している会社は 58 社である。これは複数の市場への上場が認められているためで，残る 216 社は東証などの他市場に重複上場している。福証は本則市場 90 社，Q ボード 17 社の 107 社であり，単独上場は 24 社となっている（同上）。札証は本則市場 50 社，アンビシャス 10 社の 61 社であり，単独上場は 17 社となっている（2022 年末）。名証，福証，札証には単独上場している会社があり，これらは言わばその地域に生まれ育った地元企業と見ることができよう。地元密着で地方経済を牽引するという意味では，こうした上場会社の意義は決して小さくない。実際，Q ボードやアンビシャスは地域経済への貢献を上場の条件に挙げている。ただし，全体としてみると地方で活躍している上場会社は極めて少数で，東証に一極集中していることは 3800 社という上場社数から見ても一目瞭然である。

　では具体的にどういう会社がどの市場に上場しているのであろうか。まずプライム市場には，日本を代表する会社のほとんどが名前を連ねている。トヨタ自動車，ホンダ，ソフトバンク，NTT ドコモ，ソニー，三菱 UFJ ファイナンシャル・グループ，三菱商事といった会社はいずれもプライム市場に上場している。スタンダード市場には，日本オラクル，日本マクドナルドホールディングス，ワークマン，エスビー食品，大正製薬ホールディングスといった会社が上場している。グロース市場には，フリー，弁護士ドットコムといった新興企業が上場している。また東証上場会社の中には，地方で起業して成長した会社もあり，例えば家具のニトリは北海道で創業し，現在は東証プライム市場，札証に上場している。住宅地図で有名なゼンリンは北九州で創業し，現在は東証プライム市場，福証に上場している。

◆ 新規に上場する会社はどれくらいあるか？

　わが国で新規に上場する会社（IPO）はどれくらいあるのであろうか。図表5-4は国内のIPO社数と日経平均株価の推移を示したものである。IPOは2000年には200社を超え，その後は増減を繰り返しながらも100社台を維持していたが，2008年のリーマンショックで急減した。その後回復基調にあるものの全体としては100社を下回る水準で推移してきた。2021年には上場数は125社と拡大したが，22年は逆に91社に減少した。

　また上場する市場に関しては，リーマンショック以前も以後も，基本的には東証マザーズ市場（現・東証グロース市場）への上場が圧倒的に多い傾向にあった。これは成長の可能性が高い新興企業が多数上場してきていると理解できよう。2022年も上場した企業の8割近くが東証グロース市場であった。これに対して，いわゆる大型上場と呼ばれる調達金額の大きな上場もある。例えば，2015年には日本郵政，ゆうちょ銀行，かんぽ生命が上場し，それぞれ6930億円，5980億円，1452億円を調達した。2016年にはLINE（2020年末に上場を廃止，Zホールディングスと経営統合）とJR九州が上場し，それぞれ1328億円，4160億円を調達した。2017年にはSGHD（佐川急便）が上場し，

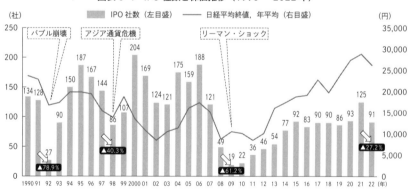

図表5-4　IPO社数と株価推移（1990 〜 2022年）

注：TOKYO PRO Market上場企業を除く

資料出所：COSMOS2（帝国データバンク）および各証券取引所の発表資料をもとに帝国データバンク作成

出所：帝国データバンク「2022年のIPO動向」（2022年12月31日アクセス）https://www.tdb-di.com/2022/12/sp20221229.pdf

1276億円を調達した。2018年にはメルカリとソフトバンクが上場し，それぞれ1306億円，2.6兆円を調達した。

　ところで海外に目を向けると，アメリカのIPOはこの数年で大きく上昇しており，2020年には451社，2021年には964社と前年比2.5倍の伸びを示した（図表5-5参照）。ただし，新規上場会社の中身は**SPAC（特別買収目的会社）**が大きな比率を占めていたことは注意を要する。SPACは「空箱」と言われるとおりそれ自身はまったく事業を行っておらず，上場して集めた資金で将来性のある未上場会社を買収し，それと合併後に被買収企業が存続会社になるという仕組みである。金あまりを背景にブームとなったが，SEC（アメリカ証券取引委員会）の規制強化や市場環境の変化に伴い急減した。

　また世界では未上場で企業価値が10億ドル（約1300億円）以上のスタートアップ企業は**ユニコーン**と呼ばれており，こうした成長が見込まれる企業の上場が期待されている。2022年の世界のユニコーン企業は1000社を超えており，22年だけで258社増加した（『日本経済新聞』2023年2月1日）。その中には企業価値が100億ドル（約1兆3000億円）以上の**デカコーン**と呼ばれる企業もある。国別のユニコーンの社数はアメリカが過半数を占めており，日本は6社となっている。

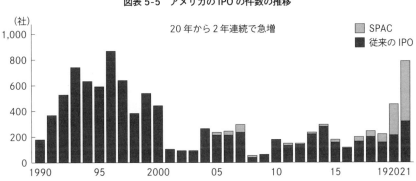

図表5-5　アメリカのIPOの件数の推移

注：2021年は10月15日時点
原出所：英リフィニティブ
出所：『日本経済新聞』2021年10月19日

◆ 未上場会社とは何か？

　社数では数が少ない上場会社を除くと，日本の株式会社はほぼ全部が未上場会社だということになる。こうした未上場会社の大部分は上場基準にそもそも達していない中小・零細な株式会社ということになる。そのため，こうした会社は最初から上場の意思も計画もないのが一般的である。しかし，その一方で上場基準をクリアしているにも関わらず，敢えて未上場のままでいる会社があることも忘れてはならない。名前のよく知られた未上場会社としては，竹中工務店，サントリーホールディングス，YKK，JTB，JCB，ロッテホールディングス，朝日新聞，小学館，講談社，ヤンマーホールディングス，富士ゼロックス，日本IBM，森ビル，パロマ，カルピス，アサヒ飲料，ミツカン，敷島製パン等があり，また比較的新しいところでは「100均」の大創産業，テレビショッピングのジャパネットたかた，家電のアイリスオーヤマ等も挙げられる。

　こうした有力企業が未上場である理由としては，①株主の意向を気にせず独自の経営ができる，②上場しなくても資金調達に困らない，③表現の自由と報道の公平性を守るため，④経営内容を公開しないですむ，といったことが考えられる。例えば，洋酒，ビール，清涼飲料の製造・販売を行うサントリーホールディングスは売上高（酒税控除後）2兆2857億円（2021年）を誇る大企業であるが，子会社のサントリー食品インターナショナルを2013年に上場させたものの，自らは未上場会社のままである。サントリーホールディングスはワインの製造販売からスタートし，その後ウイスキーで国内有数の企業になるが，念願であったビール事業の方は黒字に転換するまで実に46年を要したと言われている。創業者の鳥井信治郎が言った「やってみなはれ」の精神が生き続けている証だということになるが，もし同社が上場会社であったなら株主はこうした経営を認めなかった可能性は高いと思われる。また同じく緑茶飲料の「伊右衛門」は社内で反対がありながら，10年間我慢して開発を続けた結果，大ヒットにつながった（『日本経済新聞』2009年6月6日）。まさに目先の短期的な利益に執着しない経営が奏功した事例と言ってよかろう。したがって，同社の場合は上記①と②に該当する。また新聞各社は株式の譲渡制限を課している日刊新聞紙法があるため，③に該当する。なお，同じ国内のマスコミでも

TBS（TBS ホールディングス），テレビ朝日（テレビ朝日ホールディングス）などの民間放送局はいずれも上場している。

◆ 世界の上場会社はなぜ減ってきているのか？

　世界の主要な証券取引所の上場会社数を見ると，アメリカではニューヨーク証券取引所（NYSE）2535 社，ナスダック（NASDAQ）3781 社，ヨーロッパではロンドン証券取引所 1132 社，ユーロネクスト 1985 社，ドイツ取引所 495 社，アジアでは東京証券取引所 1836 社（一部・二部・プライム市場），上海証券取引所 2096 社，香港取引所 2565 社，インド国立証券取引所 2092 社，韓国取引所 2414 社，シンガポール取引所 665 社，台湾証券取引所 975 社となっている。また各取引所に上場する会社の時価総額は，ニューヨーク証券取引所 3225 兆円，ナスダック 2437 兆円，上海証券取引所 882 兆円，香港取引所 616 兆円，東京証券取引所 686 兆円となっており，アメリカの 2 つの取引所の時価総額が際立って大きいのが特徴である（「野村資本市場クォータリー」2022 Summer）。

　ところで世界の取引所の動向であるが，世界銀行のデータ（世銀 HP 参照）によれば，世界の上場会社数は 1977 年の 1 万 3328 社から 2014 年には 4 万 5743 社と 3 倍以上に増大し，右肩上りの拡大を示してきた。世界経済の発展をそのまま反映したものと言ってよかろう。しかし，2014 年をピークにその後は減少に転じており，2019 年には 4 万 3248 社となった。ピーク時からの減少幅は約 2500 社である。また先進国クラブと呼ばれる OECD（経済開発協力機構）によれば，同加盟国においてはこの 10 年で約 5000 社が消滅したという（OECD 報告書 2021 年）。世界の上場会社数はなぜ減少に転じたのであろうか。国別の動向を見ると，中国，インド，日本などは増大し続けているのに対し，アメリカ，イギリスなどが減少してきている。特に世界の株式市場をリードしてきたアメリカでは，上場会社数と IPO による新規上場会社数はいずれも大幅に減少している。アメリカの上場会社数（国内企業のみ）は 1996 年がピークで 8090 社あったのが，2019 年には 4266 社とほぼ半減した。その理由としては，以下のような点が指摘されている。①短期志向の投資家の存在や SOX 法などの規制強化，②低成長と知識・サービス産業化といったデータ

や知財を中心とする産業構造の変化による資金需要の減退，③ファンドやベンチャーキャピタルからの資金調達の容易化，④小規模企業に対する M&A などである。要するに，上場せずとも資金調達が容易になり，しかも上場していると経営に対するさまざまな制約がかかるのでそれを避けたいという会社側の考えがある。しかし，ここで問題なのは，GAFA 等の巨大企業が今後自分たちのライバルになりそうな有望な企業を予め買収していっていることである。これでは新しい企業の台頭やその成長は見込めなくなってしまう。

　その一方で，アメリカの上場会社数の減少は単純に市場の縮小を意味するわけでは決してないことは上場会社の時価総額の大きさを見れば一目瞭然である。上場会社数は減少しても，IT 系企業等の独占化の進展で市場はより大きくなっていっているというのが実態である。特に **GAFA**（アルファベット＝その傘下となったグーグル，アップル，メタ＝旧フェイスブック，アマゾン）の時価総額は 2021 年に 7 兆 500 億ドル（約 770 兆円）に達し，このわずか 4 社の時価総額だけで日本株全体の時価総額 6 兆 8600 億ドルを凌駕するに至った（『日本経済新聞』2021 年 8 月 27 日）。こうした一部企業の巨大化，肥大化の凄まじさに目が奪われがちであるが，株式市場全体の健全な発展という観点からみると問題がある。なお GAFA の時価総額がアメリカ大企業 500 社に占める比率は 2013 年末の 7％から 20 年末には 18％にまで上昇したが，22 年末には 13％に下落した（『日本経済新聞』2023 年 1 月 5 日）。

▌第 3 節　株式発行と資金調達

◆ 上場会社はどうやって資金調達をするか？

　株式会社は株式を発行して資金調達を行う。規模の大きくない未上場の会社であっても，オーナー自身や親族，取引先といった限られた人たちを対象に，株式を発行して資金調達をすることは可能である。また成長が期待される未上場のベンチャー企業などは，発行した株式を**ベンチャーキャピタル**に買ってもらい資金調達することもある。ベンチーキャピタルは投資先企業が上場すれば，保有する株式を売却することで出資分を回収するとともに大きな利益を得ることになる。こうした未上場会社の株式による資金調達もさることながら，

一般的には上場会社こそが市場から巨額の資金を調達する代表的な存在である。では上場会社はどのようにして株式を発行するのか，その仕組みを見ておこう。

　まず株式市場はその機能から**発行市場**（Primary Market）と**流通市場**（Secondary Market）の2つに分かれている。前者は上場会社が新規に発行する株式を投資家が購入する市場であり，後者はいったん発行された株式を投資家間で売買し流通させる市場である。つまり会社が新株を投資家に売る発行市場に対し，既発行の株式を投資家が売り買いするのが流通市場である。ただし，これはあくまで機能の面から見た区分で，実際に市場が物理的に2つに分かれているわけではない。またここでいう市場とは，東証などの証券取引所のことを指している。

　さて，上場会社が株式を発行するのが発行市場である。会社はIPO（株式公開）の際，初めて市場で株式を売り出す。その際は，投資家の需要を勘案して予め**公募価格**が決められている。例えば，2016年東証一部上場のLINEは3300円，2018年マザーズ上場のメルカリは3000円，2019年東証一部上場のソフトバンクは1500円であった。またIPOの後も，事業の必要性に応じて新たな株式を発行して資金調達を行っていく。これは**新株発行**を伴う**増資**であり，会社に資金が入ってくるのはこうした新株を発行して増資をする時だけである。そして株式はその時の市場の株価（時価）を参考に売り出されるため，これを**時価発行増資**という。会社は時価が高いほどより少ない株式で目標とする資金を集めることができる。ただし，株式をどんどん発行して資金を集めれば良いわけではなく，事業の成長が伴わないと単に市場に出回る株式数が増えるだけになり，1株当たりの株式価値が希釈化して株主にとってはマイナスになることも忘れてはならないであろう。なお，企業の増資の事例としては，コロナ禍で経営が厳しいANAホールディングス（全日空）は，2020年に約1兆3000億円の資金を調達したが，そのうちの3000億円あまりが新株発行による**公募増資**（不特定かつ多数の投資家に販売）であった。

　ところで会社が上場しようとする場合，自分で上場の準備をして，勝手に株式を売り出すわけではない。上場の準備や手続き，上場時の株式の売り出し，さらにその後の増資の際にも，**証券会社**がコンサルティングやさまざまな手続

きをしてくれる。こうした証券会社は**幹事証券**と呼ばれ，株式などの有価証券の発行をサポートする。具体的には，株式をすべて買い取って売りさばく引受業務（アンダーライティング）を行ったり，あるいは販売のみの募集・売り出し業務（セリング）を行ったりする。こうした業務で証券会社は手数料収入を得る。幹事証券（その中心は主幹事証券という）は野村証券，大和証券，三菱UFJ証券，SMBC日興証券，みずほ証券といった大手の証券会社に集中している。わが国の証券会社は2023年1月現在，273社（日本証券業協会会員）あり，大手証券，中堅証券，地場証券，ネット証券などいくつかのタイプに分かれている。

◆ 会社が発行した株式はどうなるか？

　会社が発行市場で売り出した株式は投資家が購入する。株式と交換に代金が支払われるが，この代金は発行会社に行く。つまり発行会社は株式を投資家に売って資金を調達するのである。調達した資金は発行会社の**自己資本**となる。これは会社自身の資本ということであり，株主に返却する必要はない。

　では投資家が購入した株式の方はどうなるのであろうか。いったん市場で売却されて株主の手に渡った株式は，その後は流通市場で売買されることになる。株式を売りたい投資家と買いたい投資家の間で取引が行われる。市場はそのマッチングの機能を担う。市場が開いていれば取引は可能であり，株主は保有する株式を売却することでいつでも換金することできる。換金性の高い点が株式の特徴である。

　発行市場でもそうであったが，流通市場でも株式の売買を仲介するのは証券会社である。投資家は証券会社に自分の口座を持ち，売買の注文を出す。証券会社はその売買の手数料を収入として得る。かつては店舗を持つ証券会社が基本であったが，現在は店舗を持たない**ネット証券会社**が増えている。取引はネット経由で行われるため，顧客にとっては手数料が安いなどのメリットがある。特に最近は，一定の条件がついているとはいえ取引手数料を無料にするネット証券も登場している。

◆ 株式市場で取引はどう行われるか？

　東証は東京都中央区日本橋兜町にあり，そのため「兜町」と言えば東証あるいはそれを含む証券業界のことを指して用いられてきた。この東証での取引風景と言えば，かつては体育館ほどの立会場に大勢の証券会社の担当者が集まって，仲介者が独特の手サインを使って売買が行われていた。つまり人と人の対面で取引が行われていたのである。しかし，コンピュータによる売買が次第に導入されて行き，立会場は1999年に廃止された。こうして東証の取引はすべてシステム化され，特に2010年からは**アローヘッド**（arrowhead）と呼ばれる新売買システムが導入された。これによって高速取引が可能となった。注文を受けて処理するまでに2〜3秒要していた時間が現在では0.2ミリ秒（200マイクロ秒）にまで短縮されている。

　株式市場では**HFT**（High Frequency Trading）と呼ばれる**超高速取引**が主流を占めるようになってきている。これは予め決められたプログラムに従って1秒間に数千回という高速，高頻度で売買を繰り返す取引である。わずかな利幅であってもそれを高頻度で繰り返すことで利益を積み上げて行くことが可能である。さらに近年はAI（人工知能）が投資の分析からアドバイスまで行う**AI投資**も登場している。株式市場では今や人間ではなくコンピュータが主役になってきた感がある（図表5-6参照）。

図表5-6　高速取引の仕組み

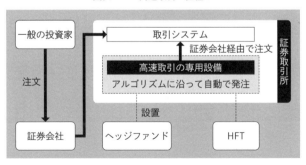

出所：『日本経済新聞』2019年10月20日

第4節　投資の手法と株主の利益

◆ 高校生でも株式投資を始められるか？

　株式投資を始めるにはまず，証券会社に口座を作らなければならない。成人であれば誰でも口座を開設することができ，株式投資が可能となる。では子供でも口座を開設して株式投資ができるのであろうか。答えは可である。18歳未満で未婚の場合は，「未成年口座」という総合取引口座を開設することができる。原則として，親権者（未成年後見人含む）が取引を行わねばならないことになっているが，満15歳以上の場合は未成年者本人が取引することができる。「高校生投資家」は実際にあり得るのである。株式投資の入り口は比較的オープンになっていると言ってもよかろう。

　さて株式投資をするためには言うまでもなく投資資金が必要である。はたしていくらあれば投資は始められるのであろうか。すでに見た通り，上場会社は単元株制度を採用している。そのため売買の単位は1株ではなく100株単位である。図表5-7は株式市場における単元株価格の上位ランキングである。最も

図表 5-7　単元株価格トップ10社（単位：万円）

順位	会社名	価格
1	SMC（株）	685
2	（株）キーエンス	605
3	東京エレクトロン（株）	485
4	（株）ディスコ	440
5	エスケー化研（株）	431
6	（株）ファーストリテイリング	279
7	（株）SHIFT	239
8	ファナック（株）	230
9	レーザーテック（株）	228
10	ダイキン工業（株）	226

出所：ヤフー・ファイナンス（2023年3月17日アクセス）https://info.finance.yahoo.co.jp/ranking/?kd=6&mk=1&tm=d&vl=a

高いのは東証プライム上場の SMC の 685 万 7000 円である。トップ 10 までは単元株価格は何れも 200 万円以上となっており，誰でも簡単に投資できる金額ではない。ところがその一方で，単元株価格の下位ランキングを見ると，最も安いのは東証スタンダード上場のビート・ホールディングス・リミテッドで 18 円となっている。その次はピクセラで 300 円である（2023 年 3 月 17 日現在）。同じ東証の上場会社であっても個別に見ると株価の違いは極めて大きいことが分かる。東証が推奨する価格帯は「5 万円以上 50 万円未満」であるが，単元株価格が 50 万円を超えるような株式は全上場株式の中 220 社（同上）あり，残りの会社の最低購入金額はすべて 50 万円未満となっている。例えば，トヨタ自動車は 2021 年，1 株を 5 株に**株式分割**して，投資に必要な最低金額を 20 万円強にまで下げた。買いやすい株価にすることで個人株主を増やすことがその狙いだと言われている。同じく値がさ株（株価の高い株式）と呼ばれたファーストリテイリングは 2022 年 8 月には単元株価格は 850 万円であったが，2023 年 2 月に 3 分割して 200 万円台に下がった。またオリエンタルランドも 2023 年 4 月に 5 分割する予定である。単元株制度に対しては，廃止すべきだとの声も出されている。

　また，もっと少額の投資をしたい場合は，単元株式の 10 分の 1 から投資できる**株式ミニ投資（ミニ株）**や 1 株単位でする端株の投資もある。ただし，こうした少額投資は同時にさまざまな制約があることも知っておく必要がある。

◆ 株式投資の利益とは何か？

　株式に投資をすると，さまざまな利益が手に入る。最も一般的なのはキャピタル・ゲインとインカム・ゲインである。

　キャピタル・ゲインは売却益と呼ばれ，株式を購入した価格と売却した価格の差が利益となる。例えば，30 万円で購入した株式を 50 万円で売却すれば差額の 20 万円（手数料，税金は別途支払う）がキャピタル・ゲインとなる。利益を得るには「安く買って，高く売る」のが基本である。株価は変動するため，購入価格との差が大きくなった時に売却すればキャピタル・ゲインも大きくなる。逆に購入価格よりも安い価格で売らざるを得ない場合は，利益ではなく損失が出ることになり，これをキャピタルロス（売却損）という。キャピタ

ル・ゲインを得られるか否かはさまざまな要因で決まるため，株式投資は不確実でリスクを伴う。

　これに対して，**インカム・ゲイン**は株式から得られる配当を指す。**配当**とは会社の利益の分配を意味し，その会社の経営方針にしたがって利益の中から株主に分配される。インカム・ゲインは，キャピタルロスのような損失が出ることはなく，また株式を保有し続ける限り継続して分配を受けることができる。ただし金額などが最初から保証されているわけではないので，会社が赤字になったりすると配当が行われず無配となることもある。

　また個人投資家にとって株式投資の魅力の1つに**株主優待**がある。これは保有する株式数に応じて会社が株主に自社の製品やサービスを提供するものであり，インカム・ゲインの1つである。例えば，航空会社が株主優待券（チケットの割引券や無料チケット）を配ったりすることはよく知られている。企業にとっては個人株主を増やしたり，あるいは自社製品をPRしたりする目的で行われている。しかし，同じ株主でも海外の機関投資家等にはこうした優待は活用できないために評判が悪く，近年は取りやめる企業も出てきている。

◆ 株価が下がっても利益は得られるか？

　株式を売却して得られるキャピタル・ゲインは「安く買って，高く売る」ことが基本である。つまり株価が購入価格よりも上昇しないと利益は出ない。では株価が下落した場合はどうであろうか。常識的には利益は出ないはずであるが，実は株式市場では株価の下落局面でも利益を出せる手法がある。それが信用取引である。

　信用取引とは，証券会社から資金や株式を借りて取引をすることをいう。信用取引には株式を証券会社から借りて投資をし，後で買い戻して株式を返済する「**空売り（信用売り）**」という手法がある（図表5-8参照）。例えば，信用取引を使って証券会社から借りた株式（これを**貸株**という）を80万円で売却し，株価が下落して60万円になったところで同じ銘柄の株を買い戻したとする。証券会社から借りていた株式をそこで返却すると，手元には20万円が残ることになる。これが投資家の利益＝キャピタル・ゲインになる。つまり株価が下落することで利益が出る手法であり，逆に株価が上昇するようなことにな

図表 5-8　信用売りの仕組み

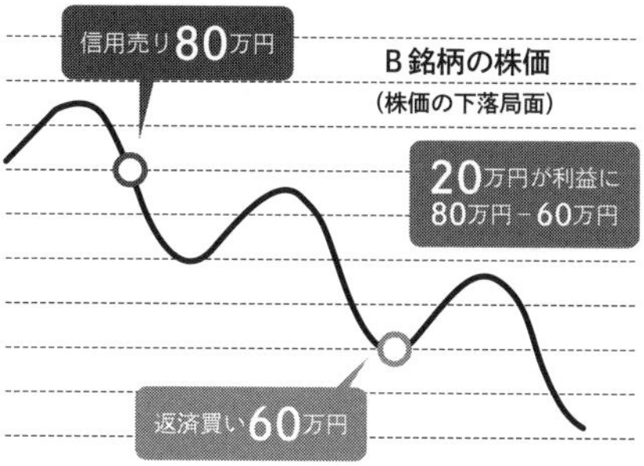

出所：東京証券取引所「ご存じですか？信用取
引」（2021 年 10 月 10 日アクセス）https://
www.jpx.co.jp/equities/trading/margin/
outline/tvdivq0000007szb-att/shinyou.pdf
（現在，このページは閲覧できません）

ると高値でも買い戻さねばならず損失が生じてしまう。証券会社にとっては株
価が上昇しようが下降しようが貸した株は戻ってくるので損失が生ずるわけで
はなく，株式を投資家に貸したことで貸株料を受け取れる。投資家はこうした
手法を組み合わせて使うことで，株価の上昇局面でも下降局面でもキャピタ
ル・ゲインを手にすることが可能となる。なお，信用取引では証券会社から資
金を借り入れて投資することも可能であり，自己資金（最低 30 万円）を保証
金として証券会社に預けると，自己資金の最大約 3.3 倍の投資ができる。例え
ば，30 万円を預けると 100 万円の投資をすることができる。ただし返済すべ
き金額もそれだけ大きくなるので，その点は要注意である。

◆ 創業者利得とは何か？

　会社の株式は設立した創業者（1 人とは限らない）が主に保有しているが，
未上場の段階ではその株式価値は低い。株価の上昇が大きく見込めるのは上場
の時であり，株式が公開されると高値で取引されるのが一般的である。ここで
創業者が持株を売却すると，巨額の利益が手に入る。つまり創業時の株式の払
込価額とその後の取引価格の差がプレミアムとして手に入るのであり，これを
創業者利得という。これまで会社を苦労して育ててきた「ご褒美」ということ
になろう。勿論，上場の時に売却して現金化してもよいが，そのまま資産とし

て持ち続けても問題はない。いずれにしろ株式上場は創業者に巨額の富をもたらす。日本の富豪ランキングを見ると，かつては土地長者といった人が多くいたが，バブル崩壊以降は起業家が事業で成功し，株式で財を成しているケースが多く見られる。

また創業者利得は創業者だけに限った話ではなく，例えば，未上場の時代に会社の**従業員持株会**（民法に基づいて設立される組合）を通じて出資していれば，従業員であっても上場後に売却して利益を得ることは可能である。

ところで上場前の未公開株の取引をめぐって社会的に大きな問題となったのが，1988年の「**リクルート事件**」である。リクルート社は江副浩正氏が東大在学時に創業した就職求人誌を発行する会社で，今でいうベンチャー企業であった。同社のグループ企業であるリクルートコスモス社は上場する予定になっており，その未公開株が上場前に多数の政治家や官僚に譲渡された。一般の人は値上がりが見込まれる上場前の未公開株を購入することは事実上不可能であるが，そうした株式をわざわざ譲渡してもらえば上場後に売却して利益を得られることは自明である。つまりこの事件では，**未公開株の譲渡**の意味は，便宜を図ってもらうための見返りということであった。

▌第5節　株価と株式指標

◆ 株価とは何か？

株価とは何か。この最も基本的な問いに答えるのは必ずしも簡単ではない。すでに見たとおり，株式を保有しているとインカム・ゲインとして配当が手に入る。株式は会社の利益から分配を受ける請求権であり，配当をもらうのは当然であるが，同時に株式には価格がつけられ取引されている。この価格の意味は何かである。株式は定期的に配当をもたらしてくれるため，あたかもそこに資本があるものと見なされる。これを**擬制資本**という。株価の基本的な考え方は，配当を市場の利子率で**資本還元**したものである。例えば，市場の利子率が2％の時，1株100円の配当がもらえるとすれば，資本還元すると株式の価格は5000円ということになる。実際に5000円という資本がそこにあるわけではないが，株式を持っていると利子率が2％の時に100円の配当を継続して生み

出してくれることから，株式の価値は5000円ということになる。なお，これとは別に理論株価の考え方や計算方式はいくつかあり，ファイナンスの分野では複数のモデルが作られている。

◆ 株価はどういう要因で決まるのか？

　株価は日々変動しているが，それは基本的には市場における需要と供給によって決まる。投資家の多くが買いたいと思う銘柄は価格が上昇し，逆に投資家が売ってしまいたい，買いたくないと思う銘柄は下落する。株式が市場で取引される1つの商品であることを考えると，それは当然である。

　ところで株価に影響を及ぼす変動要因は何であろうか。これには企業の外部要因と企業の内部要因が考えられる（図表5-9参照）。まず前者の外部要因であるが，経済的要因としては景気，為替，金利，原油価格等がある。政治的要因としては紛争，内外の政治状況等がある。また自然要因としては地震，台風などの自然災害や気候変動等がある。これらが株価にどう影響するか見てみると，例えば，輸出主導の日本企業の場合には，一般的に為替相場が円高・ド

図表 5-9　株価の変動要因

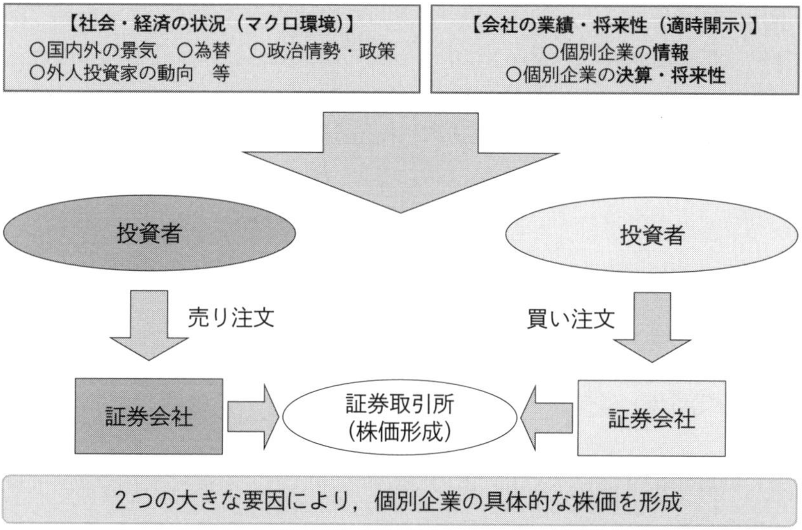

出所：東証「なるほど東証経済教室」（2022年10月14日アクセス）https://www.jpx.co.jp/tse-school/learn/02a.html

ル安になると輸出にブレーキがかかることになり，株価にはマイナスに作用する。ただし，海外展開する企業が増えた結果，近年はかつてほどの影響はないとも言われている。あるいは新型コロナウイルスの流行などは，個人の消費を大きく落ち込ませ国内の経済活動が萎縮するため，多くの企業にとっては株価にマイナスに作用する。

　これに対して後者の内部要因としては，企業業績に関わる売上高，利益，製品開発，あるいは経営者の交代や企業不祥事等がある。業績の向上は言うまでもなく株価にプラスに作用し，また注目される新製品の開発などもそれに該当する。例えば，ノーベル賞を受賞した本庶佑氏の研究成果をもとに癌の特効薬「オプジーボ」（免疫チェックポイント阻害薬）を開発した小野薬品は，業績が伸びると期待され，2016年に株価を大きく上げた。ところがその後，この薬は年間3500万円もの高額な費用がかかるとの批判から薬価が引き下げられ，それにともない株価も大きく下げることになった。つまり業績にプラスになるか否かの見通しが株価に反映するのである。また，不祥事などが起こると販売不振につながり，株価に悪影響を及ぼすこともしばしば見られる。

　ところで同じ内部要因でも株式の需給関係が与える影響も無視できない。具体的には自社株買い，自社株の償却，増資，買い占めなどが挙げられる。**自社株買い**は**株主還元策**の一環として行われ，市場から自社の資金で株式を買い取ることをいう。市場における株式数が減ることで需給がタイトになり，株価は上昇する。これは株主にとっては利益還元となる。ただし，自社株買いで手にした株式を会社が完全に償却すれば問題ないが，後日市場に放出されると逆に株価の下落要因となることもある。増資も会社の成長につながれば株価にプラスに作用するが，そうでなければ株式数が増えることで株価の下落要因となる可能性もある。

◆ 日経平均株価とは何か？

　毎日，ニュースなどで必ず取り上げられるのが株価である。数字だけ聞いてもそれが何を意味しているのか分かりづらいが，日本企業や日本経済の実態や景気の先行きを知ろうとすれば株価は重要な指標の1つである。ここでは株価指数である日経平均株価とTOPIXを取り上げよう。

　日経平均株価は東証プライム市場（2022 年 3 月までは東証第一部市場）上場の **225 社**の株価を平均したものである。つまり各業種を代表する 225 銘柄で構成されている。トヨタ自動車，NTT，日本製鉄，伊藤忠商事，武田薬品，日本電気，ソニー，東京海上，花王，東京電力，東京瓦斯といった有力企業がリストに入っている。ただし，30 年前にはなかったネット系企業など新興企業の台頭や，経営が芳しくない企業などもあるため，225 社は固定ではなく定期的に見直しが行われる。

　日経平均株価 = 225 社の株価の合計 ÷ 除数

　日経平均株価は，基本的には 225 社の株価を平均したものではあるが，計算する場合は単純に各社の株価を足して 225 で割っているわけではない。株式分割や銘柄入れ替えがあるため，継続性を保つために修正した除数を用いて算出している。日経平均株価の動向を見ると，こうした有力企業の株式が上昇しているのか下降しているのか，つまり投資家が積極的に買っているのかそれとも売っているのかが分かる。これで日本経済の動向がある程度見て取れる。ただし問題点としては，一部の株価の高い銘柄の値動きに影響を受けやすいという特徴がある。

　もう 1 つの重要指標である **TOPIX（東証株価指数）**は，東証プライム市場上場の全銘柄の時価総額を基準時（1968 年 1 月 4 日）の時価総額（8 兆 6020 億円）で割って，指数化したものである。つまり基準時の時価総額を 100 として，それが現在何倍になっているかを示している。

　TOPIX（東証株価指数）= 算出時の指数用時価総額 ÷ 基準時価総額（1968 年）

　TOPIX で用いる**時価総額**は株価 × 発行株式数なので，株価が上がれば時価総額も大きくなる。TOPIX の史上最高値は，バブル経済崩壊前の 1989 年末で 2884.80 ポイントを記録した。これは基準時の時価総額の約 28 倍になったということである。TOPIX の数字が大きくなれば，東証プライム市場全体の時価総額が上昇したことを意味する。したがって，日経平均株価と比較すると，市場全体の値動きを表していると言えよう。ただし，**大型株**（時価総額と流動性の高い株式）と言われる銘柄の影響を受けやすいという問題点もある。なお，

　今回の東証再編に伴い，従来の TOPIX の採用銘柄（旧東証第一部市場の銘柄）はすべて引き継がれたが，このうち時価総額 100 億円未満の基準未達銘柄は段階的にウエートを低減させ，2025 年にはすべて除外される予定である。

　この他にも，日本取引所グループ（JPX），東証，日経新聞が共同で開発した **JPX 日経 400** という株価指数もあり，こちらは 2014 年から運用されている。資本効率やガバナンスも考慮して 400 銘柄が選定されている点が特徴である。

　ところで日本株は長期トレンドで見ると戦後，右肩上がりで上昇してきた歴史がある。景気の循環やさまざまな社会経済的要因の影響を受けて短期的には株価の大幅な上昇・下降の局面を繰り返しながらも，1989 年 12 月末に史上最高値の 3 万 8915 円をつけるまで，日本株の長期トレンドはほぼ一貫して右肩上りできた（図表 5-10 参照）。その後，1990 年代のバブル経済の崩壊以降は長期的な株価低迷を余儀なくされてきたが，2021 年 2 月には一時，3 万円台を突破する水準まで回復した。

図表 5-10　日経平均株価の歩み

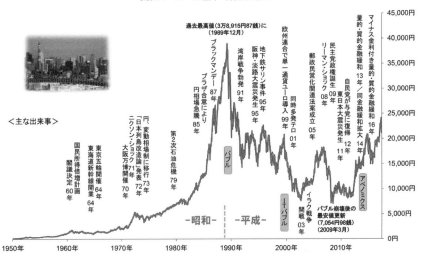

出所：日興アセットマネジメント「なるほど日経平均株価」（2018 年）から一部抜粋（2022 年 8 月 15 日アクセス）https://media.rakuten-sec.net/common/dld/pdf/438c1f22c5b2ed61617776b6190c0b6f.pdf

◆ 会社にとって株価はどういう意味を持つか？

　会社にとって株価は高い方がよいのか，低い方がよいのか，それともどちらでもよいのであろうか。この問いの正解は「高い方がよい」である。それはどういう理由からであろうか。

　会社にとって株価が直接的に影響を及ぼすのは増資の時である。同じ株数を発行して資金調達したとすれば，株価が高い方がより大きな資金を調達できる。株価が高くて人気のある方が，会社にとっては大きなメリットとなる。

　では増資をしない時はどうであろうか。新株を発行して資金調達をしない限りは，自社の株価がいくら上昇しても会社には一切資金は入ってこない。株価が高いか低いかは，株主でもなければ通常は関係なさそうであるが，株価にはまた違った側面がある。それは株価が企業経営に対する評価を示すものだという点である。すでに見たとおり，会社の成長が期待できれば株価は上がる。逆に，将来に期待が持てない経営をしていれば，株価は下がる。つまり株価は会社経営の現在ならびに将来を占うバロメーターとしての機能も持っている。目先の株価の変動で一喜一憂する必要はないだろうが，株価の長期的な動向は企業にとっては経営を映す鏡と見てよいであろう。

　また株価が高ければ株主からの批判が出てこないだけではなく，企業買収の標的になる可能性も低くなる。さらに経営戦略の一環としてM&A（企業の合併・買収）を行う場合，**株式交換**や**株式交付**を利用して実施すれば自社株が高いことは有利になる。

第 6 章

企業の設立
——企業はどうやって作るのか？

〈本章のポイント〉

　事業を行うには一般的には企業を設立することになるが，場合によっては一般社団法人，一般財団法人，企業組合，労働者協同組合，NPO法人なども候補になる。企業の設立は，一般の人には馴染みがないのでどうすればよいか戸惑うが，その内容と手順さえ知れば個人で設立することは可能である。企業の中でも個人企業の設立は極めて簡便である。他方，会社の設立は法務局で登記をする必要があるため，一定の時間と費用がかかる。会社の設立にはまず，「会社の憲法」とも呼べる定款を自分で作成し，認証を受けてから資本金を払い込み，最終的に登記の申請をする。設立する会社の種類は有限責任である株式会社と合同会社でほぼ占められており，設立数は前者が多い。いずれの会社形態も「一円会社」，「一人会社」の設立が可能である。ただし，どんな会社でも作りさえすればよいというわけではなく，どういう事業をするのにいくらの資金が必要とされるのかなど，慎重に見極める必要がある。また資本金とは別に設立のための諸費用がかかるが，電子定款を利用すれば株式会社で20万円ほど，合同会社では6万円である。現在は「法人設立ワンストップサービス」なども利用でき，会社設立の手続きは従来よりもスピーディーで手間のかからないものになってきている。

　このように会社の設立は従来よりも容易になってきているが，わが国では開業する比率は高くない。欧米の方が開業率と廃業率はいずれも高く，言わば事業の新陳代謝が盛んである。そのため，多くの新興企業の中から有力な企業も出てくるが，わが国では全体としてリスク回避の姿勢が強く，そもそも開業率が上昇しない現状がある。

キーワード▶個人企業，株式会社，定款，登記，「一人会社」，「一円会社」，起業，開業率，経営者保証

第1節　個人企業の設立と手続き

　個人が行う事業のことを個人事業という。またその事業を立ち上げた個人を**個人事業主**と呼ぶ。個人企業とは，こうした個人事業を行う企業のことを指して用いられる。では個人企業はどのようにして設立するのであろうか。

◆ 個人企業はどうやって作るのか？

　個人企業を設立するのは，実は非常に簡単である。以下に挙げた書類を提出するだけで設立することができる。

　　◎「個人事業の開業・廃業等届出書」…事業開始から1か月以内に税務署に
　　　提出
　　○「個人事業開始申告書」…県税事務所と市区町村役場に提出
　　○「青色申告承認申請書」…事業開始から2か月以内（もしくは1月1日〜
　　　3月15日）に税務署に提出（事業者は毎年，税務署に所得と納税額を確
　　　定申告しなければならないが，それには白色申告と青色申告の2種類あ
　　　り，青色申告を選べば記帳などの手間はかかるものの，税金の特別控除最
　　　大65万円等の特典が受けられる）
　　○「給与支払事務所等の開設・移転・廃止届出書」…従業員を雇って給与を
　　　支払う場合，事業開始から1か月以内に税務署に提出
　　○その他（「源泉所得税の納期の特例の承認に関する申請書」，「青色事業専
　　　従者給与に関する届出・変更届出書」等）

　書類を出すと言っても馴染みのない書類の名前が並んでおり，一見すると難しい印象を受ける。しかし，基本的には「個人事業の開業・廃業等届出書」を税務署に提出さえすればそれで個人事業はすぐに始めることができる。これ以外の書類は主として税金に関連するものであり，実際に提出する必要があるか否かは，ケースバイケースである。例えば，従業員（家族を含む）を雇用することになれば源泉徴収や社会保険等の手続きをしなければならない。また，どんな事業でも届けを出して開業さえすれば即できるというわけではない。例え

ば，美容院，理容院を開業すれば国家資格をもった美容師，理容師が必ずいなければならない。また飲食店を開業する場合は，食品営業責任者などが必置であり，保健所に申請して飲食店営業許可をもらっておく必要がある。つまり事業の種類によっては資格が必要であり，監督官庁から許可をもらわねばならないこともある。

▐ 第2節　会社企業の設立と手続き

　会社企業の設立は個人企業ほど簡単ではない。会社企業を作るということは法人（詳細は第4章第1節を参照）を設立し登記するということであり，そのためには時間とコストがかかる。以下では会社設立の具体的な流れを見ておこう。

◆ 会社企業はどうやって作るのか？

　会社をつくる場合，まずどの種類の会社を作るのかを決めなければならない。すでに見た通り事業を行うには株式会社，持分会社だけでなく，会社以外の**一般社団法人，一般財団法人，企業組合，労働者協同組合，NPO法人**なども候補として考えられる。それぞれのメリットとデメリットがあるが，わが国で新規に事業を立ち上げる場合に最も多いのが株式会社である。また合同会社もその数を増やしてきている。したがって，ここでは株式会社と合同会社を取り上げて説明する。

　会社を設立するには，株式会社では大きく分けて6つ（合同会社は5つ）のステップを経なければならない。

1．会社の基本事項の決定

　会社の設立にあたっては，事業とその運営に関する基本的な事柄を予め決めておかなければならない。商号，事業目的，本店の所在地，資本金額などがそれにあたる。ただし，決めるにあたっては一定のルールがあるので注意を要する。例えば，会社の名前である商号は，同一地域で同一の名前でない限り認められるものの，他社と明らかに混同するような名前は避ける必要がある。そして株式会社であれば「株式会社」，合同会社であれば「合同会社」の文字を会

社名の前か後に必ず入れなければならない。また事業は何をしてもよいわけで
はなく，公序良俗に反したものや，営利目的から外れるような事業を目的とし
て掲げることはできない。

　資本金額をどうするかも大切である。会社法は株式会社も合同会社も，資本
金1円からの設立を認めている。そのような会社は**「一円会社」**と呼ばれる。
ただし，設立可能ということと，それが望ましいかどうかは別である。実際に
1円の資本金で会社を作ったとしても多くの場合，事業資金等の不足，銀行な
どからの融資が困難，会社の対外的信用力が低い等の問題に直面する可能性が
ある。「一円会社」でやって行ける事業は非常に限られていると考えるべきで
ある。そういう意味では資本金は多い方が会社の財務は安定して好ましとも言
えるが，税金などのことを考えると最初から資本金を大きくしない方がプラス
の場合もある。例えば，資本金を1000万円未満にしておけば，設立から最大
2年間消費税の納付を免除され，また法人税の均等割も低く抑えられ**節税**とな
る。会社のスタートに当たっては，こうした費用の節約も無視できない。どう
いう事業をするのにいくらの資金が必要か，慎重に見極めなければならないで
あろう。

２．定款作成

　会社の設立手続きの際に，必ず準備しなければならないのが**定款**である。定
款とは，会社の目的や構成員など，会社を運営する際の基本ルールを定めた文
章であり，いわば「会社の憲法」である。中身は絶対的記載事項，相対的記載
事項，任意的記載事項の3つに分かれており，このうち絶対的記載事項は定
款を作成する際に必ず記載されなければならない。具体的には，株式会社の
①**商号**（会社の名前），②**事業目的**，③**本店の所在地**，④**発起人**（会社設立の
中心人物で1名以上，また1株以上の出資が必要）の氏名・住所，⑤**出資され
る財産**の価額またはその最低額が絶対的記載事項であり，⑥**発行可能株式総数**
もこれに準ずる。合同会社では①～③は株式会社と同じであるが，続いて④社
員の氏名・住所，⑤社員は有限責任，⑥出資の目的（金銭等に限る）及びその
価額又は評価の標準を記載しなければならない。いずれの項目も会社を始める
前に自分自身で決めておかなければならない必須の内容である。

　次に**相対的記載事項**に関しては，例えば株式会社では**株式譲渡制限**の規定が

非常に重要である。この規定を予め定款に入れておかないと株式の譲渡が自由
にできるため，会社にとって都合の悪い相手に株式が渡り乗っ取られるといっ
た可能性も出てくる。また合同会社では，出資額にかかわらず自由に**利益分配
の比率**を決めることができるが，そうした取り決めをする場合は，この相対的
記載事項に記載される。

３．定款認証

　株式会社を設立する場合，作成した定款は，公証人の認証を受けなければな
らない。公証人とは，裁判官，検察官，弁護士等をしていた人の中から任命さ
れる，「公証」の専門家である。定款の認証には，**公証役場**（全国に約300カ
所）に行って**公証人**との面談による審査を受けることになっている。これは，
不正目的の法人設立を防止するためである。ただし，同じ定款認証でも紙では
なく**電子定款**を選択した場合は，公証役場に行かなくてもテレビ電話による
認証が2020年5月から可能となった。これだと訪問する手間が省けるだけで
なく，費用の節約にもなる（図表6-1参照）。なお，合同会社を設立する場合
は，こうした定款認証の手続きは最初から不要である。

４．資本金の払い込み

　銀行などの金融機関に出資金を払い込む。

５．登記書類の作成

　株式会社の登記に必要な主な書類は，登記申請書，定款（認証済みのもの），
登録免許税貼付台紙，登記すべき事項，取締役の就任承諾書，払込証明書，印
鑑届書などであるが，取締役会の設置の有無などによってこれら以外の書類も
必要となってくる。

　合同会社の場合は，登記申請書，定款，登録免許税貼付台紙，代表社員・本
店所在地及び資本金を決定したことを証明する書面，代表社員の就任承諾書，
払込証明書，印鑑届出書などである。

６．登記申請

　資本金払込をして2週間以内に，登記申請（法務局）を行う。登記申請をし
た日が会社の設立日ということになる。以上のステップを経て登記は完了する
が，その後は関係する官庁，具体的には税務署，市役所（市町村役場），県税
事務所（都道府県税事務所），年金事務所，労働基準監督署，ハローワークな

どに届け出をする必要がある。

　以上が会社設立の大きな流れである。こうした手続きにはこれまで時間がかかっていた。例えば，株式会社を設立するには，従来は公証人による定款の認証に7日間，登記申請から登記完了までに3日間ということで10日間かかっていた。スピードを求める起業家にとっては，設立手続きやその後の官庁への届け出も含めるとかなりの時間と手間がかかり不便であった。そこでこうした一連の手続きや届け出をスピーディーに行えるよう，2020年1月に**法人設立ワンストップサービス**が開始された。これは2019年施行のデジタル手続法（デジタルファースト法案）を受けたもので，そのメリットとしては①複数回の手続きがいらない，②オンラインでできるので訪庁しなくてもよい，③24時間365日いつでも手続きができる，という3点が挙げられる。利用するにはマイナンバーカードが必要であるが，パソコンやスマホを利用するオンライン化のお陰で会社設立に必要な諸手続きを一括して行えるようになった。

◆ 会社を作るための費用はいくら掛かるか？

　会社を設立するためには法人登記をしなければならないため，その費用がかかる。内訳は登録免許税，定款認証手数料，定款の収入印紙の3つからなる。株式会社の設立費用は登録免許税15万円，定款認証のための公証人手数料5万円，定款の収入印紙4万円，定款の謄本代2000円の計24万2000円であるが，定款の作成を**電子定款**（PDFで作成しオンラインで提出）とした場合には費用はかからない。また合同会社の設立費用は，株式会社と比べて登録免許税が6万円と安く，また定款認証が不要であるためその費用もかからない。さらに電子定款にすると収入印紙代も不要となる。したがって，会社設立の最低費用は株式会社20万2000円，合同会社6万円となる（図表6-1参照）。

　以上，会社設立のための手順や費用などの概要を簡単に見てきたが，ワンストップサービスが導入されたことで，手続きのための時間と労力は従来よりも軽減されることになった。自分1人ですべての手続きを行い，会社を設立することは十分に可能である。ただ，一般的には手続きを代行してくれる専門家（税理士，司法書士等）に任せてしまうケースが多く，その場合は別途費用が

図表 6-1　株式会社と合同会社の設立費用比較

会社形態	株式会社	合同会社
登録免許税	15 万円	6 万円
公証人手数料（定款認証）	5 万円	不要
定款印紙代 （電子定款の場合）	4 万円 （無料）	4 万円 （無料）
定款謄本代	2000 円	不要
合計 （**電子定款の場合**）	24 万 2000 円 **20 万 2000 円**	10 万円 **6 万円**

出所：筆者作成

かかることになる。

　このように会社の設立はそれほど難しいわけではないため，大学生でも事業意欲があれば起業することは可能である。特に 2022 年 4 月から成人年齢が従来の 20 歳から 18 歳に引き下げられたため，18 歳になった大学生ならそのまま手続きをすれば会社を設立することができる。高校生のような未成年者の場合は，会社の設立は可能であるが親権者の同意書が別途必要である。

第3節　日本の起業の現状

◆ 日本はなぜ起業が少ないのか？

　起業するためにはいろいろなハードルがあるが，日本はこの間，そのハードルを政策的に引き下げてきた。具体的には，株式会社の設立発起人 7 人という規定は 1990 年の改正で廃止されて**「一人会社」**が認められることになり，同じく最低資本金制度も 2005 年の改正で廃止されて**「一円会社」**の設立が可能になった。つまりハードルを下げることで誰でも比較的容易に会社を作れるようになったのである。そのように変更した最大の狙いは，起業をしやすくして日本経済を活性化させようとする点にあった。特にバブル経済崩壊以降の日本では，新規事業を増やして経済の回復につなげたいという強い期待がある。

　ではわが国の起業の現状はどうであろうか。これに関してよく参照される指標が開業率，廃業率である。**開業率**は，当該年度に新規に雇用関係が成立した事業所数が前年度の事業所数全体に占める割合を示しており，同じく**廃業率**

は，雇用関係が消滅した事業所数が前年度の事業所数全体に占める割合を示したものである。両者とも単純に企業数の増減を見ているわけではない点は注意が必要である。わが国の1981年以降の開廃業率を見ると，開業率は1988年の7.4％が最高で，最低は1998年の3.9％，また廃業率は1982年5.8％が最高で，最低は1990年の3.0％である。2000年代前半には廃業率が開業率を上回る時期があったが，その後は再び開業率が廃業率を上回って推移してきている。開業率は2000年代を通じて概ね4％台で推移しており，2015年5.2％，2016年，2017年5.6％と若干上昇したが，2019年時点では4.2％となっている。こうした数字を見る限り，起業が盛んに行われているとは言えないであろう（中小企業庁「2021年版小規模企業白書」）。

　図表6-2は開廃業率の国際比較を示したものである。基準が異なるために単純比較はできないとはいえ，日本が他の主要先進国と比べて開業率，廃業率ともに決して高くないことを示している。これはつまり事業の新陳代謝がそれほど活発ではないということである。起業しても成功するか否かはやってみないと分からないが，そもそも開業する数が多くなければ成功事例も増えては行かないであろう。

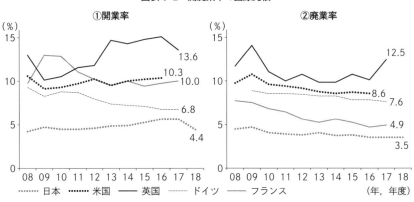

図表6-2　開廃業率の国際比較

注：国によって統計の性質が異なるため，単純に比較することはできない。
資料：日本：厚生労働省「雇用保険事業年報」，米国：United States Census Bureau「The Business Dynamics Statistics」，英国・ドイツ・フランス：eurostat
出所：中小企業庁「2020年版中小企業白書・小規模企業白書＜講演用資料＞」（2021年12月6日アクセス）https://www.chusho.meti.go.jp/pamflet/hakusyo/2020/kaisetsu.pdf

◆ 起業を躊躇させるのは何か？

　日本で起業が盛んにならない理由はどこにあるのであろうか。日本政策金融公庫のアンケート調査によれば，起業に関心を持つ人々がまだ起業していない理由として「自己資金が不足している」48.6％，「失敗したときのリスクが大きい」31.5％，「ビジネスのアイデアが思いつかない」27.8％が回答の上位を占めた。このうち「失敗したときのリスク」としては「事業に投下した資金を失うこと」83.5％，「安定した収入を失うこと」67.6％，「借金や個人保証を抱えること」56.7％が上位を占めており，起業に意欲があっても資金面などでの不安があることが浮き彫りになっている（日本政策金融公庫（2022 年）「2021 年度起業と起業意識に関する調査」）。日本では起業しても一度失敗すると再挑戦が難しいとも言われるが，そうした足かせの 1 つとなっていたのが銀行などから融資を受ける際に求められる**経営者保証**である。これは経営者が会社の融資の連帯保証人になるもので，もし会社が倒産すると経営者が個人の財産で返済することになるためリスクが大きい。そのため，起業を促す意味で，2023 年からは経営者保証は実質的に制限されることが決まった。

　また日本ではもともと起業に関心をもつ人たちの比率は欧米よりもかなり低いが，その一方で，起業に関心をもつ人を対象に見てみると，特に起業に必要な能力が自分に備わっていると認識できた場合には，実際に起業をする比率は欧米と比べて相対的に高いことが指摘されている。起業予備軍とも言える人たちに対し，自らの能力を見極められるような機会を政策的に増やしていく努力も必要であろう（中小企業庁「2019 年版中小企業白書」）。

企業の理論
──企業とは何か？

〈本章のポイント〉

　企業に関する研究は主に経済学，経営学などを中心に行われており，企業がどう定義され位置づけられるかは，それぞれの学問の考え方が反映されており単純ではない。ここでは企業とは何か，どう把握するかに関して「資本の運動体」，「社会的制度」，「契約の束」という3つの企業理論を取り上げて紹介する。

　企業を個別資本の運動体とみる企業理論は個別資本説と呼ばれ，K. マルクスの『資本論』をベースに，日本の経営学者によって展開されてきた。資本とは価値増殖する価値のことであり，企業は資本の運動体として価値増殖を繰り返す。そこから生まれるのが利潤である。利潤の正体は人間の剰余労働であるが，それは資本家の手に渡る。この企業理論は労働価値説に基づいて展開される。

　T. ヴェブレンなどの制度派経済学の系譜に連なるのが P. F. ドラッカーの制度論的企業理論である。アメリカの大企業体制のもとで企業は社会的制度となっており，潰れることが許されない社会に不可欠な存在だと見る。企業の目的は企業自身ではなく社会の方にあり，企業は社会の機関＝制度として経済的，統治的，社会的な三重の機能を遂行するものと把握される。

　新制度派経済学の取引費用の経済学をベースに展開されたエージェンシー理論では，企業は株主をはじめとするステークホルダー（利害関係者）間の「契約の束」であると捉えられる。

キーワード▶個別資本の運動体，価値増殖，社会的制度，企業の三重機能，取引費用理論，エージェンシー理論，契約の束

第1節　資本の運動体としての企業

◆ 資本の運動とは何か？

　資本主義社会では私企業を中心とする経済活動が行われているが，では企業はどう把握されているのであろうか。マルクス経済学では，企業は**個別資本の運動体**であると把握される（第8章第2節参照）。それを簡潔に示したのが図表7-1である。これを参考に資本の運動とは何かを見てみよう。

図表 7-1　個別資本の運動

$$G - W \Big\langle {\,}^{\text{Pm}}_{\text{A}} \cdots P \cdots W' - G'$$

注：G はドイツ語の Geld（貨幣），W は Ware（商品），Pm は Produktionsmittel（生産手段），A は Arbeitskräfte（労働力）の頭文字である。

　まず企業活動において最初に必要とされるのが元手となる貨幣（G）である。これで商品（W）を購入するが，購入する商品とは機械や原材料などの生産手段（Pm）と労働力（A）の2つに大別される。この生産手段と労働力の2つを組み合わせて生産（P）が行われる。生産を通じて新たに生みだされるのが商品（W'）である。そしてこの商品を販売することで企業は最初に投下した貨幣（G）よりもより大きな貨幣（G'）を手にする。G' は G + a のことで，a が利潤である。つまり元手の貨幣（G）が利潤（a）を伴いより大きな貨幣（G'）となって戻ってくることをこの図は示しており，こうした一連の流れを**資本の運動**という。なお，この図は，中身は同じであるが省略形では G − W − G' と表示される。この資本の運動は，ドイツ語読みで「ゲー，ヴェー，ゲーダッシュ」という。

　さてこの資本の運動をパン屋の事例でもう少し具体的に説明しておこう。もしパン屋を開業するとすれば，最初に元手となる貨幣（G）が必要である。この元手が 1000 万円あるとしよう。このうち生産手段（Pm）であるパンを焼くための窯，調理器具，店舗設備，あるいは原材料である小麦粉やイースト等を購入しなければならず，これに 800 万円を充てることにする。次に，生産手段

だけではパンは作れないので，パンを焼いたり販売したりする従業員を雇わねばならず，その人件費に 200 万円を充てる。労働力を購入するとは，賃金と交換に労働力を提供してくれる人を雇うことである。こうして生産手段と労働力が揃ったので，実際にパンを生産（P）する。生産するとは新しい価値を生み出すということであり，生産過程では原材料の小麦粉を使ってそれとはまったく違うパンという新しい商品（W′）ができる。そして最後にそれを販売することで売上金（G′）が手に入る。この売上高が 1200 万円だとすれば，元手との差額 200 万円が利潤（ a ）ということになる。これが先に述べた資本の運動ということであり，パン屋ではこの運動が永続的に繰り返される。

　この資本の運動の最初に登場するのが貨幣である。ただし，貨幣があればそれが即資本なのではない。私たちが持っている貨幣はそのままでは資本とは呼ばない。利潤を生み出す貨幣のことを資本という。したがって，資本とは「価値増殖する価値」と定義される。先に見たパン屋の例でも，1000 万円が資本として事業に投下され 1200 万円になって戻ってくることで資本の価値増殖が行われたと言える。これは事業を行っているすべての企業に当てはまる。つまり企業と名のつくものはすべて資本の運動体であり，際限のない価値増殖を繰り返しているのである。したがって経済学的に見れば，企業＝個別資本の運動体ということができる。ここでわざわざ「個別」という言葉を使うのは，社会全体の資本は社会総資本と捉えられるのに対して，企業という資本はその部分であると同時に，それを動かすための意識的担い手がいてそれぞれが独自に資本の運動をするからである。

◆ 資本はどのように価値増殖するか？

　企業は個別資本の運動体であり，際限のない価値増殖を繰り返すとみるのが個別資本説である。企業とは徹底して利潤追求を行うまさに資本の塊ということであるが，では価値増殖は一体どこでどうやって行われるのであろうか。

　図表 7-1 は実は 3 つの過程から成り立っている。① G － W は購買過程である。ここでは貨幣で商品が購入される。②…P…は生産過程である。ここでは生産手段と労働力を組み合わせて生産が行われる。③ W′ － G′ は販売過程である。ここでは生産されて出てきた商品が販売される。つまり個別資本の

運動は①購買－②生産－③販売という3つの過程で構成されている。このうち①と③は商品と貨幣との等価交換であり，いずれも価値の増減は一切ない。そうであれば価値増殖が行われるのは②ということになる。実際，②の生産過程では，商品が生産されることで新しい価値が生みだされる。問題はその新しい価値がどうやって生まれるかである。結論から言えば，価値を生み出すのは人間の労働しかない。この学説の基礎になっているのはマルクスの**労働価値説**である。したがって，生産過程において人間の労働力が投下される，すなわち人間が労働することによって価値が生み出されるのである。

②の生産過程では生産手段と労働力を組み合わせて生産が行われるが，生産手段のことを不変資本といい，労働力のことを可変資本という。不変資本である原材料や機械などは，その価値の一部あるいは全部が形を変えながらも生産された商品に移転する。つまり価値増殖は見られない。これに対して，可変資本である労働力が生産過程で消費されるとそれ自身が持っている価値以上の価値を生み出す。つまり労働力の価値はそれと交換される賃金と同じであるが，労働力を消費して人間が働くと賃金部分を上回る価値を生み出すことになる。したがって，②の生産過程における価値増殖とは，労働力という商品がそれ自身の持っている価値以上の価値を生みだすことである。これは労働力という商品のみが持っている特殊性である。

第2節　社会的制度としての企業

◆ 制度としての大企業の機能は何か？

大企業が登場した19世紀末のアメリカで，新古典派経済学などの理論の抽象性を批判するとともに，企業の独占的・金権的な体質を批判する**制度派経済学**（Institutional Economics）が登場する。この学派は，人間の能動的な活動の結果である慣習，行動様式，法などを制度（institution）と捉え，社会進化の累積的過程の中で，それがいかに変化してきたかを明らかにしようとした。簡単に言えば，事実に即した理論展開を目指したところに大きな特徴がある。制度派の経済学者としては，T.ヴェブレン，コモンズ，ミッチェルなどが有名である。さらにそれより後のJ.K.ガルブレイスなどがこの学派に属すが，

経営学の巨人**ドラッカー**（Peter F. Drucker, 1909-2005）もまたこの系譜の中に位置づけられよう。

　ドラッカーは，現代社会は「組織体の社会」になったと言う。経済は勿論のこと，教育，医療，防衛などさまざまな分野が巨大な組織体によって担われるようになったからである。巨大であることの社会的意味は，つぶれることが許されないということである。そのため，これらの巨大な組織体は経営者によって永続していくように経営され，またそれぞれの組織体が成果を上げることで社会も維持存続することができる。つまり社会はさまざまな組織体の活動に依存するようになってきている。そうした巨大な組織体の中でも大企業が中心に位置しており，大企業こそが社会における**決定的，代表的，構成的な制度**になっているとドラッカーは指摘する。ここでいう「決定的」とは，大企業が経済活動における中核を担う存在になっているということであり，また「代表的」とは，大企業が社会の新しい組織原理や秩序を象徴する存在だということである。さらに「構成的」とは，大企業が独自の自律的な性格をもち，社会の基本単位として存在しているということである。要するに，大企業は**ゴーイング・コンサーン**（継続企業）でなければならず，社会における不可欠な**制度**（institution）となっている。

　そしてこうした大企業を機能の面から分析すると，企業は**経済的，統治的，社会的な機能**を任う制度だとドラッカーは言う。ここで経済的機能とは，改めて言うまでもなく社会が必要とする財・サービスを生産し供給するということである。統治的機能とは，企業が国家や自治体と同じく司法，立法，行政の機能を果たすことであり，企業のなかで権威と服従という権力関係に基づいた内部秩序を形成することをいう。最後の社会的機能とは，企業に多数の人々が集まることで，社会的単位体としての機能を果たすことをいう。すなわち人々は企業に所属することで社会的な地位や身分，アイデンティティといった実質的な市民権をもつことができ，産業企業体は工場共同体（plant community）となるのである。こうした経済的，統治的，社会的な機能を**企業の三重機能**という。

　大企業は上記のような3つの機能を同時に達成することを求められるが，このうち最も重要なのは経済的機能である。つまり企業は経済的成果を上げるこ

とを第一に追求しなければならない存在である。社会が企業に求めているのは経済的成果であり，それによって企業は社会において正当化される。大企業が社会的制度となり自律的な制度であるためには，企業が所有者の支配から脱し，社会の利益のために運営される必要がある。

◆ 企業とは何か？

企業とは何かを知るためには，企業の「目的」から出発すべきだとドラッカーは言う。彼は，企業は「**社会の機関**（institution）」であることを強調する。企業が「社会の機関」であるということは，企業の目的もその社会の中になければならないということである。換言すれば，企業は自分自身のために存在するのではなく，特定の社会目的を実現し，社会，地域，個人が必要とするものを提供するために存在する。したがって，企業は社会にとっての手段である。共通の目的に向けて1人ひとりの人間の活動を組織化するための道具である。すなわち企業は社会的制度＝社会的組織だということである。

それまでの伝統的な見方では，企業は株主の財産の集積であり，別の面から見れば機械と原材料の集積と捉えられていた。永続するのは実在する株主であり，企業は一時的な存在で法的擬制に過ぎないと見られていた。しかし，今では企業こそが永続的な存在であり，社会的にも政治的にも実体的な存在となっているのである。他方，株主は企業の利益の分配を受けるステークホルダーの1つであり，一時的な存在に過ぎない。

第3節　契約の束としての企業

◆ 企業はなぜ必要か？

伝統的な新古典派経済学の企業理論では，企業は市場において，生産財や労働力などの生産諸要素を最適に組み合わせ，利潤最大化を目的に意思決定する完全合理的な経済主体とされていた。何をどれだけ投入し，どれだけ生産すれば利潤が最大になるかは生産関数から機械的に求められるため，企業の内部構造は中身が不明な「ブラックボックス」として取り扱われる。そしてわざわざ物理学の用語を持ってきて，企業は質量をもつが空間を持たない「質点」であ

るとされた。企業は「点」だと言われても通常は理解できないが，要するに，企業の中身は問題にしないということであり，生産関数や費用関数を用いて企業の利潤最大化の行動が説明できればそれでよかったのである。しかし，それでは現実の企業を説明したことにはならない。

　市場においてそもそも企業という組織体があるのはなぜなのか，すなわち企業の存在意義（企業の本質）とは何かを理論的に示したのがコース（Ronald H. Coase, 1910-2013）である。コースが着目したのは**取引費用**である。経済学では財・サービスの取引は市場を通じて行われることで最適配分が実現できるとされているが，こうした市場メカニズムを利用するには実は取引費用がかかる。それは取引の際に必要な探索，交渉，監視などにかかるコストである。もしこうした取引費用が一切かからないのであれば，必要とされるヒト・モノ・カネをその都度市場を通じて調達すれば済む話である。ところが市場を通じてかかる取引のコストよりも，企業を設立して取引を内部化した方がより安いコストで調達できる場合には，後者が選択されることになる。つまり，市場経済において企業という継続的な組織体が登場する理由は，取引を内部組織化することによって市場を使うよりも取引費用が節約されるからである。これはすなわち企業そのものが市場と同じく資源配分のシステムとして重要な機能を担っていることを意味する。

　コースの取引費用理論は多くの研究者によって継承・発展され，そこから生まれた取引費用理論，エージェンシー理論，所有権理論などの一連の理論は**新制度派経済学**（New institutional economics）と呼ばれている。このうちウィリアムソン（Oliver E. Williamson）は取引費用が発生するそもそもの理由は，人間の**限定合理性**と**機会主義**にあるとした。前者は，人間が情報を処理・判断する認知能力には限界があり，後者は，人間が自分に有利になるように相手を騙したり，悪意に基づいて行動したりする可能性があることをいう。つまり新制度派経済学では新古典派経済学の完全合理的な人間観は退けられ，新たな人間観が前面に出てくることになった。そうなると，限定合理的で機会主義的な行動をとる人間を相手に，どうすればできるだけ取引費用をかけずに，しかも目的を的確に達成できるかが課題となる。したがって，企業は取引相手の機会主義的行動を抑制する「ガバナンスの制度」だとウィリアムソンは言う。

◆ 企業とは「契約の束」

　1970年代後半から80年代前半にかけて，ジャンセン＝メックリング（M. C. Jensen and W. H. Meckling）あるいはファーマ＝ジャンセン（E. F. Fama and M. C. Jensen）によって提起されたのが**エージェンシー理論**である。この理論は**プリンシパル（依頼人）**と**エージェント（代理人）**の契約関係を分析の対象とする。依頼人が何らかの目的を遂行するように代理人に依頼する契約関係において，その代理人が指示通りに目的を適切にやり遂げるかが問題となる。人間は限定合理的で機会主義的な行動をとる可能性がある。そのため，もし代理人が依頼通りに業務を遂行しない場合には**エージェンシー問題**が発生する。これは代理人が自分の利益を優先することや，あるいは隠れて怠けてしまうといった機会主義的行動を取ることによって生ずる非効率の問題である。こうしたことは両者の利害が一致していないために起こる。その背景にあるのが**情報の非対称性**である。これは依頼人と代理人の間に情報の量や質の格差があることをいう。そこから生じる非効率による損失はエージェンシー・コストと呼ばれ，それを抑制するためにはさらに監視するためのモニタリングコスト，ボンディングコスト，残余ロスがかかることが指摘されている。要するに，エージェンシー・コストをできるだけ最小限にしながら，代理人が目的を達成するようなインセンティブを提供するにはどうすればよいかが課題となる。

　上記のようなプリンシパルとエージェントというエージェンシー関係は，株式会社における株主と経営者の関係において典型的に見ることができる。株主は経営者に会社の経営を委ね株主利益の最大化を期待するが，経営者がそのように行動しない可能性がある。そこで経営者に対するモニタリングをどのようにするか，また経営者が目的を達成するためには如何なるインセンティブを供与するかがコーポレート・ガバナンスの問題として議論されることになる。こうしたことは株主と経営者の関係だけに限ったものではなく，債権者と経営者，経営者と従業員，経営者と取引企業，経営者と消費者といった関係においてもそのまま当てはまるものである。そのため，エージェンシー理論では，企業とはさまざまな利害関係者の**契約の束**（nexus of contracts）と把握される（図表7-2参照）。

　エージェンシー理論では，企業は何らかの実態のあるものとは見なされず，

図表 7-2　契約の束としての企業

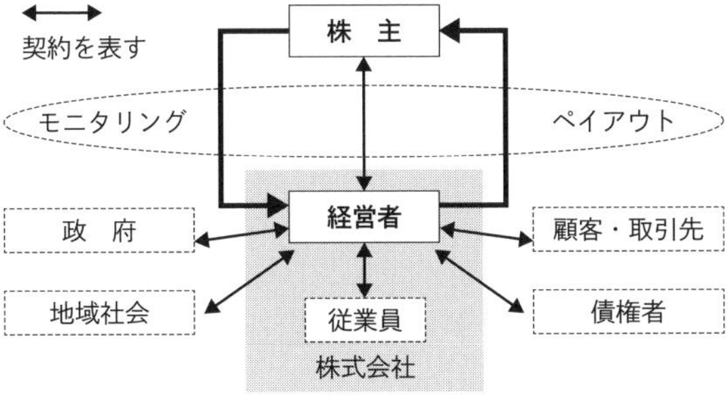

出所：宮川・伊藤「経済教室」『日本経済新聞』2010 年 6 月 1 日

　あくまでいくつもある契約の集合体としてのみ意味を持つ。そのため，法人と
しての企業は法的擬制に過ぎず，企業の社会的責任などはないという主張にな
る。すなわち如何なる責任でも，責任を持てるのは個人のみだとする考え方で
ある。

第 8 章

企業と利潤
──利潤とは何か？

〈本章のポイント〉

　利潤の概念や区分などは学問分野によって必ずしも一様ではない。また営利と非営利の区別は，収益事業から得た利益を構成員に分配できるか否かという点にある。

　利潤追求は古くから行われてきたが，資本主義以前の社会では利潤追求は肯定的に捉えられてはいなかった。M. ウェーバーは，近代資本主義の扉を開いたのは，利潤追求を倫理的義務として勤勉・禁欲に働くプロテスタンティズムのエートスによるものだと指摘した。そして，本格的に資本主義が動き始めると，今度は利潤追求そのものが目的となり，際限のない利潤獲得競争が繰り広げられた。その結果，富める資本家と貧しい労働者の格差は拡大した。K. マルクスは，利潤は搾取の結晶だと批判し，その根幹にある私有財産制度を廃絶し，社会主義社会の実現を説いた。世界初の社会主義国・ソビエト連邦では，利潤を廃止したものの思うように生産力が伸びず，結局，利潤を復活させた。他方，P. F. ドラッカーは現代企業の目的は利潤追求ではなく「顧客の創造」にあるとし，企業維持原則に基づく「未来費用」論を展開した。

　現代社会において利潤は社会の維持存続のための原資となっている。そのため，巨大な多国籍企業からどうすれば徴税できるかも課題となっている。現代企業は，利潤追求の方法，利潤の機能，利潤の分配といった観点から，それぞれにどう対応していくかが求められている。

キーワード▶利潤，営利，非営利，プロテスタンティズム，勤勉・禁欲，搾取の結晶，成果達成の尺度，利潤論争，顧客の創造，未来費用，租税回避，底辺への競争

第1節　企業の利潤

◆ 利潤とは何か？

　企業は利潤追求を行う事業体である。利潤のことを通常は「もうけ」ということもあれば，利益ということもある。この利潤とはそもそも何であろうか。

　利潤とは，一般的に，企業活動による売上からそれに要した原材料費，賃金，地代，広告宣伝費等さまざまな費用を差し引いた残りの金額のことをいう。すなわち利潤（profit）は総収入（total revenue）－総費用（total cost）である。ここだけ見ると非常に単純明快であるが，関連する学問によってその捉え方や解釈は，異なっている。例えば，新古典派経済学では利潤は上記の通り企業の収入－費用と捉えるが，厳密に言えば**機会費用**も考慮に入れて考えなければならない。他方，マルクス経済学では，企業活動で事業に投じられた貨幣（G）は資本の運動によってより大きな貨幣（G＋a）となって戻ってくると捉えるため，このaの部分が利潤である。こちらも表面的には利潤は収入－費用と言えるが，根本においては剰余価値として位置づけられる。**剰余価値**とは労働者に対する不払い労働部分であるから，利潤とはすなわち剰余価値の転化したものである。したがって，利潤は労働者からの「搾取の結晶」であると見ている点が大きな特徴である。このように同じ経済学でも利潤に対する見方や評価は大きく異なっている。

　ところで経済学では利潤という概念が用いられているのに対して，会計学では主に「**利益**」の概念が用いられる。企業経営において実際に用いられている利益の種類とその内容を見ておこう。図表8-1は，利益の種類を示しており，実際の企業（新日鐵住金：2019年に社名変更して日本製鉄）の具体的な数値が示されている。最初に**売上総利益**であるが，これは売上から商品の原価を引いた利益を示しており，通常は粗利（あらり）と呼ばれる。次に**営業利益**は，企業が本業で稼いだ利益を示している。売上総利益から販売費及び一般管理費を差し引いたものであり，一般管理費には従業員の賃金等が含まれる。そして企業情報でよく目にする**経常利益**は，本業の利益と本業以外の損益（営業外収益，営業外費用）を併せた利益を示している。営業外の損益には貸付金や借入金の利子な

図表 8-1　利益の種類

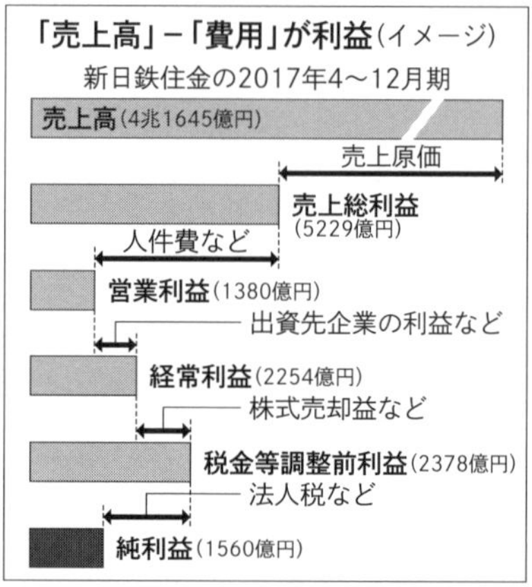

```
「売上高」-「費用」が利益（イメージ）
新日鉄住金の2017年4～12月期
売上高（4兆1645億円）
                        売上原価
            売上総利益
            （5229億円）
  人件費など
      営業利益（1380億円）
        ── 出資先企業の利益など
        経常利益（2254億円）
          ── 株式売却益など
          税金等調整前利益（2378億円）
          ── 法人税など
    純利益（1560億円）
```

出所：『日本経済新聞』2018 年 4 月 4 日

どが含まれる。**税金等調整前利益**は，税引き前当期純利益とも呼ばれ，特別利益や特別損失を併せた利益を示している。そして最後の**純利益**であるが，税金等調整前利益から税金（法人税・法人住民税・法人事業税）を引いたものであり，これが企業の最終的な利益である。つまり純利益こそが企業が最後に手にする「もうけ」ということになる。図では売上高 4 兆 1645 億円から売上原価を引いた売上総利益＝粗利は 5229 億円となっており，ここからさらに人件費などを引いた営業利益は 1380 億円となるが，経常利益は出資先企業の利益などがあるため 2254 億円とむしろ大きくなっている。これに加えて株式売却益などの特別利益がここでは計上されており，税金等調整前利益は 2378 億円となる。そして最後に税金を引いた残りの 1560 億円が会社の純利益である。

　このように経済学と会計学でも利潤，費用に関して見方が異なるのであるが，以下では企業の利潤を収入から費用を差し引いたものとして話を進めることにする。

◆ 営利とは何か？

　企業は基本的に営利事業を営む。では営利とは何であろうか。営利は辞書では「財産上・金銭上の利益を得る目的をもって事を行うこと」と説明されている。これを見る限り，営利とは利潤追求と同義であると言ってもよかろう。他

方，営利でないものには**非営利**という言葉が使われ，営利法人に対して非営利法人という区分がある。非営利法人には，**学校法人**，**宗教法人**，**社会福祉法人**，**公益社団法人**，**公益財団法人**，**一般社団法人**，**一般財団法人**，**NPO法人**（**特定非営利活動法人**）などがある。これらの法人はいずれも営利活動は認められていない（図表4-1参照）。

　では非営利法人はどうやって運営のための収入を得ているのであろうか。具体的な事例を挙げると，例えば，私立大学は学校法人の1つであり，**私立学校法**に基づき作られた法人である。学校法人には，幼稚園から大学院まで含まれており，主に授業料を徴収して運営されている。「私立」「授業料」という言葉のイメージからか，私立大学は民間企業と同じく営利を目的に運営されていると考える人がいるが，これは誤りである。私立大学は授業料，補助金，寄附金などの収入で運営され，その目的は研究・教育といった公共性の高い事業であり，決して営利目的ではない。また，私立大学は創立者の教育理念に基づき設立され，株式会社などの定款に当たる「**寄附行為**」が定められている。ただし，創立者が自らの財産を「寄附」して学校法人を設立し理事長に就任したとしても，学校法人の所有者となるわけではない。つまり学校法人には株主のような所有者はいない。

　私立大学が営利事業ではないことは明確になったが，では大学が料金を徴収して施設を外部に貸すことや，キャンパス内で書店や学食を運営して利益を得ることは問題ないのであろうか。実は私立大学は教育に支障が出ない限り，収益事業を行うことは認められている。教育機関として何をしてもよいというわけには行かないが，多少の限定はついているものの収益事業を行うことは認められている。私立大学に限らず上記の非営利法人はみな，収益事業を行うことは可能なのである。

　そうなると非営利を看板に掲げる組織体が，その一方で収益事業をしても良いというのでは矛盾しているのではという疑問が湧いてくる。非営利性と収益事業の関係はどうなっているのであろうか。ここで，営利と非営利を分けるポイントは，事業から得られた利益を構成員に分配できるか否かという点にある。つまり営利事業は利益が出ればそれを出資者に分配できるが，非営利事業はそうした利益の分配は認められていない。そのため，利益は分配されずに

その事業体に留まって使われる。もう少し具体的にいえば，典型的な営利法人である株式会社は利益が出れば株主に配当として分配される。これに対して非営利法人である私立大学が収益事業で上げた利益をそのまま構成員に分配することは許されない。事業で得られた利益はあくまで大学運営のための資金として充当される。そして収益事業から得られた利益（授業料収入などは除く）には，企業と同様に課税される。こうしたルールは他の非営利法人においてもまったく同じである。そのため，例えば NPO 法人がクッキーやパンを製造，販売して収益を上げることもまったく問題にならない。会費，寄附，補助金，委託事業などで運営されている NPO 法人などは財務状況が厳しいことが多く，むしろ収益が上がるような事業を内部に持っていることは組織目的を達成する上では望ましいということになる。なお，私立大学も NPO 法人も，その組織で理事や職員として勤務している人たちは当然，規定に則り賃金を受けとっている。それは上記の「構成員に利益を分配する」ということとはまったく別のことである。

第2節　利潤の歴史的位置づけ

　現代では企業が利潤追求をすることは営利企業であれば当然のこととされている。ただし，歴史的に見ると，利潤の獲得は必ずしも肯定的に捉えられていたわけではなく，また誰もが利潤追求を当然のことと考えていたわけではない。ここでは利潤がどのように位置づけられてきたのかを歴史的に見ておこう。

◆ 金儲けはどう見られていたか？

　人間は金儲け＝利潤追求をいつ頃からしていたのであろうか。金銭欲はわれわれの知る限り人類の歴史とともに古い，と言ったのはドイツの社会学者**マックス・ウェーバー**（Max Weber, 1864-1920）である。金儲けのためならば地獄にさえも船を乗り入れるといった向こう見ずな営利活動は，それが可能であればどこの国や地域でも，また歴史上いつの時代でもあったとウェーバーは言う。具体的には商業や金貸しといったことが古くから行われていたのであ

るが，そのやり方は投機的で生命や財産をかけた「冒険商人」的なものであった。金儲けをすることを指して「資本主義」と言うのであれば紀元前の昔からどこでも行われており，そうした何でもありの飽くなき利潤追求を**賎民資本主義**とウェーバーは呼んだ。

　では利潤追求は社会において肯定的に捉えられていたのであろうか。ヨーロッパにおいては古代・中世を通じて富の蓄積に対しては倫理的な制約が見られた。つまり何をやろうと好きに儲けてよいと考えられていたわけではなかった。古代ギリシャの哲学者**アリストテレス**は，家政のための財産所有を認める一方で，利潤獲得を目的とした商行為，特に高利貸しは憎悪すべきものだとした。つまり生活のために必要な家政術は認めたが，利潤獲得のための貨殖術は批判したのである。こうした考え方は中世においても継承され，中世最大のキリスト教神学者**トマス・アクィナス**は，アリストテレスと同様に私有財産を容認し，生活のために用いることは肯定したが，利潤を目的とする活動には制約を設け，特に利子は徴収してはならないものと考えた。すなわち，中世のキリスト教社会では，生活のための経済活動は認めてはいたが，高利貸しや利潤追及には批判的であった。

◆ 誰でも金儲けをしたがるか？

　近代以前の中世ヨーロッパ社会では，キリスト教（カトリック）の影響もあって利潤追求には否定的であった。実際，当時の人々の行動様式は現代人のそれとは大きく異なっていた。例えば，雇主が時給を3割増しにするからみなもっと頑張って働いてほしいと言えば，現代なら多くの人が自分の所得が増えるので喜んで働くはずである。ところが，伝統的な社会では労働者は1日の労働時間を逆に減少させてしまう。なぜならより多くの報酬を求めるのではなく，生活に必要な報酬が得られさえすればそれ以上働く必要はないと考えるからである。

　しかし，こうした伝統社会の人々の行動様式からは近代資本主義は生まれてこようがない。人々の営利に対する見方や労働の在り方が変わらねばならないが，その大きな契機となったと言われるのが，宗教改革で登場したプロテスタントであり，特に**禁欲的なプロテスタンティズムの倫理**であった。

◆ なぜ営利は倫理的義務になったのか？

　近代資本主義の誕生は，16，17世紀の西ヨーロッパ，特にイギリスがその発祥の地であった。ここでいう近代資本主義とは，工場などの産業経営を中心とした，計算に基づく合理的経営による資本増殖と経営の合理的組織を特徴とするものである。これは**産業資本主義**と呼ばれ，財やサービスを生産・販売して利潤を獲得するという経済システムである。こうした資本主義がなぜこの時期，西ヨーロッパで勃興したのか。この問いに答えようとしたのがマックス・ウェーバーの『**プロテスタンティズムの倫理と資本主義の精神**』（1904-05）である。しばしば「プロ倫」と縮めて呼ばれることが多いこの本は，禁欲的プロテスタンティズムの「倫理」が，近代資本主義の推進力となった「**資本主義の精神**」の形成に大きく影響したと主張するものである。

　では「資本主義の精神」とは何であろうか。それは，自分の仕事を**天職**として労働と倹約に励み，正当な利潤を組織的かつ合理的に追求していこうとする精神的態度のことをいう。言うまでもなく自らの享楽や奢侈を目的とする利潤追求ではない。こうした「精神」こそが近代資本主義の扉を開くことになったのである。しかし，人間はもともとそのような行動を本能的に，あるいは自然に行うわけではない。実は人々を勤勉で禁欲的な行動に駆り立てたのはプロテスタンティズムの世俗内禁欲の**エートス**であった。このエートスという言葉は，人々を内面から突き動かす「心理的機動力」といった意味である。ひたすら労働に専心し，そこに喜びを見いだすという「資本主義の精神」は，禁欲的プロテスタンティズムに由来するエートスであった。

　「資本主義の精神」の担い手となったのは，伝統社会で財をなした金持ちや大商人などではなく，この時代に新たに台頭してきた中小の生産者，マニュファクチャの経営者，労働者といった新興の市民層であったことが重要である。この人たちに共通するのは「彼らがいちじるしくプロテスタント的色彩を帯びている」ということであったとウェーバーは言う。つまり「資本主義の精神」の担い手は，16世紀の宗教改革でローマ・カトリックに対抗する勢力として登場してきたプロテスタント，その中でも禁欲的プロテスタンティズムと呼ばれた人々であった。

　ではなぜプロテスタントの人々が「資本主義の精神」を持つに至ったのか。

また世俗内禁欲のエートスはどのようにして出てきたのか。そしてプロテスタントにとって，営利はどういう意味を持っていたのであろうか。

　最初に指摘しなければならないのがプロテスタントの人々の労働に対する独特の**職業観**である。宗教改革の中心的人物の１人であったルターは，聖書のドイツ語訳にあたって beruf（ベルーフ）という言葉に，単に「職業」という意味だけではなく「天職」という意味を付与した。これは，仕事は神から与えられた「使命」だということである。ルターは，各自が自分の職業を「天職」として一生懸命に働くことが人間にとっての義務だと主張した。そして人々の職業労働はそのまま「**隣人愛**」の具体的な表現であると考えた。これは新しい労働観といってもよいであろう。

　そしてこれと関連してもう１つ重要なのは，同じく宗教改革の中心人物であるカルヴァンが唱えた**予定説**である。キリスト教では「人間のために神があるのではなく，神のために人間が存在する」と考える。そして神によって救済されるのは人間の一部だけであり，残りの人々は永遠に滅亡の状態になる。つまり人間は救済されるか滅亡するかのどちらかに最初から「予定」されているということになる（「**二重予定説**」）。しかもそれを決めているのは神であって，人間はその決定から逃れる術はなく，しかも自分がどちらに「予定」されているのかは知りようがない。そのため仏教のように念仏を唱え修行すれば救済されるということには決してならない。禁欲的プロテスタンティズムの１つであるカルヴァン派においては，「天職」である自らの職業労働を行うことが「隣人愛」の実践であり，こうした社会の実益に役立つ労働こそが神の栄光を増し，神の聖意にかなったものだと考えた。そして神の栄光を増すための絶え間ない禁欲的な職業労働によって，自らの救いを確信しようとした。つまり勤勉・禁欲に働くことで自分が救済される「選ばれた者」であるという確証を得ようとしたのである。

　そうなると，例えばパン屋はパンの製造・販売を「天職」とし，人々が欲する美味しいパンを作って売ることを「使命」と考え，自らの仕事に全精力を傾ける。顧客が喜ぶような美味しいパンを作ればたくさん売れて店は繁盛することになり，それこそがまさに「隣人愛」の実践であった。そして店が繁盛すれば結果的に，パン屋は大きな利潤を手にすることになる。この利潤が大きけれ

ば大きいほど人々が喜んでくれた証であり，より大きな利潤の獲得は神の栄光を讃えるための倫理的義務であった。しかもパン屋は手にした利潤を無駄に浪費などせず，利潤を蓄積して事業に再投資するのである。これは経済学的に見れば，まさに**資本の拡大再生産**に他ならない。こうして資本主義の歯車は大きく動き出すことになった。

◆ 禁欲の精神はどうなったか？

　近代資本主義の精神をなす天職理念を土台とした職業労働と人々の合理的生活態度は，キリスト教的禁欲の精神から生まれたのだというのがウェーバーの主張であった。しかし，資本主義経済がひとたび軌道に乗れば，もはや自らの職業を「天職」と考え**勤勉・禁欲**に働くという禁欲的プロテスタンティズムのエートスなどなくとも，資本主義経済はそれ自身で自律的に動いていくことになる。そして一度そうなってしまえば資本主義経済の中で生活する者は誰であってもその秩序を受け入れざるを得なくなり，それは抜け出すことの出来ないいわば「**鉄の檻**」となってしまう。われわれはそのような「鉄の檻」の中にあって，生きていくために資本主義の論理に従わざるを得なくなる。むしろ資本主義の「鉄の檻」から抜け出してしまったのは「禁欲の精神」の方であった。もはや禁欲的プロテスタンティズムの天職理念などそこにはないのである。

　ウェーバーの次の警句を現代人はどう聞くのであろうか。

　「**精神のない専門人，心情のない享楽人**。この無のものは，人間性のかつて達したことのない段階にまですでに登りつめた，と自惚れるだろう」（『プロテスタンティズムの倫理と資本主義の精神』）と。

　なお日本の資本主義の精神に関しては，江戸期の禅僧・鈴木正三，農政家・二宮尊徳や石門心学の石田梅岩らが説いた勤勉・倹約・正直の奨励に見ることができると指摘されている。

◆ 賃金労働者はどうやって生まれたか？

　資本主義は18世紀後半からイギリスで始まった産業革命によって生産力を飛躍的に増大させ，19世紀に産業資本主義が確立する。生産様式は，それ以

前の 16，17 世紀頃から**マニュファクチャア**と呼ばれる**工場制手工業**が行われるようになり，産業革命後は**工場制機械工業**へと大きく転換した。つまり道具を使う手工業から機械工業へ変わったのであるが，どちらの場合も工場において生産が行われており，そこでは資本家に雇用された賃金労働者が働いていた。ここで賃金労働者とは，賃金と交換に商品である自分の労働力（労働力商品という）を資本家に売り渡し，生計を立てる者のことをいう。現代社会であれば働く人の大部分が会社などに雇用されて賃金をもらっているのでそれが当たり前だと考えてしまうが，歴史的に見ると最初からそうした賃金労働者が存在していたわけではない。

　そもそも資本主義社会が成立する以前は，人々は封建制の社会に生きており，農民は封建領主の庇護のもとで荘園と呼ばれる土地で労働し，ほとんどが自給自足的な生活をしていた。つまり封建制の時代にはいわゆる賃金労働者はいなかったのである。農民にとっては土地が**生産手段**であり，農業をして生計を営むことができた。逆に言えば，生産手段の土地さえあれば生きていけたのである。ところがイギリスでは，15 世紀末から 16 世紀に領主や地主層（ジェントリーという）が，農民の土地を柵で囲い込んでそこから追い出してしまった。これが**第一次エンクロージャー運動**（「囲い込み」ともいう）である。当時は毛織物業が盛んで，囲い込まれた土地では羊毛生産のために羊が飼われた。土地から切り離された農民は生産手段を一切持たないため，生きていくには自分の労働力を資本家に売って賃金をもらう労働者になるしかなかった。すなわち賃金労働者は土地という生産手段から強制的に切り離されることで初めて登場したのである。さらに 17 世紀後半から 18 世紀にかけて**第二次エンクロージャー運動**が起こった。これは農業革命による生産性の増大にともない，今度は商業的な穀物生産を進めるためにさらに土地を囲い込んだからである。こうして都市の工場やあるいは農場等で働く賃金労働者が大量に生まれてくることになった。このように賃金労働者が創出されることを**資本の本源的蓄積**（原始的蓄積ともいう）という。資本主義が登場し発展していくためには資本も重要であるが，賃金労働者となる人々が準備されていることが必須の前提であった。

◆ 利潤は労働者の搾取の結晶か？

　さて，生産手段を持たないために賃金労働者となった人々は，自分の労働力（人間の肉体的・精神的な能力）を商品として資本家に売り渡して賃金を手にする。土地から切り離されても今度は労働者として生きていけるので問題はなさそうに思えるが，実はここに大きな矛盾が潜んでいた。賃金は契約に従い労働力商品の対価として支払われるが，ここで労働力商品の価値とは労働力が再生産されるための維持費であり，労働者の生活費＋教育費である。これは労働力を買う側（資本家）と売る側（労働者）との間の等価交換である。つまりどちらかが得をしてどちらかが損をするという関係ではないはずである。資本家は自分が買った労働力商品を好きなように使い，最大の利潤が獲得できるように労働者に働いてもらう。資本家にとっては当然の行動であり，何もおかしくないように見える。ところがこの**賃労働関係**には根本的な問題が隠されていた。それは，労働力という商品が生産現場で消費される，すなわち労働者が実際に労働力を支出して労働すると賃金としてもらえる価値よりもより大きな価値を生み出す特殊な商品だということである。これは換言すれば，労働者が手にできるのは労働力商品の価値部分＝賃金に過ぎず，実際に労働者が労働することで生み出した価値のすべてを自分のものにはできないのである。この労働力として投下された価値（＝賃金部分）を超えて生み出された価値部分を**剰余価値**という。労働者は労働を通じて価値を生み出すが，その中から実際にもらえるのは労働力の対価である賃金部分だけであるため，労働者には帰属しない部分が剰余価値となるのである。これは労働力が商品となっているために起こる現象であり，あらゆるものが商品として売買される資本主義社会にあって，労働力商品のみがもつ特殊性である。

　では，労働者が労働によって生み出した価値のうち賃金部分（＝労働力の価値部分）は**支払い労働**（＝**必要労働**）と呼ばれ労働者が手にするが，**不払い労働**（＝**剰余労働**）と呼ばれる残りの部分すなわち剰余価値はどこに行くのであろうか。剰余価値は労働者ではなく資本家が手にする。そして資本家においてこれは利潤と認識される。すなわち剰余価値の転化したものが利潤ということになる。ここで重要なのは，資本家において利潤と認識される剰余価値の実態は人間の労働の対象化したものであり，それを生み出したのはすべて労働者だ

ということである。その労働者に不払いされることで生まれた剰余価値を資本家が自分のものとすることを**搾取**という。したがって，利潤は資本家から搾り取った剰余価値部分を指すのであり，利潤とは**搾取の結晶**である。これが『資本論』における**マルクス**（Karl H. Marx, 1818-1883）の分析であった。

◆ なぜ利潤追求＝悪か？

　労働者が生み出したにも関わらず支払われない部分を剰余価値といい，同じ部分が資本家においては利潤と把握されることを見た。剰余価値と利潤は同じ部分を指してはいても，両者は異なる概念である。労働力によって生み出されたとするのが剰余価値であり，費用をかけることで生み出されたとするのが利潤である。資本家にあっては自分が生産手段や労働力を購入すなわち生産に必要な費用を出して生産を行った結果として手に入るのが利潤である。そのため資本家の立場で考えれば，自ら準備した資本で取引はすべて合法的に行われており，搾取と批判される理由はどこにもないということになる。

　では資本家はどのように利潤追求を行うのであろうか。資本家は資本の論理に則り最大限利潤の追求を行う。その方法としては①**労働時間の延長**，②**労働の強度化**，③**労働の生産性の向上**の３つが基本である。①は長時間働かせるということであり，労働時間を長くすればするほど利潤は大きくなる。②は単位当たりの労働の密度を高めることであり，機械の運転速度を速めることや，あるいは労働意欲を高めることなどで利潤は大きくなる。③は機械化に代表される労働の生産性の向上で利潤は大きくなる。したがって，産業革命以降の資本主義の発展のプロセスにおいては徹底した労働力の利用が図られた。労働時間は 15, 16 時間とどんどん延長されて**長時間労働**が常態化し，また人間が機械を使うのではなく機械に合わせて人間が働く状況が生まれた。賃金は支払われても最低限の生活を維持するだけの**低賃金**であり，労働者は劣悪な労働環境のもとで酷使された。また**児童労働**も行われていた。そのためイギリスでは 1802 年に工場法（徒弟法）が制定されたが有名無実化し，1833 年になってやっと**一般工場法**が制定された。その中身は，9 歳未満の児童労働の禁止，労働時間は 18 歳未満が 1 日 12 時間，13 歳未満は 1 日 8 時間，18 歳未満の夜間

労働の禁止，工場監督官制度の創設といった内容である。これを見ると逆にどれほど過酷な労働が当時行われていたかが想像できる。これは特定の国に限った話ではなく，日本でも資本主義の初期には同じように苛烈な条件の下で労働が行われており，それは『女工哀史』（細井和喜蔵，1925年），『蟹工船』（小林多喜二，1929年），『あゝ野麦峠』（山本茂実，1968年）の世界を見れば直ちに理解されよう。

　資本家は労働者に賃金を払い労働力商品を合法的に購入したのであるから，あとはその労働力を利潤獲得のために徹底して使おうとする。しかし，そのようにした結果が，労働者保護の法律を制定せざるを得ないほどの労働者の悲惨な状況を生み出した。それでも資本家は利潤獲得に邁進し，巨額の富を築いていった。「富めるものが益々富み，貧しい者が益々貧しくなる」と資本主義社会の矛盾を鋭く批判したのはマルクスである。そしてこうした現象が生まれる根幹には，私有財産制度があることを彼は指摘した。**私有財産制度**とは財産を私的に所有することが法的に正当なものと認められることであるが，これによって資本主義社会では資本家が生産手段を私的に所有し，そこから生まれる果実すなわち利潤を独占する。これに対して生産手段を持たない賃金労働者は，自分の労働力を売る以外に生きる術を持たない。その結果として起こる資本家による労働者の厳しい搾取は，資本家による生産手段の**私的所有**を合法的に認める私有財産制度に起因するものだとマルクスは見たのである。

　利潤は搾取の結晶であり，利潤追求は悪である。これは私有財産制度を基礎とする資本主義社会だからこそ出てくる問題であり，この問題の解決のためには私有財産制度そのものの廃絶しかないというのがマルクスの考え方であった。したがって，資本家による私的所有を止めて社会的所有（国家所有）に変え，搾取の結晶である利潤そのものをなくすべきだと主張した。そして搾取と抑圧と貧困の資本主義から，自由で平等で豊かな社会主義社会の到来をマルクスは展望したのである。

◆ 利潤をなくして社会主義社会はうまく行ったのか？

　世界初の社会主義国は，I. レーニンが指導した1917年のロシア革命を経て1922年に成立したソビエト社会主義共和国連邦（以下，ソ連）である。**社会**

的所有と**計画経済**を柱とする社会主義経済体制のソ連では企業は**国有化**され，**国家計画委員会**（ゴスプラン）が決めた詳細な全体計画に基づいて生産が行われるようになった。こうした中央集権的計画経済体制の下では，企業は政府の計画委員会からのトップダウンの命令に従って生産を行う。命令通りに決められた製品を決められた数量だけ生産することが企業の直接的な目標となり，もし計画を上回る生産を達成できれば**報奨金**がもらえた。こうしたソ連の中央集権的なやり方は社会主義社会建設の初期段階では一定の成果を上げた。

　しかし，1950年代半ばから60年代になるとソ連だけではなく同じ社会主義の東欧諸国においても，経済の停滞が露わになってくる。具体的には，数量を重視した計画的な生産では量的拡大はできても，質的には粗悪で消費者に歓迎されない製品しか生産されない。つまり計画経済では消費者が求める多様で魅力的な質の高い商品供給には結びつかなかったのである。また目標が達成されると報奨金がもらえるため，企業側は実際よりも低い生産能力を申告する等のやり方で低い生産目標を当局から受け取り，それに基づき生産を行って報奨金を得るといった行動も見られた。計画達成が重視されたため，新技術を導入して新製品を開発しようという姿勢にも欠けていた。これでは企業の生産性は上昇するどころかむしろ非効率が蔓延し，イノベーションも起きようがない。

　こうした中，1962年に党の機関誌「プラウダ」に掲載されたエフセイ・リーベルマン教授の論文「計画・利潤・プレミアム」は大きな論争を巻き起こした。リーベルマンの主張は，中央集権的な計画経済を見直して企業の自主性を高めるようにし，総生産高指標の代わりに**利潤率指標**を導入して企業の成果達成の尺度とすべきだというものである。この「**利潤論争**」（「**リーベルマン論争**」ともいう）は，まさに利潤というものの機能を改めて根本から問うものだったと言ってよい。利潤は搾取の結晶だということで社会主義社会では忌避されていたが，利潤には実は「**成果達成の尺度**」という機能があることが認識されたのである。

　資本主義でも社会主義社会でも，商品が量的に十分供給されればその商品の質的な側面は犠牲にしてよいというわけでは決してない。商品の質を量でカバーすることなど不可能である。例えば，ファッションに関心のある若者に，色やデザインがまったく同じ洋服を大量に供給しても誰もほとんど興味を示さ

ず，売れはしないであろう。社会学者 G. ジンメルが言うように，ファッションとは「同調欲求」だけではなく「差異化欲求」も同時に満たされなければならないものだからである。商品を売ろうとすれば，何よりも消費者が喜んで買ってくれる商品か否かが重要である。消費者が満足のいく商品であれば購入するため，企業は最終的に利潤を獲得する。つまり消費者を満足させた結果が利潤であり，利潤の多寡がそれを判断する重要な指標だということになる。

　そして利潤の機能に関してもう1点挙げると，どんな社会でも企業が利益を上げればそこから税金が支払われ，それが社会を維持するための原資となっているということである。具体的には，社会福祉，医療，防衛，教育といった社会を支える費用は究極的には利潤が原資となる。社会主義とは，人々が「能力に応じて労働し，労働に応じて分配される」社会であり，それよりも生産力が発展した共産主義は，人々が「能力に応じて労働し，必要に応じて分配される」社会と定義された。基本は「働かざる者食うべからず」であるが，言うまでもなく老人，子ども，病人のような働けない人たちは社会がきちんと支えていかねばならない。そのためには多くの費用がかかり，その原資を必要とする。そして定義通り，必要に応じて分配されるような社会を実現しようとすれば，極めて高い生産力と莫大な富を必要とすることは論を待たない。したがって，利潤のもう1つの機能は**社会的費用の原資**ということである。資本主義においても事情はまったく同じであるが，理念的に見れば社会主義こそより巨額の利潤が必要な社会だと言えよう。

　ところで利潤論争を経て，1965年のソ連共産党中央委員会は「利潤導入方式」と呼ばれる新しい経営方式の採用を決めたが，改革は限定的なものに留まり大きな成果を生み出せなかった。さらにソ連経済は1980年代後半にはゴルバチョフによるペレストロイカと呼ばれる改革も行われたがうまく行かず，周知の通り1991年にソ連は解体された。

第3節　現代企業と利潤

◆ 企業の目的は利潤追求か？

　利潤に対する考え方や評価は歴史的には紆余曲折があった。経営学は19世

紀末から20世紀初頭にアメリカとドイツで誕生したが，日本で**ドイツ経営学**と呼ばれる**経営経済学**は，登場するや否や企業を対象とする**利潤追求学**などやめるべきだとして厳しい批判を受けた。経営学はそのスタートから利潤追求と真正面から向き合うことになったのである。では現代社会において企業の利潤あるいは利潤追求はどう理解され，位置づけられているのであろうか。

　企業の目的は最大利潤の追求であるという伝統的な考え方を真っ向から否定し，独自の利潤論を展開したのがドラッカーである。企業は利潤の観点からは定義できないと言い，企業を営利組織で，しかも利潤の最大化を目指す存在だと考える通説的な経済学は的外れだと批判する。例えば，新古典派経済学では，限界費用＝限界収入で企業の利潤は最大化されると説明するが，大企業ではそのような理論に基づいて経営されてはいない。また「利潤動機」や「最大利潤」という概念は，今日の事業というものの本質を理解するのに的外れであるばかりでなく，むしろ害毒を流してきたと厳しく批判する。利潤の性質に関する社会の無理解や，利潤に対する人々の根深い敵意は，この概念から生み出されたのだと彼は見る。要するに，ドラッカーはこれまで常識とされてきた利潤ならびに利潤最大化の概念は，現代企業を説明するのにまったく相応しくないだけでなく，社会に害をなすものだというのである。では現代企業はどういう目的で経営されるのか。またその場合，利潤追求はどうなるのであろうか。

◆ なぜ企業の目的は利潤追求ではなく顧客の創造か？

　ドラッカーは，**企業の目的**は利潤追求ではなく，**顧客の創造**だと言う。これは単純に見れば，商品を購入してくれる顧客を生み出すことこそが企業の目的だということであるが，その意味を正確に理解しようとすれば，彼の現代企業の把握が前提となる。

　ドラッカーは現代企業を社会の制度＝機関であると見た（詳細は第7章を参照）。企業が社会の制度＝機関であるということは，企業の目的は企業それ自身にあるのではなく，社会の中になければならない。この場合，企業はまったく私的な存在ではなく，社会の必要を満たすために機能することが求められる。企業は社会の用具だからである。そのため，企業とは何かを決めるのは他の誰でもない顧客だということになる。顧客こそが企業が提供する財・サー

ビスを購入することで，経済的資源を富に転化し，単なるモノを財貨に変換する。いくら企業が稀少資源を投入して財・サービスを生産したとしても，顧客が買ってくれなければそれは価値のあるものとはならず，単なる資源の浪費ということになる。つまり生産したから価値があるのではなく，買ってくれるからこそその商品は価値があるものとなるのである。このように企業が生み出す財・サービスが価値のあるものか否かを決めるのは顧客であり，顧客が必要とするモノを供給してもらうために，社会は稀少資源を企業に委託している。したがって，顧客を創造する企業は資源を有効に利用して富を生み出し，企業自身の維持存続が可能となるが，逆に顧客を創造できない企業は社会で必要とされる富を生み出せないために市場から退出するしかない。では企業は顧客の創造をどうやって効果的に行うかであるが，その鍵はマーケティングとイノベーションである。**マーケティング**とは，顧客が何を欲しているかをしっかり把握し，そうした商品を作り，顧客に届けることである。それは販売とは正反対に，商品がひとりでに「売れてしまう」ようにすることである。また**イノベーション**とは，企業のあらゆる部門において行われ，今までとは異なる経済的満足を顧客に与えることである（Drucker 1954）。

　このように企業は顧客を創造することで，維持存続していく。現代企業は大規模故に，倒産することは許されない。そう考えると，これまで企業においては「利潤」が中心的な関心事であったが，むしろ「費用」の概念こそが重要だということになる。維持存続していくためには，企業はその「費用」を獲得する必要がある。そして企業が獲得すべき「費用」には2種類ある。1つは「当期費用（current cost）」であり，もう1つは「未来費用（future cost）」である。**当期費用**とは，原材料，賃金などの物的・人的資源の費用で，企業が生産のために費やした費用である。この部分は言わば企業活動の過去に属するものだと言ってよい。これに対して，**未来費用**とは，企業が将来にわたって維持存続していくための，まさに未来に属す費用である。企業は言うまでもなくすでに使った当期費用を回収しなければならないが，それを超えて企業の維持存続のための未来費用も回収していかねばならないのである。

　では未来費用とは何のために使われるのであろうか。未来費用は，主に①取り替え，②陳腐化，③本来の危機，④不確実性の4つに備えるために必要であ

る。①**取り替え**は，減価償却などをしながら老朽化した設備を取り替えるということである。これは設備の物理的寿命と関連する。②**陳腐化**は，技術や設備上の急激な変化によって起こるもので，使えはしてもそれが役に立たなくなるという意味で設備の経済的寿命と関連する。③**本来の危機**は，製品などが売れるか否か，売れるとすればどれ位の期間市場に受け入れられるかといった点に関わる。④**不確実性**は，時間因子に関わるもので，経済動向のように予測も計算もできないものである。これらをもう少し整理すると，①②は生産設備に関わっており，これによって企業の生産能力が左右される。③④は製品に関わっており，これによって製品の市場性が左右される。

　個別企業にとっては上記の①～④に備えた未来費用の回収が何よりも重要である。ただし，それだけでよいわけではなく，社会はうまく経営を行っている企業に対して，他の企業の損失をもカバーできるだけの費用の回収を求める。つまり自社だけではなく他社の未来費用も社会への「掛金」として回収しなければならないという。

　そして最後は，企業は社会的な費用を負担するために未来費用を回収しなければならない。これは教育，医療，軍事といった社会的な費用に関わる。

　要するに，社会の機関＝制度となった企業は，社会の必要性を満たすために維持存続することが不可欠であり，そのために当期費用に加えて未来費用を獲得することが求められるが，それは自社が生き残ればそれでよいという話ではなく，うまくいっていない企業のために起こる社会的な損失も含めて考えねばならず，企業は社会に対する「掛金」としてより多くの未来費用を回収しておく必要がある。また未来費用によって社会的な諸費用を負担するという意味では，企業の獲得する未来費用は社会の維持存続のためにも使われることになる（Drucker 1950）。

　こうしたドラッカーの未来費用論は，荒唐無稽な理想論に過ぎないと一蹴することは簡単であるが，企業社会の現実はむしろドラッカー理論の正しさを証明しているとも言える。大企業が経営危機に陥った際に，「**大きすぎて潰せない（Too big to fail）**」という言葉が使われる。大銀行などの金融機関や産業会社がそのまま経営破綻すれば関連企業や社会への影響は甚大であるため，多くの場合，政府によって資金が投入されて救済されることを指す。換言すれば，

社会的制度となっている企業は簡単に潰せないということである。例えば，アメリカでは 2008 年の**リーマンショック**の際に，政府は全米最大の保険会社 AIG を救済したし，翌 2009 年には超巨大企業である自動車会社 GM とクライスラーの倒産に対しても救済策が採られた。また日本ではバブル経済崩壊後に銀行への救済措置が採られ，2010 年には JAL が経営破綻したがこれも政府が救済した。こうした救済策のお陰で日米のいずれの企業も現在，事業は継続して行われている。ただし，こうした政府による救済には問題があることも指摘されている。それは，最後は政府が助けてくれるだろうという甘い考えを経営者が持ってしまい，**モラルハザード**（道徳的危険）を引き起こすことになるからである。

　こうしたドラッカーの未来費用論の根幹には，企業はこれまでのような**利潤追求原則**ではなく，**企業維持原則**で経営されるべきだという考え方があり，そのために**損失回避の法則**の重要性が強調される。企業は潰れることは許されない。企業経営には常に危険が伴うので，それに備えたプレミアムが未来費用ということであった。したがって，企業は損失を回避するに十分な未来費用を獲得しなければならない。

◆ グローバル企業は利潤の中から税金を適切に納めているか？

　企業は利潤を獲得し，その中から税金（法人税など）を支払うことで社会的費用の原資となっていることはすでに見た。企業の果たす役割と責任は極めて大きいと言わねばならない。国や地方は集めた税金で社会保障，医療，教育，防衛その他の公共政策を行う。社会を健全に保つには税収の確保が極めて重要である。特に日本は，国と地方の長期債務残高が 2022 年末に 1247 兆円（対GDP 比 225％）と見込まれており，安定した徴税は大きな課題である（財務省（2022）「日本の財政関係資料」）。どの国でも，企業がより多くの利潤を獲得し，その中からより多くの税金を払ってくれることを望んでいるが，企業の方はより多くの税金を徴収されることは必ずしも望んではいない。支払うべき税金は可能な限り低い方がよいというのが企業の本音であろう。そこで世界では国家と巨大企業の間で，富をめぐる攻防が生まれてくることになる。これは**「タックス・ウォーズ」**と言えよう。

　企業の税金をめぐっては，国家と企業はそれぞれに次のような行動を取ってきた。1つは先進国による「**底辺への競争（Race to the bottom）**」と言われる法人税引き下げ競争の動きであり，もう1つが，GAFAなどのグローバル企業による**租税回避**の動きである。

　アメリカなどの先進国は，1980年代から経済活性化を狙って法人税率の引き下げを開始し，その後グローバル化の進展もあって各国が競って税率を引き下げる流れができた。税負担の軽い国や地域に企業は吸い寄せられていき，自国を離れる企業も出てくる。そのため，法人減税によって企業の流出を食い

図表 8-2　法人実効税率の国際比較（2022 年 1 月現在）

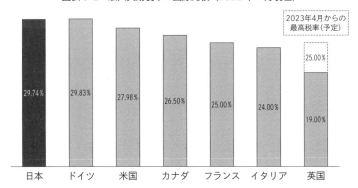

注：1）法人所得に対する税率（国税・地方税）。地方税は，日本は標準税率，ドイツは全国平均，米国はカリフォルニア州，カナダはオンタリオ州。なお，法人所得に対する税負担の一部が損金算入される場合は，その調整後の税率を表示。

　　2）日本においては，2015年度・2016年度において，成長志向の法人税改革を実施し，税率を段階的に引き下げ，37.00%（改革前）→32.11%（2015年度），29.97%（2016・2017年度）→29.74%（2018年度〜）となっている。

　　3）英国の引上げ後の最高税率（25%）は，拡張利益（※）25万ポンド（3,850万円）超の企業に適用（現行は一律19%）。なお，拡張利益25万ポンド（3,850万円）以下では計算式に基づき税率が逓減し，5万ポンド（770万円）以下は19%に据え置き。

　　※拡張利益とは，課税対象となる利益に加えて他の会社（子会社等を除く）から受け取った適格な配当を含む額のことを指す。

備考：邦貨換算レートは，1ポンド＝154円（裁定外国為替相場：令和4年（2022年）1月中適用）。

出典：各国政府資料

出所：財務省「法人課税に関する基本的な資料」（2022年8月16日アクセス）
　　　https://www.mof.go.jp/tax_policy/summary/corporation/c01.htm

止めるだけでなく，逆に新たな企業の投資を呼び込むことが期待された。つまり税負担を軽減することで企業の競争力や成長力を高めていき，その果実として税収も増えるプラスの循環を期待したのである。日本も世界の中で税率が高いという指摘を受け，段階的に法人税を引き下げてきた（図表8-2，注2を参照）。こうした各国の減税競争の過熱は最後は消耗戦となるため，「底辺への競争」と呼ばれた。

　他方，グローバル企業は課税を最大限回避する行動を採ってきた。代表的なやり方を挙げてみると，**①著作権や知的財産権（特許権，商標権，ノウハウなど）といった無形資産を，タックスヘイブン（租税回避地）**に子会社（ペーパーカンパニー）を作って移転させ，運営会社がそこに使用料を払うという形にして節税する。特にネット系の企業にとっては無形資産こそが競争力の源泉である。②国際課税の原則は「恒久的施設（PE）なければ課税なし」となっており，ネットビジネスなどで海外において巨額の利益を上げてもその国に物理的な工場や支店などの営業拠点（これを恒久的施設（PE）という）がなければそもそも課税されない。例えば，アマゾンは日本におけるビジネスで上げた収益はアメリカで計上し，納税額を抑えていた。

　こうした状況が生まれてきたのは，課税の方法が製造業中心の時代の発想で作られていたため，モノではなく情報・知識・サービスが中心となっている現

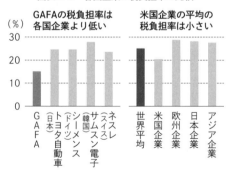

図表 8-3　各国企業の税負担率の比較

注：2018～20年の3年平均で比較。各社が公表する財務データやQUICK・ファクトセットのデータをもとに算出した
出所：『日本経済新聞』2021年5月9日

代の経済社会には適合しなくなってきたからである。しかも GAFA などの IT
企業は，グローバルにビジネスを展開して巨額の利益を上げながら，法人税の
安い国や地域を巧みに利用することで納税額を限りなく低く抑え，膨大な富
を築いてきた（図表 8-3 参照）。これに対して各国は当然問題視するようにな
り，また消費者の側も，例えばスターバックス UK がイギリスでまったく納税
をせず課税逃れをしていることに抗議し，2012 年に不買運動にまで発展した。
GAFA などのグローバル企業による租税回避行動は節税策として合法的に行
われてはいるものの，富がこうした巨大企業に一極集中することへの社会的批
判は大きい。

　そうした中，OECD（経済協力開発機構）加盟国を含む世界の 136 か国・地
域が 2021 年 10 月，**国際課税**で歴史的な合意を行った。その柱は大きく 2 つあ
る。1 点目は，企業が支払うべき**法人最低税率**を 15％以上とすることである。
これは B 国にあるグローバル企業 A 社の子会社が低税率国，例えばアイルラ
ンド（法人実効税率 12.5％）にあったとして，アイルランドで支払われる子会
社の法人税 12.5％と最低税率の 15％の差額 2.5％分を，A 社は本社のある B 国
で支払うというものである。これまで企業の側は，子会社を置いた国・地域の
税率が低ければ低いほど節税できて自らの利益になった。また国は企業が低税
率国に子会社を置くと課税することはまったくできなかった。しかし，今回最
低税率を一律 15％に設定することで，企業はどこに子会社を置こうとも 15％
の税率を課されることになり，その際，15％との差額の税金は本社が置かれて
いる国が徴税できるのである（図表 8-4 参照）。これで「底辺への競争」に終
止符が打たれる可能性がある。

　2 点目は，恒久的施設（PE）がなくてもその国で企業が利益を得ていれば
課税できるようにする**デジタル課税**である。対象となるのは売上高 200 億ユー
ロ（約 2 兆 6000 億円），利益率が 10％超の多国籍企業である。これに該当す
るのは 100 社程度と言われ，必ずしも IT 企業とは限らない。利益率が 10％ま
では通常利益として従来通り課税されるが，10％を超える利益を上げている場
合はその部分を「超過利益」と見なし，その超過利益の 25％をサービスや商
品の利用者がいる国・地域に，売上高に応じて配分するというものである。こ
れは「恒久的施設（PE）なければ課税なし」の原則からの転換である。

図表 8-4　OECD が検討している国際課税の新ルールのイメージ

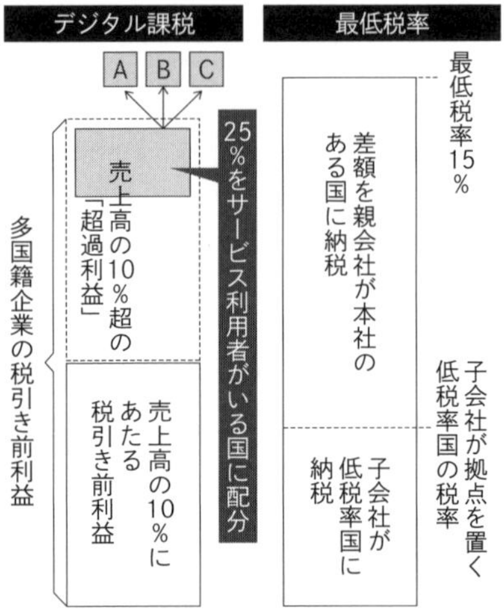
デジタル課税
最低税率
A
B
C
25%をサービス利用者がいる国に配分
多国籍企業の税引き前利益
売上高の10%超の「超過利益」
売上高の10%にあたる税引き前利益
最低税率15%
差額を親会社が本社のある国に納税
子会社が拠点を置く低税率国の税率
子会社が低税率国に納税

出所：「読売新聞オンライン」2021 年 10 月 9 日（2021 年 11 月 18 日アクセス）
https://www.yomiuri.co.jp/economy/20211009-OYT1T50076/

この合意は 2023 年に導入を予定しており，これから各国がその手続きを進めることになるが，今後は合意の実効性が問われることになろう。なお，過度な節税や税逃れに対する世界的な批判を受けて，法人税をどの国でいくら納めているかを国別に開示する企業も出てきている。花王，セブン＆アイホールディングス，鹿島など日本企業 20 社超が自主的な開示をすでに行っており，こうした企業が今後さらに増えてくる可能性がある（『日本経済新聞』2022 年 1 月 21 日）。

◆ 現代企業の利潤追求はどうあるべきか？

ここまで利潤について歴史的な視点を交えて見てきたが，利潤の機能としては①成果達成の尺度，②企業が維持存続するための費用，③富の分配，④社会的費用の原資といった点を挙げることができる。いずれも重要な機能であり，社会の健全な発展を考えると利潤は必要不可欠なものだと言える。

しかしその一方で，企業の利潤追求をめぐっては看過し得ないいくつもの問題が起きてきたことも事実である。企業が労働者，消費者，サプライヤー，地

域住民，自然環境などを犠牲にして利潤追求を進めることは，もはや許されない。また，企業が租税回避等の手段によって富を集中させることは公平性，公正性の観点からも認められないし，利潤の社会的意義を無視するものだと言えよう。さらに今日問題となっているのは，企業が獲得した富をどう分配するかである。これは「会社は誰の利益を重視するか」というコーポレート・ガバナンスの問題とも関連する。

　現代企業は，利潤追求の方法，利潤の機能，利潤の分配といった観点から，それぞれにどう対応していくかが求められている。

第 II 部

日本企業の歴史と経営の特徴

第 9 章

日本企業の歴史と特徴
——日本企業はどのように発展してきたか？

〈本章のポイント〉

　日本で資本主義がスタートした明治維新（1868 年）以前においても，市場経済がかなり普及し商業分野を中心に事業が活発に行われていた。この時代に創業した三井，住友，そして明治を目前に創業した三菱はいずれも激動の時代を乗り越えて事業を拡大し，その後財閥を形成するにいたる。こうした企業には商家の時代から日本的経営の源流ともいえる「家」経営の伝統があり，それは戦前の財閥，戦後の企業集団も含めて日本企業に受け継がれていった。

　戦後の日本企業は財閥解体を経て，新たなスタートを切った。各業界を代表する大企業がワンセットでメンバーとなる企業集団が形成され，旧財閥系ならびに銀行系を合わせて六大企業集団と呼ばれた。企業集団にはかつての財閥のような個人の大株主はおらず，株式持ち合いによる安定株主構造のもとで専門経営者が会社の支配者となり，従業員と一体となった労使協調型の経営が行われた。また家電や自動車などの業界を中心に企業系列が作られ，親会社と子会社，孫会社の間には専制と恩情の関係が見られた。戦後は松下電器，ソニー，ホンダなどの新興企業も次々に登場し，大企業へと成長して日本の経済発展に大きく寄与した。

　右肩上がりで成長してきた日本経済は，1980 年代後半のバブル経済の崩壊によって大きな転機を迎え，これまで日本経済を牽引してきた企業集団や系列にも変化が見られる。

・・・

キーワード▶同族集団，総有，ゴーイング・コンサーン，家業，君臨すれども統治せず，所有と経営の一致，士魂商才，財閥，財閥解体，企業集団，株式持ち合い，安定株主構造，系列，親子関係，ジャスト・イン・タイム方式，バブル経済，財テク，サプライチェーン

第1節 江戸から明治

　日本の歴史の中で，江戸時代（1603-1868）は近代以前の封建制の時代である。江戸時代の封建制は幕藩体制とも呼ばれ，将軍を頂点とする中央主権制がとられ，幕府・諸藩が領主として農民から年貢を徴収するシステムであった。近代社会の成立前ということで停滞したイメージが先行しがちであるが，実際は貨幣経済が浸透し，手工業による商品生産も盛んに行われ，市場経済が大きく進んだ時代である。そのため，この時代は「**初期近代**」とも呼ばれる。

　江戸時代には，商家を中心にさまざまな事業が展開された。ここでは江戸時代，あるいは明治初期に創業し，今日でもその名を冠した企業群が存在する，三井家，住友家，岩崎家の事業とその特徴を歴史的な観点から見ておこう。

◆ 三井の事業とその特徴

　三井家は**三井八郎兵衛高利**（1622-1694）を家祖とする**同族集団**である。三井高利は伊勢（今の三重県）松坂の生まれで，52歳の時に江戸で**越後屋**という呉服屋を始めた。先に江戸に修行に行かせていた息子たちと開業したのであるが，そのビジネスのやり方は斬新であった。①「現銀掛け値なし」──掛け売りを止め，店頭で客に正札での現金取引を行った。②「反物の切り売り，仕立て売り」──消費者のニーズに合わせて必要な分だけの「切り売り」にし，オーダーメイドにして買いやすい販売方法をとった。③「一人一色の役目」──商品ごとに担当者を専任にするなどの分業体制をとった。これらは伝統的な商習慣を覆すものであり，こうした革新的な手法を採用することで商売は大いに繁盛した。さらに江戸，京都，大坂に**両替店**を開業し，幕府の公金為替の取引業務を請け負った。当時の江戸は金建て，大坂は銀建てということで為替が必要であった。為替とは遠隔地で決済する際に，現金を用いずに行うことをいう。また三井は幕府の公金を取り扱うことで莫大な利益を得た。呉服業よりもむしろ両替業が大きく躍進し，金融ビジネスがその後の三井の中核事業の1つになった。

　三井は1710年に「**大元方**」を設立する。大元方とは現在で言えば**ホール**

ディング・カンパニー（**持株会社**）と同じであり，三井９家（のちに 11 家）の**家産**を所有し管理する機構のことである。大元方は三井家が保有する財産すなわち家産を一元的に管理しており，各店舗に資本金として出資するとともに，利益の一定割合を受け取った。大元方は経営全般を掌握しており，強大な権限を持っていた。所有者である９家はそれぞれの財産の持分に応じて大元方から利益分配を受け，かつ平等な発言権を有した。ただし，家産に対しては分割請求することを認められていなかった点が重要である。つまり三井一族は自分たちの家産の所有者ではあるが，各自が自分の持分を分割して受け取るということは認められていなかった。換言すれば，所有における**使用・収益・処分**という３つの権能のうち財産の使用・収益の権利はあったが，財産を処分することは認められなかったのである。これはゲルマンの村落共同体の所有と同じであり，「**総有**」と呼ばれている（安岡 1998）。もし各自が財産を分割して受け取り好きに処分できれば，財産は縮小してしまい事業の繁栄はおぼつかなくなる。そのため，家産を親族で分割，処分することを防ぎ，経営体としての三井が団結して事業を維持繁栄させることを第一義としたのである。こうした考え方は他の商家でも同様に見られ，家の事業＝**家業**が**ゴーイング・コンサーン**（継続企業）として位置付けられていたことを示している。

　事業に対するこうした考え方は初代の高利が遺言で残した「一家一本」「身底一致（しんていいっち）」という言葉に端的に表れている。そこでは家産を分割せずに総有し，一族で協力しながら事業の発展に尽くすべきことが説かれていた。そしてその遺志を継いだ長男・高平は 1722 年，三井の**家憲**となる「**宗竺遺書**」（「宗竺（そうちく）」は高平の法名）を制定した。内容は同族の在り方や家産の持分比率，ビジネスのやり方にまで及んでいる。この教えを守りながら三井の経営は約 180 年もの間行われたのであり，1900 年には新たに「**三井家憲**」として改訂された。

　ところで江戸末期になると三井は財政が火の車になり，危機的状況に陥った。商家の中には幕末から明治にかけての経営環境の激変に伴い姿を消してしまうものも多数あったが，三井が厳しい財政状況にもかかわらず生き残ることができたのは**三野村利左衛門（みのむらりざえもん）**の活躍があったからだと言われている。三野村は無学の人であったが頭脳明晰で交渉力に極めて長けていた。彼は当時の幕府の勘定奉行・小栗上野介（こうずのすけ）に仕えていた縁で三井が払うべき御用金の減額に成功

し，**中年者（中途採用者）**でありながら三井に破格の待遇で採用された。明治新政府に変わっても三野村は政権の中枢に食い込み，三井の発展に尽力した。三野村は三井の大番頭として実質的に経営を任され，1876年には，その後の三井の中核事業となる**三井銀行**と（旧）**三井物産**を設立した。ここに財閥形成への道が切り開かれることになった。

◆ 住友の事業とその特徴

　住友家は**住友政友**（1585-1652）を家祖とする同族集団である。政友は京都で書籍販売と薬屋をしていた。2代目住友友以は政友の姉夫婦の子どもであったが娘婿として住友家に入り，実父の蘇我理右衛門が南蛮人から話を聞き開発した「南蛮吹き」（粗銅から銀を分離する精錬法）を住友の**家業**とし，拠点を大坂に移して銅精錬業，銅貿易で財を成した。住友はその後銅山経営にも乗り出し，東北の阿仁，尾去沢といった銅山を開発したが，1691年に伊予（愛媛県）新居浜に別子銅山を開坑したことで銅事業を不動のものにした。これが今日の住友の事業の原点であり，優良鉱山である別子銅山は1973年に閉じられるまで実に283年間も営業が行われ，「**銅の住友**」と呼ばれた。また住友は1662年には大坂で両替店を開業し，江戸に進出して金融ビジネスでも成功を収めた。

　しかし，住友も三井と同じく，幕末から明治にかけて，御用金などの問題で財政危機に陥る。また銅山経営も産出量が減少し，さらに別子銅山を官軍に差し押さえられてしまう。こうした住友の存亡の危機を救ったのが**廣瀬宰平**である。廣瀬は11歳で別子銅山に給仕として入った子飼いの奉公人で，38歳の時に異例の抜擢をされて別子銅山支配人になった。廣瀬は別子銅山の権利を取り戻し，さらには厳しい経営環境ゆえに銅山の外部への売却話も出たがそれを一蹴し，銅山経営を住友の事業の中核に据えた。そして廣瀬は銅山経営の合理化と洋式技術や機材による近代化を図った。フランス人技師ラロックを雇い，新技術を導入して積極的に投資をすることで生産量を拡大し，別子銅山を再生させた。また銅山での月給制や能力主義人事などの改革も断行した。

　住友の経営は，初期においては歴代の当主が担っていたが，その後は必ずしも当主が経営の最前線に立っていたわけではなく，分家や手代のトップが

マネジメントを担うこともあった。第12代当主・住友友親は病気のため，廣瀬が「総理代人」となって住友の経営のすべての権限を掌握した。これは当主が「君臨すれども統治せず」という姿勢を貫いたからであり，いわゆる**所有と経営の分離**ということである。住友の経営スタイルの1つの特徴といえる。初代の廣瀬に続いて，第二代・伊庭貞剛，第三代・鈴木馬左也など第七代まで，住友一族ではない「総理事」がトップ・マネジメントとして住友の経営を担った。

　ところで廣瀬の経営者としての功績は大であったが，廣瀬時代の末期には住友の経営は再び危機を迎える。別子銅山から排出される亜硫酸ガスを原因とする**公害**問題や銅山の争議などが起こったからである。廣瀬が総理代人を辞めた年に別子銅山の総支配人になったのが廣瀬の甥の**伊庭貞剛**である。伊庭は公害問題の解決に真正面から取り組み，精錬所を無人島である四阪島に移転し，植林事業なども積極的に行った。これは日本の**CSR（企業の社会的責任）**の出発点だと言ってもよかろう。ほぼ同じ時期に古川市兵衛が経営する足尾銅山（栃木県）から流れ出る鉱毒によって渡良瀬川一帯の住民を被害に巻き込んだ**足尾銅山鉱毒事件**が起こり，**田中正造**はこれを厳しく糾弾したが，問題解決への対応は住友とはまったく対照的なものだった。

　住友の事業精神は，初代・住友政友が遺した「文殊院旨意書」に見ることができる。

◆ 三菱の事業とその特徴

　三井や住友が江戸期に名をはせた歴史のある豪商だったのに対し，岩崎家（三菱）は明治になって**岩崎弥太郎**（1835-1885）によって新たに興された**同族集団**である。弥太郎は土佐藩（今の高知県）の地下浪人という最下級武士の家に生まれた。彼は土佐藩の実力者・後藤象二郎の知己を得て活躍し，1870年には藩から借りた汽船3隻を使って九十九商会として海運業を始めた。その後藩から払い下げを受けて自らがオーナーとなり，1873年には初めて「三菱」の名前を冠した三菱商会を始めた。さらに三菱蒸汽船会社，郵便汽船三菱会社と名前を変えながら海運事業を精力的に展開した。現在も使われている「三菱」のスリーダイヤモンド・マークは，岩崎家の家紋である「三階菱」と土佐

藩主だった山内家の家紋を合成して作られたものである。三菱の海運事業は，明治初期の内外の騒乱を背景に，主として軍事輸送を担うことで急成長を遂げた。弥太郎はこうした海運事業で独占的地位を占め「海上王」とまで呼ばれるようになるが，そのため政治家を巻き込んだ反三菱勢力が動きだすことになった。1882 年に渋沢栄一らによって共同運輸会社が設立され，郵便汽船三菱会社との間で激烈な競争が展開された。両社は運賃値下げで消耗戦を繰り返した末に，1885 年に政府の勧告を受け入れて合併し，日本郵船会社が設立された。その時，弥太郎はすでに他界してしまっており，結局，海運事業は手放すことになった。弥太郎は後の三菱を担う事業の多角化をすでに進めており，そうした事業の成長は 2 代目となる弟の**岩崎弥之助**（1851-1908）に委ねられた。

　弥之助は海運を除く三菱の諸事業（鉱山・造船・銀行など）をまとめて三菱社（三菱合資会社の前身）を設立，「海から陸への転換」が図られた。高島炭坑と長崎造船所等の事業がその中核となった。また地所事業も開始し，丸の内の官有地を買い取り，ビジネス街へと変貌させた。1893 年には三菱合資会社を設立し，弥太郎の長男・久弥が社長となった。この時代に，多角化はさらに前進した。三菱合資会社は銀行部，造船部，庶務部，鉱山部，営業部，炭坑部，地所部など 8 部体制となった。四代目の三菱社長は弥之助の長男・小弥太が就任した。三菱合資会社の各部門を次々に分離・独立させ，1917 年三菱造船（のちに**三菱重工業**），三菱製紙，1918 年**三菱商事**，三菱鉱業，1919 年**三菱銀行**，1921 年三菱電機が設立された。財閥の司令塔である三菱合資会社は，1937 年に持株会社である三菱社となり，さらに 1943 年には三菱本社となった。

◆ 商家の経営——「家」経営とは何か？

　江戸時代のビジネスを主に担っていたのは商人であるが，その中から三井，鴻池，住友などの豪商と呼ばれる大商人も登場してくる。こうした商人たちは商家を経営していたが，それは「家」経営と言うことができる。「家」とは簡単に言えば経営体＝事業体のことであり，その事業を担っていたのが家長である主人とその一族ならびに奉公人であった。奉公人も含めて「家」のメンバーはみな「家族」として遇せられた。「家」経営は，今日の日本企業に見られる**日本的経営の源流**を成すものと考えられる。ここでは上述した三井家を例に

取って，「家」経営とはどのようなものであったかその概要を見ておこう。

　三井は 17 世紀に呉服商として創業された商家である。三井は事業を行う経営体であり，「家」とはこの経営体＝生活集団＝経済集団を指している。「家」としての三井の目的はその維持存続・繁栄であった。それが最も如実に表れているのは，三井一族における相続の仕方であろう。三井は財産を子どもに分与せず，あくまで共有の財産とした。そのために，いわば財産管理会社とも言えるような「大元方」を作って財産を分割させないようにし，「家」としての三井の維持繁栄を第一義としたのである。

　三井は経営体＝事業体であり，その構成員はみな「家族」である。血縁関係のある三井一族は言うまでもなく，それ以外の雇用された従業員もまた三井の「家族」である。つまり「家」としての三井に属し，三井が維持繁栄すれば自らもその分け前に与れる者はみな「家族」ということである。「家族」には血縁者と非血縁者の両方が含まれており，これらは家族成員として位置づけられる。ただし，下女，下男や季節雇いなどは非家族成員として区別される。非家族成員は家の繁栄の分け前には与れない。

　「家」には家長がいるが，家長＝家督相続人になれるのは家族成員のうち嫡系成員である。つまり家長の長男が家督（家長の権利）を相続する。家長は家産を管理する。家産は「家」の財産であり，家長の個人財産ではない。家長といえども自分のために勝手に家産を浪費することは認められない。また家長と「家族」との関係は「親子関係」であるが，親子と言っても血縁の有無は関係ない。親である家長は「家」のために専制と温情の命令を行い，子である家族はそれに絶対服従し，庇護される関係である。つまり親子とは専制・服従と温情・庇護の関係を意味する。

　「家」において家族は教育を受けて躾けられ，一人前に成長していく。例えば，商家では最初に決まった年限の年季奉公をするが，三井では丁稚は「子ども」と呼ばれていたという。「子ども」は読み書き算盤などの商人としての教育を受け，育てられる。その中から能力を認められた者は手代となり，さらに番頭という出世コースをたどる。奉公人＝従業員は「家族」なのであり，家長の命に従い滅私奉公することで温情・庇護を受けられる。したがって，番頭の中からは，意欲と能力のある者は独立を許されて別家を起こすことも可

能であった。本家とは別に分家，別家が興されることによって，同族団として「家」は益々繁栄することになる。

　「家」は階統制をとっており，どのような統（スジ）の出身者かによって，どの職階に就くか，いかなる処遇を受けるかが決まる。つまり家督を相続する嫡系かそうでない傍系か，親族（血縁）か非親族（非血縁）か，子飼いか中年者（途中から「家」に入ってきた者）か，によって組織の中のどのポジションに就くかが決まるのである。しかし，階統制のみでは組織は硬直化してしまう。経営体の維持存続・繁栄を第一義とする「家」は，能力主義が不可欠である。三井では江戸時代末期に，一介の両替商であった三野村利左衛門の才能を見込んで中途採用し，三野村の手腕で危機を脱出することができた。三野村はその後，三井の「名番頭」と呼ばれるに至る。三井がこうした能力ある人材を積極的に評価し外部から登用しなかったなら，恐らく事業はつぶれてしまっていたであろう。このように「家」は階統制＋能力主義で運用された。

　「家」は，家憲・家訓等の経営理念をもうける。それが経営の支柱となり，また家族は団結する。三井は1722年に「宗竺遺書」と呼ばれる家憲を制定し，どのように経営していくべきか50にも及ぶ項目を列挙した。さらにそれは1900年に呼び名が「三井家憲」と改められ，永く三井の経営の根幹をなすものとなった。

　こうした「家」の論理は，商家に限らず武家，農家でも同様に見出すことができる。三井の事例ですでに説明したが，ここで武家の事例を挙げると，山本周五郎の『樅ノ木は残った』（1958年）は，伊達騒動を題材にして，まさに「家」である藩を守ろうとした主人公・原田甲斐の姿を描いた歴史小説である。藩においても「お家第一」であり，そのために自分が犠牲になって「家」を守ろうとしたのである。

　なお，「家」経営は近代化，資本主義化にともない完全に消滅するのが基本であるが日本においてはそうはならず，むしろ明治期になって登場した近代的な大工場において，「家」経営を源流とする**日本的経営**が生成発展していくことになる（第10章を参照）。

第2節　明治以降——財閥の生成・発展

◆ 資本主義企業とは何か？

　日本は明治になって近代化し，**資本主義経済**をスタートさせた。すでに欧米の資本主義国が産業革命を経て大きく経済発展していたのと比べると，日本はそれよりも随分遅れて資本主義国の仲間入りを果たした。明治維新（1868年）から数えると，日本の資本主義は150年を超える歴史がある。それ以前は約260年間続いた江戸時代であり，歴史区分で言えば封建制の時代である。封建制と資本主義ではそこで行われる事業の性格は大きく異なる。前者においては，「**家計と経営の一致**」した**家共同体**が基本であり，事業は**家業（生業）**として行われ，生産と消費は基本的に一体化していた。つまりメンバーの生活の充足が主たる目的であり，営利の追求は本格的には行われていなかった。ところが後者においては，「**家計と経営の分離**」が見られ，消費＝家計と生産＝経営が明確に分かれる。これによって営利を目的とする**資本主義企業**が本格的に登場することになる。企業は生産のための事業体であり，利潤追及を目的とした事業活動が徹底して行われるようになる。これが資本主義の典型的な企業像である。ただし，資本主義経済に転換する以前ではあっても，江戸時代も後期になると市場経済が盛んになり，営利を目的とする事業も行われ，中には豪商と呼ばれるような実業家がいたことは前節で見たとおりである。いずれにしろ明治になって日本は本格的に資本主義の時代を迎えることになる。

　日本は資本主義経済をスタートさせたことで，経済活動は大きく飛躍する。**富国強兵**，**殖産興業**が明治政府のスローガンであり，欧米の先進的な技術や制度が積極的に導入された。最初は生糸などの製糸業が中心であったが，次第に軽工業から重工業へと展開していくことになった。こうした資本主義経済の発展は，人口の増加とも深く関連している。明治維新の時点で3330万人であった日本の人口は，その後は右肩上がりで大きく増加していく（図表1-1参照）。その背景としては農業や工業の生産力増大，医療・福祉の充実などが挙げられるが，要するにそれだけの人口増を賄えるだけの経済力を日本が持つに至ったということである。江戸時代は農民が80％を占め第一次産業が中心であった

が，その後の人口増加を可能にしたのは明治以降の日本の産業の発展であった。

◆ 会社制度はどのように日本に導入されたのか？

　明治維新（1868 年）は日本の資本主義の幕開けである。アジアで初めての資本主義国家とはいえ，まずは欧米の進んだ科学・技術や社会制度の導入が急務であった。それまでなかった会社制度の日本への紹介・導入もその１つである。

　欧米の会社制度は，幕末から明治にかけて欧米にわたった人々によって紹介され，日本でも会社が設立されるようになった。福沢諭吉『西洋事情』（1866-70 年），神田孝平（訳）『経済小学』（1867 年），同（訳）『泰西商會法則』（1869 年），加藤祐一『交易心得草』（1868 年）などが明治になって相次いで出版され，また大蔵省は 1871 年に会社設立の啓蒙書として渋沢栄一『立会略則』，福地源一郎（訳）『会社弁』を刊行した。「会社」という言葉は，英語のcompany あるいは corporation の訳語として使われるようになったものである。その語源としては会同結社ないし立会結社から作られたと言われている。

　ところで日本で最初の株式会社は，三井組と小野組が連合して 1873 年に設立した第一国立銀行（国立と名がついているが民間企業，のちの第一銀行）だと言われている。国立銀行条例に基づいて設立されたもので，発起人が 5 人おり，その中には三井の三野村利左衛門も名前を連ねていた。取締役会があり，株式は公募され，株式の譲渡は取締役の承認が必要ではあるものの可能であった。また株主の責任はその株数に応じて有限といった規定になっていた。総監役（後に頭取）には設立を推進した渋沢栄一が就いた。

　また 1878 年には東京株式取引所（現在の東京証券取引所）が設立された。この取引所ができるまでは株式の流通はなかったという。ここで初めて上場されたのは第一国立銀行，東京株式取引所，兜町米商会所，蛎殻町米商会所のわずか 4 銘柄であった。当時の株式会社は規模が小さく，また上場をしり込みする会社も多かった。1879 年設立の東京海上保険会社，81 年設立の日本鉄道会社，82 年設立の大阪紡績会社，84 年設立の大阪商船会社などは経営的にも成功し，そうした影響もあって株式会社制度は次第に普及していくことになっ

た。

　ところで会社制度の普及には法制度の整備が不可欠である。ここまで株式会社はいくつも設立されてきたが，それらは条例，特別法，命令書などに基づいたもので，会社に関する統一的な規定はなかった。日本の会社法制は，1890年に**商法（旧商法）**が公布され，1899年には**新商法**が公布されることで初めて制度が整えられた。まず旧商法では会社は合名会社，合資会社，株式会社の3つに分けられていた。株式会社の設立は**免許主義**であり，株主は**有限責任**であることが明記された。これに対して，新商法では免許主義は廃止されて**準則主義**が取られることになった。つまり決められた要件さえ満たせば誰でも株式会社を設立することができるようになった。株主は有限責任であり，株式の譲渡は自由となった。また当時は取締役や監査役になるには株主でなければならないとされており，取締役は会社の代表権を有していた。そして株主総会ではあらゆることを決定することができるため，株主総会はいわば**万能機関**という性格を有していた。

　1895年に株式会社は全国で1135社，資本金は1億5148万円であったが，翌96年には2585社，資本金3億5257万円と倍増し，さらに1900年には4245社，資本金6億9590万円と大幅に拡大した。株式会社制度は日本の企業活動の中心を占めるようになった。

　ところで日本の資本主義の黎明期における**渋沢栄一**（1840-1931）の活躍は見逃せない。すでに見た通り，株式会社組織の紹介と普及に多大な影響を与えた人物である。彼は一橋家に仕え，さらに新政府で働き，その後は実業家として自ら企業の設立を積極的に推し進め，王子製紙，大阪紡績，東京瓦斯，帝国ホテルなど，生涯に約500の企業の設立に関わったと言われている。しかし，渋沢の貢献はそれだけではない。渋沢は**『論語と算盤』**（1916年）を著し，幼少の頃から親しんだ論語をよりどころとして「**道徳経済合一説**」を説いた。利潤追求をするには手段を選ばず何をやってもよいというわけではなく，ビジネスと倫理・道徳は一致させるべきだと主張した。渋沢はこれを「**士魂商才**」（和魂洋才をもじって作った言葉）と表現している。つまり事業をするには士魂（武士のような崇高な精神）と商才を兼ね備えるべきだと説いた。事業を起こして富を増やし，社会全体が豊かになるべきだと考え，**公益性と経済性**の

両方の追求を目指した。ドラッカーもこうした渋沢の主張に注目し，渋沢こそ「専門経営者」像を初めて描いた人物だと称賛している。渋沢は「**日本資本主義の父**」と呼ばれている。

◆ 財閥の生成と発展

　わが国では明治の終わり頃までには財閥が形成され，第一次大戦後に巨大化していった。四大財閥と呼ばれた三井，住友，三菱，安田のほかにも，中小，中堅の財閥が台頭した。財閥とは何かに関する定義は複数あるが，ここでは (1) 家族・同族による封鎖的所有，(2) 持株会社による傘下の大規模子会社の支配，(3) 多角化した事業構造の3つを特徴として挙げておく。つまり財閥はピラミッド型の組織構造を形成しており，持株会社を頂点として傘下に子会社，孫会社と連なる会社群を擁していた。そのピラミッド構造の究極の所有者として君臨したのが家族・同族であった（図表9-1参照）。

　財閥は非常に封鎖的な所有構造になっている点が大きな特徴であり，その要に位置する財閥本社はもともと三井合名，三菱合資，住友合資といった公開されない会社形態をとっていた（図表9-2参照）。それが1937年に住友合資が株式会社化したのを皮切りに，財閥本社の株式は一般に公開されることになっ

図表 9-1　財閥の所有構造

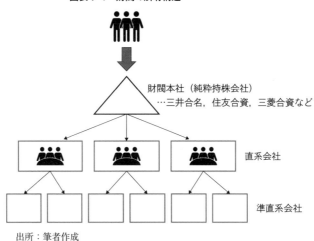

財閥本社（純粋持株会社）
…三井合名，住友合資，三菱合資など

直系会社

準直系会社

出所：筆者作成

図表 9-2　三井財閥の組織図（1928 年頃）

```
                      ┌ 三井物産
                      │ 三井生命
              ┌ 直系会社 ┤ 三井銀行
              │       │ 三井信託
              │       │ 三井鉱山
              │       └ 東神倉庫
  三井合名 ┤
              │       ┌ 王子製紙
              │       │ 北海道炭礦汽船
              │       │ 鐘淵紡績
              │       │ 芝浦製作所
              └ 傍系会社 ┤ 台湾精糖
                      │ 郡是製糸
                      │ 三越
                      │ 熱帯産業
                      └ 大日本セルロイドなど
```

出所：三井コンツェルンの組織図（三戸公
　　　『家の論理Ⅱ』文眞堂）を基に一部抜粋
　　　して作成。

た。財閥の閉鎖性や富の独占に対する社会的批判もあったが，現実に外部資金
が必要とされたからでもある。

◆ 専門経営者の台頭

　明治後期になると財閥において専門経営者が台頭してくる。これは江戸期の
商家において伝統的に番頭経営が行われていたこととも関係する。最初は社外
からの中途採用で登用されていたが，次第に内部出身の「はえぬき」に移行し
ていった。年齢も比較的若く，総じて学歴が高いのが特徴であった。専門学校
卒だけではなく，帝国大学出身者もその数を増やしていった。三井財閥では，
福沢諭吉の甥で慶應義塾出身の中上川彦次郎が登用され，経営改革を進めた。
そして朝吹英二（王子製紙），日比翁助（三越），鈴木梅四郎（王子製紙），藤
山雷太（大日本精糖），武藤山治（鐘淵紡績），池田成彬（三井銀行），藤原銀
次郎（王子製紙）など慶応出身者が次々に採用され頭角を現した。住友財閥で
は，伊庭貞剛，鈴木馬左也，川上謹一，小倉正恒などが住友の経営トップであ
る総理事となって活躍した。また創業者一族が社長として陣頭指揮を執ってい
た三菱財閥においても，荘田平五郎（三菱合資）をはじめとする専門経営者が

登用された。これに対して，非財閥系企業では専門経営者の登用は遅れたと言われている。

　なお，こうした専門経営者は就任後に自社株を保有することで，大株主経営者になっていく例が多数あったと言われる。また旧商法では取締役になるには株主である必要があったことも影響している。

第3節　戦後の日本企業——財閥解体と企業集団，系列の生成・発展

◆ 財閥は解体されてどうなったか？

　日本は1945年に敗戦を迎えた。GHQ（連合国軍最高司令官総司令部）によって経済民主化政策が行われ，**財閥解体**の方針が示された。まず三井，三菱，住友，安田の四大財閥が解体され，さらに中小の財閥がこれに続いた。財閥の所有構造の要に位置していた家族・同族の株式，ならびに傘下の会社群を支配していた財閥本社の株式は，**持株整理委員会**に強制的に集められた。そしてそれらの株式は最終的に市場に放出された。また財閥を所有，支配していた家族や主要な役員は**公職追放**されることになった。すなわち財閥は，株式と人的つながりの両面で関係が絶たれたことで完全に解体された。また三井物産と三菱商事も完全解体の指示を受けて清算され，それぞれが200社前後の小規模商社となって活動していくことになった。1947年には**独占禁止法**が公布され，続いて**過度経済力集中排除法**が公布されて325社が指定を受けたが，東西冷戦の影響で実際に分割されたのは日本製鉄，三菱重工など11社に留まった。銀行が分割・解体を免れたことは戦後日本の企業システムにとっては大きな意味をもつことになった。なお，1948年に**旧財閥の商号・商標**の使用を禁止する通達が出され，例えば三菱銀行は千代田銀行，住友銀行は大阪銀行，三井信託銀行は東京信託銀行に商号が変更された。

◆ 企業集団は旧財閥と何が違うか？

　サンフランシスコ平和条約（1952年）の発効にともない旧財閥の商号・商標が再び使えるようになり，分断されていた旧財閥系企業が再結集するようになる。1950年代前半には，月曜会（三井：当初は親睦会，のちに二木会）19

図表 9-3　社長会の結成時期及び企業数（1991 年 3 月末現在）

企業集団名\項目	三　井	三　菱	住　友	芙　蓉	三　和	第一勧銀
名　称	二 木 会	三　菱 金 曜 会	白 水 会	芙 蓉 会	三 水 会	三 金 会
結成時期	昭和36年10月	昭和30年頃	昭和26〜27年頃	昭和41年1月	昭和42年2月	昭和53年1月
企 業 数	26社	29社	20社	29社	44社	48社

注：資料は，各社からの報告による。
出所：公正取引委員会（1991年）「経済実態の調査」（2022 年 4 月 9 日アクセス）https://www.jftc.
　　　go.jp/info/nenpou/h03/02060000.html

社，白水会（住友）12 社，金曜会（三菱）19 社といった旧財閥系グループの
社長会が結成され，定期的な会合をもった（図表 9-3 参照）。54 年には三菱商
事の大合同，58 年には三井物産の大合同が行われ，旧財閥系企業の再結集は
大きく進展することになった。さらに銀行を中心とした企業グループが遅れて
登場してくる。66 年に富士銀行系の芙蓉会，67 年に三和銀行系の三水会，78
年に第一勧銀系を三金会といった社長会が結成された。旧財閥系グループの三
井，三菱，住友，銀行系グループの富士，三和，第一勧銀は，併せて**六大企業
集団**と呼ばれた。またこれらとは別に，新日本製鐵（現・日本製鉄），松下電
器産業（現・パナソニックホールディングス），トヨタ自動車などの巨大企業
は傘下に多数の企業群を擁し**独立系企業集団**と呼ばれた。
　さて，**企業集団**とは，各業界の有力企業が相互利益を目的に集まったもの
で，企業同士は水平的な関係になっている。企業集団は次のような特徴をも
つ。①**社長会**が設置されており，各企業のトップが定期的に集まって情報交換
やグループの結束を確認する場となっている。②お互いが相手企業の株式を保
有する**相互持ち合い**が行われており，これは**安定株主構造**と呼ばれる。なお生
命保険会社も安定株主の一角を占めるが，相互会社は株式を発行しないため，
他社との相互持ち合いにはならない（図表 9-4 参照）。安定株主は友好的な株
主として株式を長期保有することで，敵対的買収などを防ぐ役割がある。また
企業間での役員派遣も行われている。③メンバー企業は各業界の有力企業であ
り，業種が幅広く含まれているという意味で**ワンセット主義**と言われる。企業
間の関係は基本的に対等であるが，旧財閥系では銀行，商社，銀行系では銀行

図表 9-4　旧財閥系企業集団における株式相互持ち合い

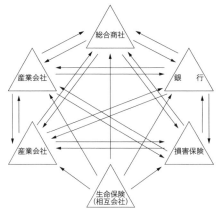

出所：三戸・池内・勝部 (2012)『ひとりで学べる経営学（補訂版)』

　が中核的なメンバーである。④銀行によるグループ企業に対する**系列融資**が行われ，また商社や企業間では**系列取引**が行われた。こうした取引関係は互恵的である。逆に，企業集団同士はライバル関係にあり，各企業間で激しい競争が繰り広げられた。

　ところで企業集団の中には旧財閥系の三井，三菱，住友の名前が見られるが，これは戦前の「財閥の復活」ということではない。何よりも所有構造が両者では大きく異なっている点が重要である。戦前の財閥には持株会社があり，それを通じて傘下の企業を財閥家族が所有・支配するという個人所有が基本であったが，戦後の企業集団においては個人の大株主は存在せず，各企業とも大株主には仲間のグループ企業が名前を連ねている（図表 9-5 参照)。お互いが株式の相互持ち合いにより安定株主となっているからである。さらに各企業のトップは従業員出身の専門経営者で占められている。したがって，財閥と企業集団ではその構造が大きく異なる。ただし，なぜ日本でこうした企業集団が形成されたのかを考えると，財閥も含めて「家」の論理が流れていることが指摘できる。つまり財閥も企業集団も「家」であり，「家」の維持繁栄を目指す同族団だということである（第 10 章第 1 節参照)。

　企業集団は日本の戦後経済を牽引する存在であり，その経済的規模や影響力

図表9-5　三菱グループ企業の10大株主（単位：%）

三菱銀行		三菱商事		三菱重工		東京海上火災保険	
明治生命保険	(5.7)	東京海上火災保険	(6.1)	三菱信託銀行	(4.5)	三菱銀行	(4.8)
東京海上火災保険	(4.3)	明治生命保険	(6.0)	三菱銀行	(3.6)	明治生命保険	(4.4)
第一生命保険	(3.5)	三菱信託銀行	(5.0)	明治生命保険	(3.5)	三菱信託銀行	(3.0)
日本生命保険	(3.1)	三菱銀行	(4.6)	住友信託銀行	(2.4)	三菱商事	(2.3)
三菱重工業	(3.0)	東京銀行	(4.6)	日本生命保険	(2.0)	第一勧業銀行	(1.9)
三菱信託銀行	(1.9)	第一勧業銀行	(3.4)	東京海上火災保険	(2.0)	三菱重工業	(1.8)
太陽生命保険	(1.8)	日本生命保険	(3.1)	三菱商事	(1.5)	東洋信託銀行	(1.7)
三菱商事	(1.5)	三菱重工業	(3.1)	チェース(ロンドン)	(1.5)	旭硝子	(1.7)
旭硝子	(1.4)	第一生命保険	(2.7)	中央信託銀行	(1.4)	東京銀行	(1.7)
三菱電機	(1.4)	三和銀行	(2.6)	東洋信託銀行	(1.3)	住友信託銀行	(1.6)

出所：東洋経済新報社（1995年）『会社四季報　96年春号』

は極めて大きかった。図表9-6は1998年時点での六大企業集団のわが国経済に占める地位を示したものである。全企業の中のわずか0.0064%にしか過ぎない159社が資本金の14.09%，売上高の12.54%，経常利益の13.76%を占めていた。この数字はピークだった89年よりは低下しているものの，六大企業集団のプレゼンスが如何に大きいかが見て取れる。

図表9-6　六大企業集団のわが国経済に占める地位

（単位：社，億円，%）

	8　　　　年　　　　度			
	六大企業集団		六大企業集団＋子会社	
	数　値	地位(比率)	数　値	地位(比率)
企 業 数	159	0.0064	270	0.011
資 本 金	100,990	14.09	107,840	15.05
総 資 産	1,494,643	11.43	1,568,647	11.99
純 資 産	408,724	15.70	436,133	16.75
売 上 高	1,816,651	12.54	1,907,990	13.17
経 常 利 益	38,232	13.76	40,542	14.59
当 期 利 益	16,348	18.45	17,356	19.59

出所：公正取引委員会（1998年）「企業集団の実態について—第6次調査」（2022年4月9日アクセス）https://www.jftc.go.jp/info/nenpou/h10/02070001.html

◆ 系列とは何か？

　企業集団は大企業同士がグループとして水平的な関係を持っていたのに対し，ピラミッドの頂点に大企業がいてその傘下に関連する企業が連なる垂直的

図表 9-7　トヨタ・グループの「サプライヤーピラミッドの構造」

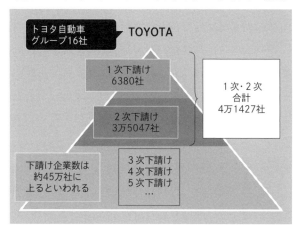

＊数字は帝国データバンクの「トヨタ自動車グループ」下請企業
　調査（2021 年）による

社名	主な部品	1次下請け企業数（社）	サプライヤーの協力会組織
トヨタ自動車	完成車	1,625	協豊会（228 社），栄豊会（127 社）
デンソー	空調，パワートレイン	1,346	デンソー飛翔会（92 社）
アイシン	パワースライドシステム，ドア製品	1,070	つばさ会
豊田自動織機	カーエアコン用コンプレッサー	771	豊永会
ジェイテクト	ステアリング等製造	767	ジェイテクト協力会（251 社）
ダイハツ工業	完成車	651	ダイハツ・サプライヤーズクラブ（DSC）
日野自動車	完成車	577	日野協力会
トヨタ紡織	シート，ドアトリム	515	サンシャイン
豊田合成	インパネ，エアバッグ	429	協和会
トヨタ車体	ボディー製造	409	車体協和会
ダイハツ九州，愛知製鋼などその他トヨタグループ 6 社		499	―

＊上記サプライヤーピラミッドと下請け企業数は一致しない。協力会の企業数は最新でないものも
　含まれる。帝国データバンクの「トヨタ自動車グループ」下請企業調査（2019 年）を基にダイヤ
　モンド編集部作成。
出所：『週刊ダイヤモンド』2022 年 3 月 5 日号

な関係を**系列**という。戦後，日本では自動車や電機などの製造企業が大きく成長していったが，これらの企業は自社の系列企業から部品供給を受けて最終製品を組み立てるという生産方式を採った。こうした企業間関係は**親子関係**として捉えることができる。親会社の下には子会社，孫会社が連なっており，資本関係や役員派遣などの人的関係を通じて，親会社による子会社に対する命令と服従，そして庇護の関係になっているのである。つまり親会社の指示は絶対であり，言わば「無理を聞いてくれる」のが系列企業であった。親の指示に従っていれば資金や技術の供与も受けられ，また長期的な取引も維持された。ここにも庇護と温情の「家」の論理を見いだすことができる。

　さて，系列はきわめて日本的な特徴をもった企業間関係である。自動車は約3万点の部品から構成されており，それを組み立てて完成車が作られる。日本の自動車産業の特徴は，部品を自社で作る内製率が欧米のそれよりも低く，トヨタ自動車のような完成車メーカーはピラミッド構造の頂点に位置し，1次下請け（ティア1），2次下請け（ティア2），3次下請け（ティア3）といった傘下の系列企業から部品を調達してくることで分業関係を築いている（図表9-7参照）。トヨタ・グループの主要企業としてトヨタ自動車に部品を供給するデンソーやアイシンはそれ自身が大企業であり，売上高もそれぞれ約5.5兆円，約4兆円（2022年）という規模を誇る。こうした企業群がトヨタの自動車生産を支えているのである。その際，コストを削減し生産性を上げるために「必要なものを，必要なときに，必要な量だけ」生産あるいは調達する**ジャスト・イン・タイム**は**トヨタ生産方式**として有名である。これは言わば「無在庫経営」ということであり，**リーン生産方式**という呼び方で現在は欧米でも導入されている。また部品メーカーとの間ではすり合わせが行われ，最適化が図られる。親会社を頂点とする企業系列は，長期安定的な取引関係を通じてまさに一体となって効率的な生産を展開している。

◆ 新興企業の登場と発展

　戦後の日本経済の発展を支えたのは，言うまでもなく六大企業集団だけではない。新しい時代の到来を象徴する，若い起業家に率いられた新興の企業が次々に生まれ，その中から世界企業と呼ばれるような大企業が生まれてきたこ

との意義はきわめて大きいと言えよう。これらは日本の経済成長に大きく寄与した。

　新興企業の中には戦前からすでに事業を行っていたものもあれば，戦後になって創業して成長したものもある。前者の代表的企業として松下電器産業（以下，松下電器）と出光興産，また後者の代表的企業としてソニーと本田技研工業（以下，ホンダ）を簡単に紹介しておこう。

　松下電器（現・パナソニックホールディングス）は，**松下幸之助**（1894-1989）が1935年に設立した総合家電メーカーである。松下は小学校を終えて丁稚奉公に出て，その後1918年には松下電器の前身である松下電気器具製作所を創業する。自ら考案した二股ソケットや自転車用電池ランプがヒットし，事業は順調に拡大していった。戦後，松下は公職追放されたが，労働組合の嘆願もあり，解除されて復帰した。松下電器は戦後の家電ブームを牽引し，強力な販売網に支えられて事業は急成長を遂げた。松下は一代で松下電器を世界的な家電総合メーカーに育て上げ，「経営の神様」と呼ばれるようになる。経営者として独自の経営哲学をもち，企業を「**社会の公器**」だと位置づけ，人々に「水道の水のごとく物資を豊富にかつ廉価に生産提供する」ことを目指す**水道哲学**を説いた。また独自に考案した**事業部制**を戦前からすでに実施していたことでも知られている。

　出光興産は，**出光佐三**（1885-1981）が1940年に設立した石油元売会社である。出光は神戸高商（現・神戸大学）を卒業後，家庭教師先の資産家から資金を提供されて1911年に前身の出光商会を設立し，その後出光興産を日本を代表する民族系石油会社に育て上げた。出光は独特の経営哲学をもち，「黄金の奴隷たるなかれ」と利益至上主義を戒めた。そして「大家族主義」「人間尊重」を掲げて経営を行い，タイムカードや定年は設けず，労働組合もなかった。そうした理念を貫くために，出光は会社を敢えて上場せず未上場会社として経営を行った（2006年に上場）。1953年には石油メジャーに対抗してイランから原油を直接輸入するという「日章丸事件」が起きたが，これは出光の「生産者より消費者へ」を実現したものである。

　ソニー（現・ソニーグループ）は終戦の翌年の1946年に，**井深大**（1908-1997）と**盛田昭夫**（1921-1999）によって創業された。当時の名前は東京通信工

業で，設立趣意書には「自由闊達ニシテ愉快ナル理想工場ノ建設」が高らかに謳われている。1950年には日本初のテープレコーダー，55年にはトランジスタラジオ，68年にはトリニトロンカラーテレビを発売するなど，独自技術で革新的な商品を次々と生み出していった。58年には社名を「ソニー（SONY）」に変更したが，これはラテン語の「sonus（sonicの語源で音の意）」に「sonny（坊や）」を掛け合わせて作られたものである。1970年には日本企業で初めてニューヨーク証券取引所に株式を上場した。1979年にヘッドホンステレオの「ウォークマン」を発売すると，若者に熱狂的に受け入れられて世界ブランドとなった。ソニーは戦後日本を代表する世界企業へと成長した。

　ホンダは1948年に，**本田宗一郎**（1906-1991）によって静岡県浜松市で創業された。本田は小学校を出た後自動車修理工場で働き，のれん分けをしてもらい独立する。戦後ホンダを創業し，生涯の経営パートナーとなる**藤沢武夫**（1910-1988）と意気投合し，二人三脚でホンダを世界企業に育て上げた。社長の本田は技術屋として製品開発，副社長の藤沢は経営を担った。最初は自転車にエンジンをつけた「バタバタ」からスタートし，本格的なオートバイ生産を開始してからはドリーム号，カブ号と次々にヒット商品を生み出した。その後，自動車生産にも乗り出し，アメリカのマスキー法（大気汚染防止法）をクリアする低公害のCVCCエンジンを開発して世界を驚かせた。ホンダは役員の大部屋制や縁故採用しない会社としても知られているが，創業者である本田と藤沢は，会社は一族のものにあらずと後継者を従業員の中から指名して，60代の若さで一緒に会社を辞めた。

　戦後，大きく成長して日本経済を牽引してきた4社の概要をここまで見てきたが，いずれの会社も創業者が高い志を持ち，企業家精神を遺憾なく発揮してグローバル企業になっていったことが分かる。そしてこうした企業を含む意欲的な新興企業が多数登場することで，日本経済は高度成長を駆け抜けた。

第4節　バブル経済の崩壊と日本企業

◆ 戦後の日本経済の発展とバブル経済

　ここで戦後の日本経済の歩みをもう一度振り返っておくと，おおよそ以下の

ように時代区分できよう。まず 1945 年の敗戦から約 10 年が①**戦後復興期**であり，それに続いて 1950 年代後半からは年率 10％を超える経済成長を謳歌した②**高度経済成長期**となる。その間，1968 年に日本は西ドイツ（当時）を抜いて GNP 世界第 2 位の地位に就いた。1973 年のオイルショックで②は終焉し，日本は③**安定成長期**に入る。日本企業は 79 年の第 2 次オイルショックも減量経営で乗り切り，世界経済におけるプレゼンスは高まっていった。E. ボーゲルの『Japan as No.1』が出版されたのは 1979 年であり，80 年にはアメリカを抜いて自動車生産台数世界一となった。つまり日本経済は①戦後復興期→②高度経済成長期→③安定成長期とほぼ右肩上りの経済成長を遂げてきた。そして最後に待っていたのは，徒花（あだばな）のような④**バブル経済期**であった。

　ではバブル経済とは何であり，なぜバブルは起こったのであろうか。バブル経済とは，土地や株式等の資産価格が**ファンダメンタルズ**（経済の基礎的条件）を超えて高騰することをいう。日米の貿易不均衡の是正などを目的とする 1985 年の**プラザ合意**（先進 5 か国蔵相・中央銀行総裁会議）を契機に日本経済は急激な円高に見舞われたが，それに対処するための国内の金融緩和が市場の金余りを生み出し，その資金が土地や株式に流れ込み資産価格の異常な高騰をもたらした。これが**バブル（泡）**である。本来は慎重な融資を旨とし，貸出先の経営をチェックするはずの銀行がむしろ競って積極的な融資に奔走した。1987 年の NTT 株の上場では，それまで株にはまったく縁のなかった一般の主婦までもが株式投資に熱狂した。また日本企業の中にはお金がお金を生む**財テク**（財務テクノロジー）に精を出し，本業そっちのけで金儲けに狂騒する姿が見られた。そしてバブル絶頂期の 1989 年には，三菱商事がニューヨークのロックフェラーセンター，ソニーがコロンビア映画を買収し，ジャパンマネーが世界を席巻した。この時期，日本全体がまさに**ユーフォリア**（過度な陶酔感）に包まれたといってもよい。

　しかし，実態と懸け離れた価格の上昇であるバブル経済は何れ収束する。1990 年代に入り日銀による公定歩合の引き上げを契機にバブルが崩壊すると，日本社会は長い停滞の時代に入る。これが**バブル崩壊・長期経済停滞期**である。雇用，設備，債務の**3つの過剰**が問題とされ，その解消のために日本企業は長く苦しめられることになる。またこうした状況の中で企業不祥事が次々と

噴出し，コーポレート・ガバナンスの議論が大きく取り上げられるようになった。

◆ バブル崩壊後，企業集団はどう変化してきたか？

　バブル経済の崩壊によって，企業集団も大きな影響を受けた。まず企業集団の中核に位置していた銀行が不良債権問題などを背景に再編され，金融持株会社のもとで統合されることになった。2000年に第一勧業銀行，富士銀行，日本興業銀行の3行が合併してみずほフィナンシャルグループが設立された。2001年には三菱東京フィナンシャル・グループが設立され，さらに2005年にはUFJホールディングス（2002年に三和銀行と東海銀行が合併・設立）と合併して三菱UFJフィナンシャル・グループとなった。また2002年にはさくら銀行（1990年に三井銀行と太陽神戸銀行が合併・設立）と住友銀行が合併して三井住友フィナンシャルグループが設立された。これらは**3大メガバンク**と呼ばれるようになる。ちなみに**持株会社**は1947年の独占禁止法施行で禁止されたが，1997年の改正によって解禁された。持株会社には事業を兼営する事業持株会社と純粋持株会社があり，銀行，証券会社などが設立する持株会社は**金融持株会社**と呼ばれる（図表9-8参照）。

図表9-8　みずほフィナンシャルグループの組織図

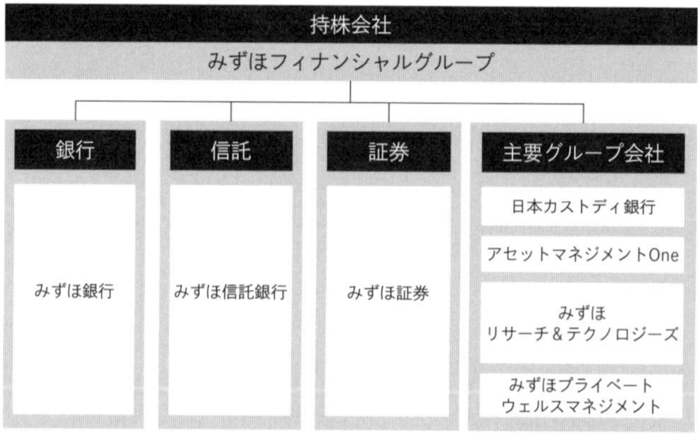

出所：みずほフィナンシャルグループHPから一部抜粋（2022年12月1日アクセス）https://www.mizuho-fg.co.jp/investors/individual/summary/index.html

　さて，企業集団における中核的な存在であった銀行が他の企業集団の銀行と
合併してしまうと，企業集団の位置づけか分かり辛くなる。そしてもう1つ重
要な点は，企業集団の基盤を成していた株式持ち合いが急速に解消されてきた
ことである。その理由としては，バブル崩壊にともない銀行を中心に保有する
株式を売却して不良債権の処理に充てたこと，金融ビッグバンによって金融商
品の時価評価が義務づけられ持ち合い株式が経営に影響を与えるようになって
きたこと，また外国人株主の増加で持ち合い株式への批判が高まったことなど
が挙げられる。そのため，企業集団は，歴史，理念，ブランドを共有し，情報
交換を目的にグループとしては存続し続けているが，その結束力は以前ほど強
固ではなくなったと言われている。

　このように，戦後日本の企業経営を牽引してきた企業集団のプレゼンスが低

図表9-9　企業グループの経済圏

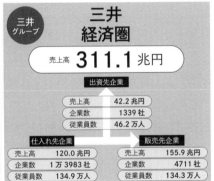

出所：図表2-11と同じ

下してきている印象は否めない。ただそうは言いながらも，2021年現在の各グループの経済的な影響力は依然として巨大であることも事実である。各企業グループによる取引規模の大きさを「経済圏」として算出したものを見ると，売上高では三菱経済圏498.3兆円，三井経済圏311.1兆円，住友経済圏299.6兆円とその経済的規模はきわめて大きい（図表9-9参照）。

◆ 系列は解体されてしまったのか？

　自動車産業に典型的に見られる系列は現在，どうなっているのであろうか。1980年代には，系列による生産は大きな効果を発揮し，安くて燃費のよい車をどんどん輸出することで日米間での**貿易摩擦**にまで発展した。しかし，1990年代末になると日産自動車が業績悪化でフランス・ルノー社の傘下に入り，「系列の解体」を宣言して部品をグローバル市場から適宜調達する方向に大きく舵を切った。これは**グローバル・ソーシング（世界最適調達）**と呼ばれ，マツダや三菱自動車も同様の方向に転換した。実際，系列からの部品購入が必ずしも価格や品質の優位に結びつかず「ぬるま湯」的な体質になっていた側面があったからである。しかし，こうした企業における系列の解体はその後，軌道修正され，むしろ系列の良さが見直された面もある。他方，徹底したコスト削減を掲げるトヨタ自動車は一貫して系列システムを維持してきており，これを武器に販売台数世界最大の自動車会社の地位を築いている。なお，新型コロナウイルスの世界的な流行やロシアのウクライナ侵攻などの影響で，部品の供給や流通に支障が出て**サプライチェーン**がうまく機能しない事態が生じており，在庫を持たないジャスト・イン・タイム方式は「もしもの場合」（ジャスト・イン・ケース）に備える必要性が指摘されている。

　ところで図表9-10は自動車産業におけるトヨタモデルと欧州モデルを比較したものである。欧米の自動車会社は日本のような系列ピラミッドはなく，基本的には独立した部品メーカーとの取引となっている。そのため，取引は特定の会社のみではなく複数の会社に分散化しており，また契約も短期的である。ここで世界の部品メーカーの現状を見ると，2021年の売上高は1位ボッシュ（ドイツ），2位デンソー（日本），3位 ZF（ドイツ），4位マグナ・インターナショナル（カナダ），5位アイシン（日本）となっている。こうした企

図表 9-10　自動車産業におけるトヨタモデルと欧州モデル

■同じ自動車業界でもメーカーと部品会社の関係は異なる

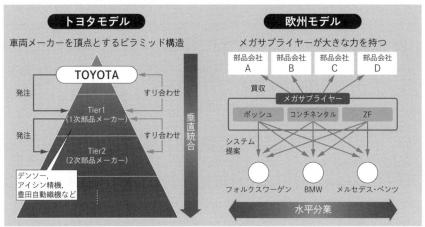

出所：『週刊東洋経済』2017 年 4 月 29 日号

業は**メガ・サプライヤー**と呼ばれ，世界の複数の自動車メーカーに部品を供給している。このうちデンソー，アイシンはいずれもトヨタ自動車の主力部品メーカーとして発展してきたが，いまではトヨタ・グループとの取引は前者が 50.6％，後者が 61.7％（いずれも 2021 年 3 月期）で，その他の取引先は日米欧のメーカーへと広がっている。また自動車業界は現在，**CASE** と呼ばれる Connected（コネクティッド），Autonomous（自動運転），Shared（シェアリング），Electric（電動化）がキーワードになっており，これまでの系列とは異なる業種の企業との連携が加速してきている。これに加えて今後世界で EV（電気自動車）が大きく伸張してくると自動車産業の勢力図そのものが変わってくる可能性があり，またそれは部品メーカーの盛衰とも関係してこよう。

第10章

日本的経営
——日本企業はどのような経営を行ってきたか？

〈本章のポイント〉

　企業経営のスタイルは，それぞれの国の歴史や社会制度と結びついた特徴を持っている。日本企業のそれは日本的経営と呼ばれ，人事・労務管理を中心に欧米とは異なる特徴を持っている。日本的経営は簡単に言えば，「優良労働力を吸引し，定着させ，陶冶し，有効利用し，不要労働力を排除するシステム」だと要約することができる。具体的には，新規学卒一括採用で優秀な新入社員を採用し，教育訓練によって社風に合った人材を育成し，従業員との間に専制と恩情そして庇護の親子関係を築き，長期安定雇用を基本としながらも不要労働力は排除し，企業の維持繁栄を目指そうとするものである。こうした特徴は「家」の論理によって説明することができる。そのため，終身雇用，年功制，企業別組合といった「三種の神器」論では，日本的経営の特徴と実態を正確に捉えられない。

　日本企業は戦後，日本的経営によって大きな成果を上げ，特に1980年代には世界的な注目を集め賞賛された。ところが，バブル経済崩壊後は逆に否定的な評価を受けるようになった。経済のグローバル化やAIなどを含むデジタル化が急速に進展する中で，それに対応できる高度な人材を獲得するために「ジョブ型雇用」といった新たな採用方式が導入されようとしている。日本的経営は何を残し，何を変えるのか。大きな変化の時を迎えている。

· ·

キーワード▶ 日本的経営，「三種の神器」論，経営家族主義，「家」の論理，所属型，就社，新規学卒一括採用，親子関係，不要労働力，長期安定雇用，階統制，能力主義，レイオフ，ジョブ・ローテーション，36協定，非正規雇用，ジョブ型雇用

第 1 節　日本的経営とは何か？

◆ アベグレンは日本の経営をどう見たか？

　日本に生まれ日本の文化に染まって生活していると，そこで形作られてきた制度や慣習が特別なことだと感じることはほとんどない。他の国や地域でもきっと似たようなものだろうと勝手に思い込んでしまうこともある。しかし，日本では当たり前であっても，海外ではそうでないことはいくらでもあり得る。例えば，経営のやり方はどうであろうか。企業経営は世界のどこでも同じようなスタイルで行われているのであろうか。

　戦後，日本企業の経営の特徴を指摘して大きな注目を集めたのが**アベグレン**（J. C. Abegglen）である。アベグレンは戦後間もなく来日し，日本企業の経営について実態調査（1955 年〜56 年）を行った。19 の大企業，34 の小企業を対象にした聞き取りや観察などの調査に基づいて『**日本の経営**（*The Japanese Factory: Aspects of Its Social Organization*）』（1958 年）を著した。この本が明らかにしたのは，欧米とは大きく異なる日本企業の経営スタイルであった。アベグレンは欧米と日本の経営では何が違うと見たのであろうか。

　まず欧米の工業化社会では，企業における人間関係は非人格化されており，合理的な世界観が貫かれているとアベグレンは見る。例えば，賃金は現金で払われ，従業員はあくまでもその多寡で企業の中での自分の価値と仕事の成功の度合いを判断する。その人がどういう経歴の如何なる人物かといった人格的な側面は，仕事の評価とはほとんど無関係である。また米国では労働コストが高いため機械化を積極的に進めることが不可欠になっており，企業はそれによって生産性を高める。人に対する見方はドライであり，不要な労働力を敢えて抱えるような非合理な行動は決してしない。

　ところが日本の企業はそうではないと言う。1950 年代当時の日本企業は過剰ともいえる従業員を抱え込んでおり，そして欧米と決定的に違うのは日本企業が「従業員と企業の終身的な関係」を持っていることだとアベグレンは指摘する。彼はそれを英語で life time commitment と表現した。日本語では「終身雇用」と訳されたのであるが，この訳語では最後まで同じ会社に雇用さ

れるという意味になり，内容的には必ずしも的確な訳とは言えない。life time commitment とはむしろ「終身的な関係」というべきであり，従業員の生活のすべてに企業が責任を負うということである。つまり企業は従業員を辞めさせるようなことはできるだけせず，従業員の方も一生勤めようとする。採用においては個人の特質，経歴や出身，性格といった人格的な側面を選考の基準とする。また企業内の人間関係は家父長的であり，例えば「すぐれた職長は部下の工具に対して，父親が子供に対するように世話をする」と言う。そして上司のそうした対応を部下も肯定的に受け入れる。これはまさに親子のような関係である。もし同じことを米国ですれば反応は全く違って，その上司は部下から嘲笑か嫌悪の対象となってしまうという。つまり欧米企業とは異なり，日本企業には家族主義的な特徴があることをアベグレンは見て取ったのである。ただし，彼はこの本で，日本の企業経営の在り方をそのまま肯定したわけではない。むしろ過剰な労働力を抱えた日本企業の生産性は米国のそれの6分の1から5分の1と極めて低いことを最後に指摘し，新しい生産方法と機械化の日本企業への導入の必要性を説いたのである。

　アベグレンの分析は今読んでもなかなか興味深いものがあるが，日本の企業経営の特質に関する研究は「**日本的経営**」論として盛んに行われるようになり，そして OECD「対日労働報告書」（1972年）によって日本企業は終身雇用，年功賃金，企業別組合の3つを特徴とするという「**三種の神器**」論が広く知られるようになった。現在でも日本的経営といえばこの3つを想起する人は結構多いであろう。しかし，本書では日本的経営をアベグレン流の「三種の神器」論では捉えない。そもそも日本的経営の特徴はこの3点に限ったものではなく，また「終身雇用」，「年功賃金」は正確さに欠ける面があるからである。

◆ 日本的経営の根幹には何があるか？

　アベグレンは1950年代の日本企業に家族主義的な特徴があることを見出した。これに対して，日本的経営の代表的研究者である間宏と津田真澂は，戦前の日本の経営は**経営家族主義**だとする一方，戦後はそこから大きく転換したと捉える。戦前あった民法の家族制度はなくなり，家族主義イデオロギーも崩壊したと見るからである。そして戦後の日本企業を間は**経営福祉主義**，津田は

生活共同体に変化したと主張する。要するに，日本企業の経営スタイルは戦前と戦後では一貫しておらず，非連続であると見たのである。そして日本的経営の特徴としては終身雇用，年功制，手厚い福利厚生などを挙げており，間も津田も日本的経営の内容に関する理解はほぼ同じである。このうち終身雇用に関しては，後に**長期安定雇用**という言い方に変えている。

　しかし，日本的経営の諸特徴が戦後もほとんどそのまま残っているのであれば，日本の経営には戦前，戦後を問わず**「家」の論理**が貫徹しているのではないかと連続性を主張するのが三戸公である。三戸は日本の経営体の論理を「家」として独自に概念化した。日本企業が欧米とは異なる経営をするのは何故か。日本的経営と言われる日本企業の経営スタイルの根幹には何があるのか。こうした問いに答えようとすれば，日本の経営体を貫く「家」の論理を無視して通ることはできないであろう。

▌第 2 節　「家」の論理と日本的経営

◆「家」とは何か？

　「家」とは何か。「家」の論理とはどのようなものであろうか。

　結論から先に言えば，**「家」**とは**生活集団＝経済集団**であり，「家」に所属し生活を共にする者を**家族**という（第 9 章第 1 節参照）。これは現在の一般的な家のイメージとはまったく異なるため，注意を要する。家ではなく「家」と表記するのはその為である。私たちが通常，家という場合，それは血縁集団のことを念頭に置いており，夫婦・親子・兄弟姉妹を中心とする血縁関係を家族と捉えている。これがごく常識的な家の理解であろう。これに対して，「家」は血縁集団を意味しない。血縁関係があろうがなかろうが生活を共にする集団のことを「家」と呼び，その一員として生活を共にする者が家族である。つまり「家」は血縁関係のある夫婦・子供関係などを基礎としながらも，それを超えて親戚・縁者，さらには非血縁者を含む大家族を意味している。したがって「家」の基本的性格は血縁集団ではなく生活集団＝経済集団だということである。

　現代の日本のような夫婦と子供を中心とする核家族化した家＝血縁集団から

見れば，生活集団＝経済集団としての「家」と言われても理解することは難しいかも知れない。日常的に使われている日本語の家は英語のファミリーやハウスと同じであるが，「家」はそれとは違うからである。歴史的に見ると，日本の近世における武家，農家，商家はいずれも単語に家が付いているが，これらはまさに経営体としての「家」であった。つまりそれぞれが生活集団＝経済集団だったということである。「家」経営については第9章ですでに見たが，「家」がどのような特徴を持っているのかもう一度確認しておこう。

1．「家」は協働体であり，**経営体**である。その目的は「家」の維持存続・繁栄にある。
2．「家」の成員は家族である。「家」の繁栄は家族の繁栄となる。家族は血縁者に限らず，非血縁者を包含する。「家」は臨時的な仕事などをする非家族成員をもつ。非家族成員は「家」＝運命共同体の基本的メンバーではない。
3．「家」＝経営体の統督者は家長である。家長は家産，家権を統督し，家業・家職の維持をはかる。家長と家族との関係を親子関係という。家長は家のために専制と温情の命令を下し，家族はそれに絶対服従し，庇護される。
4．家族は「家」の中で躾けられ，教育され，職務を分担する。いかなる統＝スジに属するかによって職分が決まることを**階統制**という。「家」は階統制とともに，維持繁栄のための能力主義原則が不可欠である。
5．「家」は維持繁栄のために，家憲・家訓等の経営理念をもうけ，精神的支柱とし，そこに家風が形成される。
6．「家」は維持繁栄の度合いによって格付けされ，家格ができる。
7．「家」が大きくなると，家族に家産を分けて分家，別家をつくる。もとの「家」は本家となり，本家と分家，別家との関係は親子関係である。強力な「家」を頼って親子関係に入るものを寄親寄子という。

以上が「家」の概念である（三戸 1991）。一見すると古くさく感じられるこうした特徴は昔の話ではなく，現代の日本企業においても見いだすことができ

る。

◆「家」と日本的経営

　「家」とは生活集団＝経済集団であり，それは家計と経営が合体した共同体である。「家」は歴史的な存在であり，封建制の時代までは日本に限らずヨーロッパや他のアジアの地域でも同様に見ることができた。しかし，「家」は資本主義の登場によって消滅する運命にあった。なぜなら資本主義社会になると家計と経営が分離して「家」は解体され，代わって利潤追求を徹底して行う資本主義企業が台頭してくるからである。日本も明治になって欧米と同じように資本主義国家となり，本格的な資本主義企業が登場することで近代的な生産体制ができあがっていった。これにともない「家」は解体され，そこに流れる「家」の論理は完全に消滅するはずであった。ところが，日本の組織体には「家」の論理がそのまま残ることになったのである。それは日本の明治維新が「家」国家として成立したことや，それを支えるために民法も含む「家」的法制度を採用したことが大きく関係する。さらに戦後，家制度を基本とする民法が廃止され，民主的な法制度が整えられたにも関わらず，それでも「家」の論理は消滅しなかった。つまり，資本主義が大きく発展した現代においても，日本では「家」の論理を見いだすことができる。そのため日本企業は欧米とは異なる独自の経営スタイルを発展させていくことになった。

　では日本の企業経営を特徴づける日本的経営とはどのようなものであろうか。すでに指摘したとおり，日本的経営の特徴と言えば「終身雇用」，「年功序列」，「企業別組合」を指すものと思われているが，この 3 つは日本的経営の一部でしかなく，しかも内容的には正確さに欠ける面がある。日本的経営の本質を簡潔に言えば「優良労働力を吸引し，定着させ，陶冶し，有効利用し，不要労働力を排除するシステム」（三戸 1991）と捉えることができる。これをもう少し具体的に言うと，日本企業は新規学卒一括採用で優秀な新入社員を採用し，教育訓練によって社風に合った人材を育成し，従業員との間に専制と恩情そして庇護の親子関係を築き，長期雇用を目指しながらも不要労働力は排除していくことで，「家」である企業の維持繁栄を目標にして行動する。そして「家」である企業の維持繁栄は，そのまま従業員にとっての繁栄となるため，

日本企業は経営者と従業員を中心とする**運命共同体**という性格をもつことになる。つまり会社と従業員は一心同体であり，「会社は永遠」のものと観念される。これが日本的経営と言われる日本企業の経営スタイルのポイントである。

　こうした日本的経営のシステムに流れているのが「家」共同体の論理である。ここで特に重要なのが，組織と個人の関係である。日本の組織は**所属型**と言われる。日本の企業組織では個人がどの組織に所属するか，どの組織のメンバーになるかが決定的であり，その組織の栄枯盛衰がそのまま個人にとっての栄枯盛衰となる。そのため，個人は所属する組織のために忠誠を尽くす。チームで仕事をし，仲間の仕事の進み具合を見ながらお互い助け合ってカバーしたりもする。そして会社の命令とあらば国内外の転勤や単身赴任は厭わず，サービス残業や過労死・過労自殺までもが繰り返される。そこにあるのは無限定的な働き方である。このように良くも悪くも日本の組織が所属型であるのは，「家」という共同体の論理があるからに他ならない。これに対して，アメリカにおける組織と個人の関係は**契約型**である。あらゆるものが市場を通じて取引されており，組織と個人の関係は労働力という商品の売買関係として成立する。そこで組織と個人を結ぶのは基本的に契約である。契約の範囲内で個人は組織で働き，それ以上の関係は結ばない。非常にドライな人間関係ということができる。これは，同じ資本主義企業といっても**資本の論理**に加えて**共同体の論理**を内包している日本企業に対して，**資本の論理（市場の論理）**で動いているアメリカ企業の違いということができる。

　このように日本の組織には「家」の論理があり，それによって企業では日本的経営が展開されているが，実はそれだけに留まらない。やはり欧米の株式会社とは異なる「日本的株式会社」と呼べる実態があることも強調しておきたい。日本企業では企業間関係やM&Aをめぐる考え方においても，「日本的」な特徴を見いだすことができる。

第3節　従業員の採用と教育・訓練──日米比較

◆ 日米で人の採用の仕方はどう違うか？
　ここまで日本的経営の概要と，その背景にある「家」の論理について説明し

てきた。ここからは，アメリカと比較しながら，日本的経営の具体的な特徴を見ていこう。

　最初にアメリカにおける採用のやり方である。企業は事業を遂行するために必ず人材を採用する。つまり必要な労働力を購入するのであるが，労働力を購入する場所が労働市場である。**労働市場**とは，労働力を売りたい人と買いたい人が取引をする空間である。労働力の価格が賃金であり，それは労働力の質並びに需要と供給によって決まる。労働力を買う企業にとっては，必要な時に必要な人材を採用することが基本である。アメリカ企業の人材政策の基本は，まさにこの「必要な時に必要な人材を採る」ということである。企業はどのような属性の，どのような仕事ができる人を欲しているのか，またどのような条件で採りたいのか，そうした採用の前提を明確にし，労働市場で募集を行う。そして応募してきた人の中から，条件に最も適った人を採用する。まず「必要な時に」ということは，個別企業の事情に合わせてということであり，採用の時期は特に決まっておらず通年採用，随時採用ということであ。次に「必要な人材」ということは，今まさにやってもらいたい仕事を実行できる能力をもっている人材ということである。新卒者の場合は，学生時代に長期のインターンシップで一定のスキルを磨いてくる。アメリカでは採用にあたって，どういうポジションで如何なる仕事をするかが極めて重要である。そのため，日本語で職務記述書と訳される**ジョブ・ディスクリプション**（job description）が準備され，職務内容は予め詳細に提示される。そして採用される場合は，賃金，福利厚生，職務などが記載されたオファー・レターが届くことになる。つまり会社で具体的にどういう仕事をするのか，それに伴う条件とは何かが予め示されている。

　また企業等に労働力を売る側の人間にとっては，自分の労働力を高く評価してもらうことが重要であり，それは賃金の多寡や待遇，仕事の内容にも直結する。働く人は誰もが自分のキャリアアップを考える。そのため，アメリカではいったん会社勤めをした人が，学費は高額であるが**ビジネス・スクール（経営大学院）**で**MBA（経営学修士）**を取得して，より条件の良い会社に転職するといったことはよくある話である。年齢は関係ないため，比較的若くても経営幹部になれる可能性がある。あるいは経験や実績を積んで会社を何度も移る

ジョブ・ホッピング（job-hopping）も珍しくない。つまりアメリカの労働市場は流動的だということである。ただし，すべての労働者が生涯にわたって次から次に転職を繰り返すわけでは必ずしもない。このようにアメリカは労働市場で労働力が商品としてかなり自由に取引されており，いわば教科書通りの資本主義のシステムが機能している社会だと言うことができる。

　これに対して日本企業の採用はアメリカ企業のそれとは大きく異なる。アメリカのように「必要な時に必要な人材を採る」のではなく，日本では「必要であってもなくても取りあえず人材を採る」ことを基本としている。つまりアメリカの随時採用に対して，日本では**定期採用**が行われる。もう少し正確に言うと，日本の労働市場では同じ採用でも**新卒採用市場**と**転職市場**に分かれており，新卒者は定期採用，転職者は随時採用が基本となっている（図表10-1参照）。

　日本の会社等の定期採用のやり方は**新規学卒一括採用**と呼ばれる。これは高校や大学の卒業予定者に求人を出し，在学中に採用選考して内定を出し，4月1日付けで入社させる方式のことをいう。経営環境によって採用人数等は変動しても，基本的に毎年，新卒者を定期採用する。求人しても採用が難しい中小企業などはその限りではないが，日本では大企業を中心にほとんどの会社がこうした採用方式を採っており，高校生，大学生にも当たり前のこととして受け入れられてきた。求人案内には営業，事務，企画といった大まかな仕事の内容は書いてあっても詳細な説明はほとんどの場合なく，文系の大学生の場合，一

図表 10-1　性・就業形態，職歴別入職者数

区　　分	転職入職者数	未就業入職者数	うち新規学卒者
令和 3 年（2021）	（千人）	（千人）	（千人）
計	4,499.4	2,701.1	1,468.8
男	2,199.6	1,248.0	791.6
女	2,299.8	1,453.2	677.1
一般労働者	2,716.2	1,329.5	965.7
パートタイム労働者	1,783.2	1,371.6	503.0

出所：厚生労働省（2022年）「令和3年雇用動向調査結果の概況」（2022年10月17日アクセス）https://www.mhlw.go.jp/toukei/itiran/roudou/koyou/doukou/22-2/dl/gaikyou.pdf

図表 10-2　「選考時に重視する要素」の上位 5 項目の推移

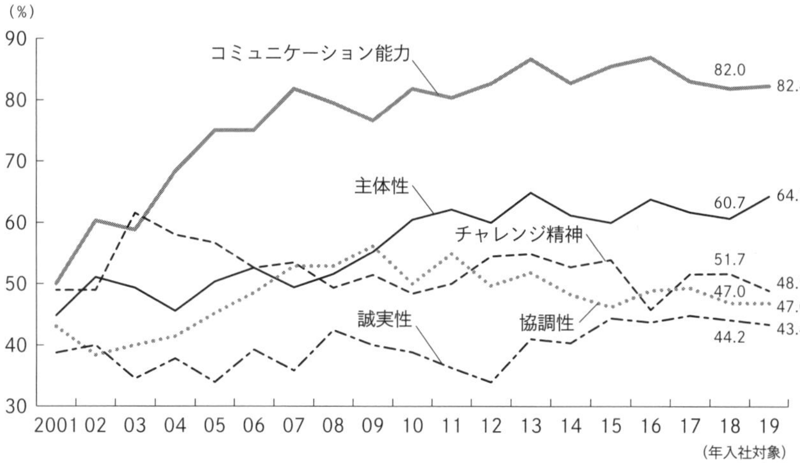

出所：日本経団連（2018 年）「2018 年度　新卒採用に関するアンケート調査結果」（2022 年 10 月 17 日アクセス）https://www.keidanren.or.jp/policy/2018/110.pdf

般的に学部学科は不問で何を専攻したかは関係ない。試験は一般教養を問うペーパー試験と何度か繰り返される面接試験で，とりわけ後者が重要な意味を持つ。こうした採用のやり方から浮かび上がるのは，どういう仕事が即できるかではなく，潜在能力が高く，会社のメンバーとして一緒にやっていけるか否かという意味での能力重視，人物重視だということである。図表 10-2 からも明らかなとおり，選考で重視されるのは「コミュニケーション能力」「主体性」「チャレンジ精神」といった点である。

　また日本では新規学卒一括採用のため 4 月になると一斉に入社式があり，社長が大勢の新人社員を前に訓示するシーンがテレビのニュースなどでしばしば流れる。これは日本ならではのセレモニーである。新入社員にとっては会社のメンバーになったことを強く実感させられる場である。まさに**就職**ではなく**就社**ということである。これに対して，随時採用しているアメリカなどでは入社式のようなセレモニーは基本的に行われない。

◆ なぜ新規学卒一括採用をするのか？

　新規学卒一括採用は，その名前の通り「新規」学卒者を採用するということ

である。「新規」ということは，同じ大卒でも既卒者は対象にはならない。応募の機会が与えられるのはあくまで新卒者に限られており，それは応募の機会はワンチャンスということを意味する。しかも人気のある有力企業に入ろうとすればかなりの狭き門であり，一度失敗すれば志望する会社への再挑戦の機会はほぼない。近年は会社に勤めてもすぐ辞めた場合は新卒扱いする「第二新卒」という対応も一部で見られるが，就職がうまく行かなければ敢えて希望留年して次の機会を目指すという学生の行動様式は，まさにワンチャンスだからである。なぜこのような独特な採用方式が採られてきたのであろうか。

　会社が新規学卒一括採用をするのにはそれなりの理由がある。まず①若くて優秀な人材を早期に自社に囲い込める。高卒，大卒といった若者を自社の基準で大量に選抜できるため，採用の時間やコストを抑えられるというメリットがある。②自社の経営理念や社風に合った人材を育成することができ，会社との一体感や忠誠心，あるいは従業員同士の連帯感を醸成することができる。まっさらな新卒者を採用するので，「ウチの会社」という意識が涵養される。③長

図表 10-3　新卒者と既卒者の採用割合

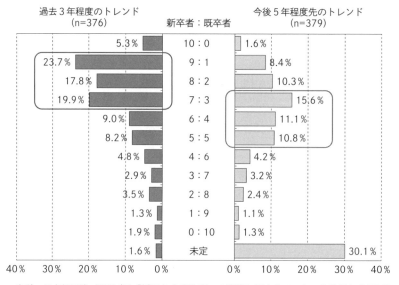

出所：日本経団連（2022 年）「採用と大学改革への期待に関するアンケート結果」（2022 年10 月 16 日アクセス）https://www.keidanren.or.jp/policy/2022/004_kekka.pdf

期的視点に立って社内教育をすることができ，しかも高い定着率を確保することができる。転職を前提にしないで教育できるので教育投資に無駄がなく，自社に必要な人材を育成できる。

　要するに，新規学卒一括採用は若年優良労働力を早期に採用し，自社に適合した人材に育て上げ，定着させるシステムだということである。これこそが日本的経営の根幹をなしている。企業等が新規学卒一括採用を基本にすることで，高校生・大学生などの若者にとっては定期採用の新卒市場がメインとなり，随時採用の転職者市場は補完的な位置づけとならざるをえない。近年は，不足する IT や AI などの既卒の人材を積極的に採用するケースも見られるが，これまでのところ新規学卒一括採用が採用方式の大きな柱である点は依然として変わっていない（図表 10-3 参照）。

◆ 従業員をどのように教育するか？

　新規学卒一括採用では実践的な訓練を受けていない新卒者を採用するため，会社等では入社後に訓練をしなければ現場での戦力にはならない。つまり新規学卒一括採用は企業内教育とセットにならざるをえないのである。最初に新入社員教育が行われ，挨拶や名刺の渡し方などのビジネスマナーや簡単なスキルが教えられる。そして本格的な企業内教育で中心となるのは **OJT**（On the Job Training）と呼ばれる「仕事に就きながらの教育訓練」である。これは各職場で仕事をしながら行われる教育訓練のことであり，上司や先輩が部下に仕事の手順ややり方，ノウハウなどを指導するものである。仕事に必要な専門知識やスキルなどあらゆるものが現場の指導を通じて教えられ，従業員は一人前になっていく。日本企業ではこれまで OJT が重視されてきた（図表 10-4 参照）。他方，**Off-JT** は「仕事を離れての教育訓練」のことで，会社の指示で行われる社内あるいは社外での研修やプログラムの受講等を指す。**SD**（Self Development）は「**自己啓発**」のことで，自分自身の能力アップや成長のために本人が進んでセミナーに参加したり講習を受けたりすることである。

　日本の会社は今必要とされる即戦力の人材を採用するのではなく，むしろ新卒者を OJT を中心とする教育訓練を通じて社内で育成し，それを積極的に活

図表 10-4　会社が重視する教育訓練（正社員，正社員以外）

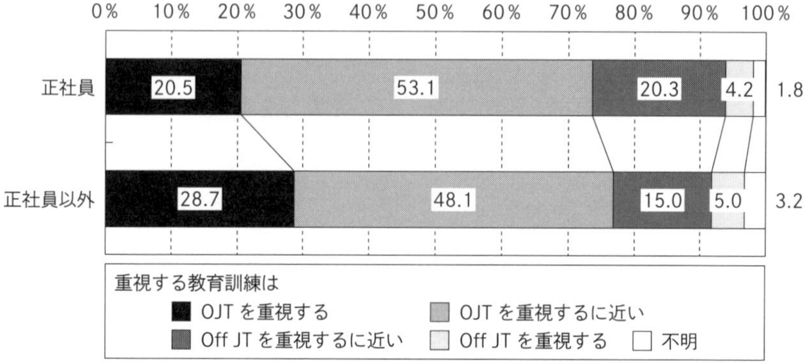

出所：厚生労働省（2019 年）「平成 30 年度能力開発基本調査」（2022 年 10 月 17 日アクセス）
https://www.mhlw.go.jp/toukei/list/dl/104-30b.pdf

用する。時間をかけて社内で育てた人材は必要な部署に配置していき，さらに
また移動した別の部署で仕事を学ばせる。つまり人材育成を目的とする**ジョ
ブ・ローテーション**が行われる。その場合，会社で役に立つ人材を育てるとい
う意味では**企業特殊的技能**（firm specific skills）を身につけさせることが中
心になり，どの会社に行っても使える一般的技能の獲得には必ずしもつながら
ない。そのため，日本の会社では**内部労働市場**が形成され，必要な人材は会社
の中で配置転換や異動などを通じて調達されることになる。ただし，1990 年
代以降は費用と時間をかけて教育・訓練を行う余裕を日本企業が失ってきてい
ることが指摘されている。経済情勢によって変化はみられるが，労働者 1 人当
たりの賃金に対する教育訓練費の割合は 80 年代末がピークとなっている。か
つてほどは手厚い教育・訓練が行われなくなってきている実態がある。

第 4 節　「終身雇用」と人事労務──日米比較

◆ アメリカの雇用はどうなっているか？

　日米の採用の仕方には大きな違いがあることを説明したが，では採用後の会
社での雇用状況はどうなるのであろうか。

　アメリカの労働市場は流動的であり，企業は「必要な時に必要な人材を採

る」のが基本であった。それは逆に言えば，「不要になれば人材を放出する」ことを意味する。つまり必要であればどんどん採るが，不要になればどんどん減らすということである。会社は自社の経営環境に合わせて柔軟に雇用調整ができれば人件費を抑えることができるため，経営には好都合である。アメリカにおける雇用関係は**随意雇用の原則**（at-will employment doctrine）を基本とする。これは雇用者である会社側も被傭者である労働者側も，いつでも，如何なる理由でも自由に解約できるという原則である。つまり辞めるのも自由であるが，辞めさせるのも自由であり，理由は何でもよい。公務員や労働組合員などは除外されるが，期間の定めのない雇用関係にある場合は基本的にこの原則が適用されるため，アメリカの大半の労働者はこの原則の下で働いている。そのため，急に解雇を言い渡されることも決して珍しくない。ただし，会社側がこれを濫用することは認められておらず，不当解雇（契約不履行，報復的解雇，不誠実・不公正な解雇）だとして訴訟に発展するケースも多いと言われている。

　アメリカでは企業業績が悪化すると直ちに雇用調整を行うが，従業員はレイオフの対象となる。**レイオフ**（layoff）とは「一時解雇」のことであり，業績が回復すればリコール（recall）されて職場に復帰することが可能となる制度である。その際に適用されるのが**先任権制度**（seniority system）である。先任権とは勤続年数が長い従業員が優遇されるものであり，レイオフの際は，勤続年数が短い方から先に解雇され，リコールの際は勤続年数が長い方から先に呼び戻されることになっている。そのため「**ラストイン・ファーストアウト**」（最後に雇用された人から順番に解雇）と呼ばれる。これは職場の勤続年数を基準に雇用調整する仕組みで，ある意味ではアメリカ版の「年功制」とも言える。長く工場で働くブルーカラーの中には，この制度に守られて実質的に「終身雇用」となる場合もある。また 1970 年代，80 年代頃までは，IBM をはじめとするアメリカの超優良企業ではレイオフそのものが行われず，実質的に「終身雇用」と言えるような雇用政策が採られていた。

　しかし，1980 年代後半から 90 年代にかけて，**ダウンサイジングやリストラクチャリング**が盛んに行われるようになって雇用状況は一変した。業績が悪くなるとレイオフされ，もし短期間でリコールされなければ他の職場を探さざる

をえなくなった。グローバル化の進展に伴う工場の閉鎖や海外移転等で，ブルーカラーがレイオフされて完全に職を失うことも珍しくなくなった。またホワイトカラーの場合は，レイオフされることがそのまま整理解雇となることが今や一般的となってきている。**リーマンショック**（2008年）の際には，そうした事例が噴出した。こうした雇用の変化は，アメリカの経営が，株主重視経営で短期主義に陥っていることとも関係があると言える。例えば，GMは販売不振を背景に，2018年に北米の5工場などを閉鎖して，1万4000人以上の人員削減をすると発表した。これにはブルーカラー，ホワイトカラーも含まれていたが，この時は早期退職の募集が行われた。

◆ 日本は本当に「終身雇用」か？

　日本的経営といえば必ず出てくるのが終身雇用である。終身雇用とは一般的に，会社に入社すると特別な問題がない限り誰もが定年まで雇用されることだと理解されている。年功制とともに日本企業の大きな特徴だとされてきた。しかし，日本は本当に終身雇用なのであろうか。

　まず労働者は必ず会社等と労働契約を結ぶが，雇用には期間を定めた有期契約と期間を定めない無期契約がある。終身雇用は「**期間の定めのない労働契約**」ということになる。ただし正規従業員は定年まで長期雇用すると明示的な契約がなされているかといえば，そうではない。あくまで「暗黙の契約」と言うべきものである。では，実際に会社に入ると誰もが同じ会社に定年まで勤務するのであろうか。結論を先に言えば，同期で入った新入社員の数はその後次第に減少していくのが一般的であり，全員が同じ会社で定年を迎えることはまずないと言ってよい。しばしば「七五三」と言われるとおり，大卒新入社員の約3割は3年以内に会社を辞めている。これはかなり以前から見られる現象であり，その理由はほとんどが本人都合である。しかし，その後も会社に残る人の数は緩やかに減り続け，50代になると減少幅はより大きくなる。そのため，50代後半から60代前半では，男性は約4割，女性は約3割しか同じ会社で働いていないことになる（図表10-5参照）。つまり定年まで勤めるという意味での終身雇用は，従業員の3割から4割程度しかいないということである。

　ではなぜ多くの人が会社を去ることになるのであろうか。自己都合も勿論あ

図表 10-5　最初の仕事が会社員の人で転職経験なしの割合（同年齢区分の就業者を100％とした場合）

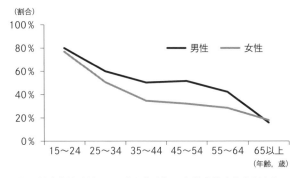

注：総務省統計局（2018 年）「平成 29 年就業構造基本調査」の
　　データを基に fromportal.com の担当者が作成（2020 年 6 月 13
　　日アクセス）
出所：https://fromportal.com/kakei/income/career/job-change-
　　experience.html

るが，主たる理由は，会社側から淘汰・排除されていった結果であると見るべ
きであろう。日本の会社は平時から**配転**（配置転換）や他社への**出向**（在籍出
向）といったことを行っている。さらに関連会社などに完全に移ってしまう**転
籍**（転籍出向）も行われる。また中高年を対象に**早期退職，希望退職，退職勧
奨（肩たたき）**といったことも行われる。図表 10-6 は主な上場企業の希望・
早期退職の募集状況であるが，特にコロナ禍では赤字企業による退職募集が多
くなっており，黒字企業であっても 1000 人規模での退職者募集を行っている
のが大きな特徴である。つまり平時でも人員削減は行われているのである。そ
してもし会社の経営が極めて厳しくなると退職者募集では済まず**指名解雇**に至
ることもある。会社の維持存続のためには，段階的な雇用調整が行われている
のであり，**不要労働力**は恒常的に排除されていく。またそうであるからこそ日
本の会社は勤続別・年齢別のピラミッド型組織を維持できているのである。し
たがって，日本の企業を終身雇用と表現したのでは不適切である。
　以上から明らかなとおり，終身雇用は，会社の規模が急速に拡大していた日
本の高度成長期に見られた一時的な現象と言うべきであろう。右肩上がりで会
社がどんどん大きくなっていく時はポスト（役職）を増やしていくこともでき
たし，人を雇用しておける余裕もあった。ただし，その高度成長期でさえも不

図表10-6　主な上場企業の希望・早期退職者募集状況

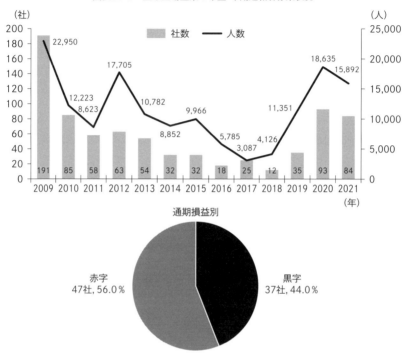

注：募集人数で募集枠を設けていないケースは応募人数をカウントした。
資料：「会社情報に関する適時開示資料」などに基づく
出所：東京商工リサーチ（2022年1月20日）「1000人以上の大型募集，20年ぶり高水準　コ
　　　ロナ禍で実施企業の二極化加速」（2022年6月26日アクセス）https://www.tsr-net.
　　　co.jp/news/analysis/20220120_01.html

　要労働力の排除は見られた。日本の雇用の実態は終身雇用というよりは，むし
ろ**長期安定雇用**と見なすべきである。配転，出向などで雇用調整し，転籍をし
たとしても傘下の系列や関係会社へ移動することで雇用は可能な限り守られる
仕組みだからである。希望退職等の場合も，その先の雇用の受け皿を会社が適
宜世話をしたりすることになる。企業側もこうした長期安定雇用を直ちに廃止
しようとは考えていないようであるが，今後はより柔軟な雇用の在り方が模索
される可能性がある（図表10-7参照）。これまで日本的経営は従業員重視，雇
用重視の側面をもっていたが，現在は必ずしもそうでないケースが出てきてい
る。そうした雇用の不安定な現状を反映してか，転職に関しては20代から40

代の半数近い人が転職をしたい，あるいはいずれしたいという調査結果が出されている（図表 10-8 参照）。

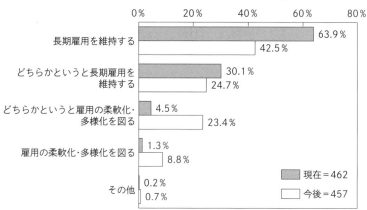

図表10-7　雇用のあり方についての基本的な考え方

出所：日本経団連（2020 年）「2019 年人事・労務に関するトップ・マネジメント調査結果」（2022 年 10 月 16 日アクセス）https://www.keidanren.or.jp/policy/2020/005.pdf

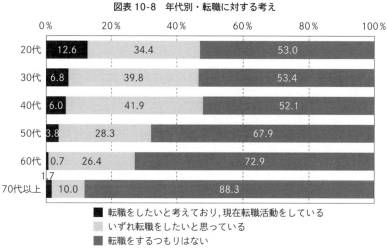

図表10-8　年代別・転職に対する考え

出所：日本生産性本部（2022 年）「第 10 回働く人の意識に関する調査」（2022 年 8 月 14 日アクセス）https://www.jpc-net.jp/research/assets/pdf/10th_workers_report.pdf

◆ 昇進の決め手は何か？

　日本では大学への進学率はすでに6割近くになっている。入学希望者が入学定員を下回り，選ばなければどこかの大学に行ける「大学全入時代」になったと言われるが，その一方で上位の有名校を目指す受験生にとっては競争は依然として熾烈である。その背景には，有名校卒の学歴が就職において有利に働くことが挙げられる。かつてのように特定の大学の学生しか有力企業の入社試験は受けられないといったことはさすがになくなったが，学歴は今でも一定の影響力を持つ。今日でも見られる熾烈な受験競争はまさにその反映である。

　では日本の会社でいわゆる出世を決める要因とは何であろうか。「家」論でもすでに説明した通り，基本となるのは**階統制**と**能力主義**である。階統制はどのような統（スジ）の出身者かによって，どの職階に就くか，いかなる処遇を受けるかが決まる。会社においてこの統にあたるものは，どの学校を出たかという学歴であり，新卒入社か中途入社か，正規か非正規かといった採用形式，性別，国籍などである。しかし，ここで重要なのは，階統制だけでなく能力主義もセットになっている点である。そのため，有名大学卒の高学歴なら出世が保証されるというわけでは必ずしもない点は重要である。

　会社に入ると従業員は各職場において人事考課の対象とされ，勤務態度や業務遂行の能力，成果等を基準に上司から評価される（図表10-9参照）。これが昇進・昇格や賃金に反映されることになる。しかし勤勉で，能力が高く業績を上げれば直ちにスピード出世できるかといえば，そうはならない。むしろ欧米と比べると「**遅い昇進**」が日本の会社の特徴である。時間をかけて人材を育成し，急激に差がつかないように選抜しているのである。その間に，どういうポストでどれだけの仕事をして，如何なる成果を出したのかが問われることになる。もし早い段階で直ちに自分の将来が見えたのでは従業員のモチベーションにも影響するであろう。したがって，アメリカのように有力ビジネススクールを出て若くして経営幹部になるといった出世物語は，日本の会社ではほとんど見られない。

　日本的経営の「三種の神器」では，年功序列が挙げられていた。確かに最初の段階は，早期に差が付かないように誰もがほぼ同じように昇進し，違いはそのポストに就くのが多少早いか遅いかでしかない。まさに「遅い昇進」であり

年功序列的であるが，そのまま最後まで誰もが昇進して行くわけでは決してない。**トーナメント方式**と言われるとおり，競争に勝ち残れない限り次のポストには上がれない。そもそもピラミッド組織の上に行けば行くほどポストの数は非常に限られている。上位のポストを目指すには熾烈な競争を勝ち抜かなければならないのである。年功的な要素を持ちながらも，日本の会社における昇進は，マラソン型の厳しい生き残り競争となっている。

図表 10-9　最も重要と考える能力・スキル（正社員（管理職を除く），正社員以外）（複数回答（3 つまで））

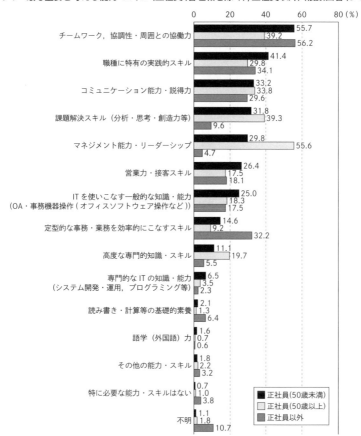

出所：厚生労働省（2022 年）「令和 3 年度能力開発基本調査」（2022 年 8 月 12 日アクセス）https://www.mhlw.go.jp/content/11801500/000953325.pdf

◆ 日本の賃金は年功的か？

　日本の賃金は年功型序列賃金だと言われてきた。**年功賃金**とは，勤続年数や年齢の上昇に伴って賃金が上昇することである。日本の賃金構成は，一般的に「基本給＋諸手当」が基本とされている。基本給が賃金に占める比率は戦後急速に大きくなったのであるが，その中身は年齢・勤続給，職能給，職務給，役割給，業績・成果給などがあり，ほとんどの場合，それらが組み合わされて用いられる。これまで日本では年齢・勤続給とともに職能給が多く採用されてきた。**職能給**とは，各人の職務遂行能力を基準にして評価するもので，**職能資格制度**で格付けし，それに基づいて賃金を決定する。つまりその人の能力がどれ位かを評価して賃金を支払うということである。勤続年数や年齢によって仕事の知識や経験などが増えると個人の能力も増大すると考えるので，年功的な要素の強い評価となる。日本の基本給はこうした年齢・勤続給や職能給で構成されているため，若い頃には賃金は低いものの，年齢とともに次第に上昇カーブを描く。基本給の上昇は「定昇（定期昇給）＋ベースアップ」によるものである。**定昇**は勤続年数や年齢が上がるにしたがって賃金が増えることである。**ベースアップ**はベアとも言われ，年齢に関係なく全員一律に賃金を上げることで賃金カーブを底上げするものである。こうして日本の会社の賃金カーブは右肩上がりになる。また**諸手当**には法定の時間外手当，残業手当等や扶養手当，住宅手当，通勤手当，皆勤手当，役職手当，資格手当等がある。

　このように日本の賃金は人を基準にして制度が組み立てられているが，階統制の議論でも見たとおり，性別，雇用形態，学歴，企業規模の違いによっても待遇に大きな差が生まれている点が極めて重要である。まず男女の違いであるが，男性の賃金カーブが年齢の増大に伴い大きく上昇しているのに対し，女性のそれは比較的フラットである（図表 10-10 参照）。同じく正規従業員と非正規従業員の賃金カーブも正規が大きく上昇しているのに対し，非正規は比較的フラットである（図表 10-11 参照）。何れの場合も賃金水準に大きな差があることが分かる。これが仕事の内容や責務の違いに起因する合理的なものであれば問題ないが，もしそうでないとすれば改善されなければならない。こうした職場での不合理な待遇格差は是正される必要があり，**男女雇用機会均等法**（1986 年），**女性活躍推進法**（2015 年）や，「**同一労働同一賃金**」を原則とする

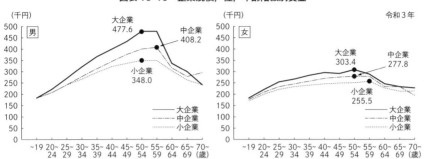

図表 10-10　企業規模，性，年齢階級別賃金

出所：厚生労働省（2022 年）「令和 3 年賃金構造基本統計調査」（2022 年 8 月 9 日アクセス）
https://www.mhlw.go.jp/toukei/itiran/roudou/chingin/kouzou/z2021/dl/04.pdf

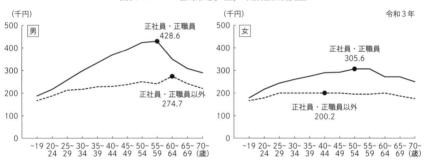

図表 10-11　雇用形態，性，年齢階級別賃金

出所：厚生労働省（2022 年）「令和 3 年賃金構造基本統計調査」（2022 年 8 月 9 日アクセス）
https://www.mhlw.go.jp/toukei/itiran/roudou/chingin/kouzou/z2021/dl/06.pdf

パートタイム・有期雇用労働法（2020 年）が施行された。このような努力もあって，女性の賃金のグラフを見ると経年比較ではこのところ上昇傾向にある。

　また企業規模の大小によって賃金水準が異なる**企業規模別賃金**になっているのが日本企業の大きな特徴である。大企業は賃金が最も高く，中堅企業，中小企業，零細企業とサイズが小さくなるにつれて賃金は低下する。つまり日本ではどの規模の会社に入るかで賃金が大きく変わってくるのである。また賃金だけに限らず福利厚生の面でも大企業の従業員の方が優遇される傾向があり，就職における学生の大企業志向はこうした点を背景としている。企業規模の

図表 10-12　学歴，性，年齢階級別賃金

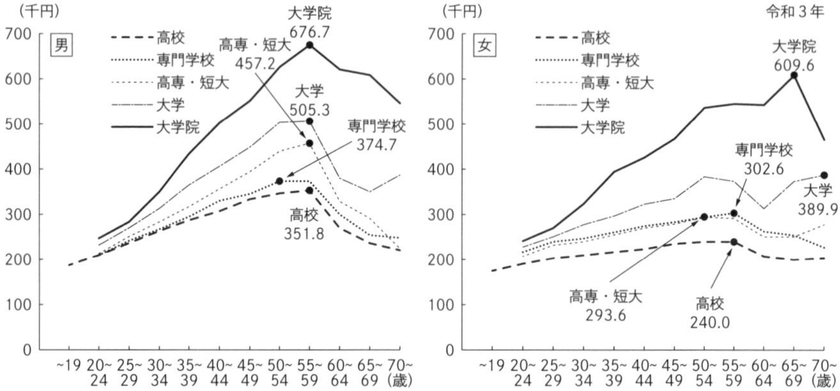

出所：厚生労働省（2022 年）「令和 3 年賃金構造基本統計調査」（2022 年 8 月 9 日アクセス）https://www.mhlw.go.jp/toukei/itiran/roudou/chingin/kouzou/z2021/dl/03.pdf

違いだけでなく，学歴による賃金の違いもまた無視できないものがある（図表 10-12 参照）。

　ところでアメリカ企業の賃金システムであるが，管理職や専門職のホワイトカラーは**年俸制**なのに対し，ブルーカラーは**時給制**である。そして何れの場合も職務給を基本としている。**職務給**とは，その仕事の難易度や職責の重要性によって評価するものである。仕事を基準に賃金が決まるため，年齢や勤続年数は基本的に関係ない。そのため，**同一労働同一賃金**となる。またアメリカでは日本企業の諸手当にあたる通勤手当，住宅手当は出ない傾向にある。実力主義が貫かれ学歴などはまったく関係なさそうに思えるが，結果的に専門性の高い仕事は高学歴者が担っており，学部卒よりも大学院で修士号や博士号を取得した層が高い賃金を得る傾向が顕著になっている。そのため学歴による賃金格差が大きく拡大してきているのがアメリカの近年の傾向である（図表 10-13 参照）。

　また日米以外の国の勤続年数と賃金の関係を見ると，日本だけでなくドイツも勤続年数が長くなるにしたがって賃金は高くなっており，日本との類似性が見て取れる。日本やドイツほどではないが，同じくイタリア，フランス，イギリスも勤続年数が長いと賃金は高くなっている。他方，スウェーデンではそうした傾向があまり見られない（図表 10-14 参照）。

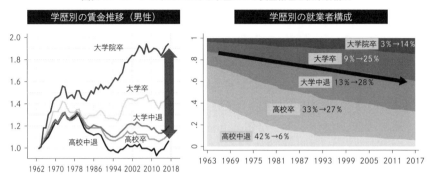

図表 10-13　アメリカにおける学歴による賃金格差と就業者構成

原出所：Autor (2019),“Work of the Past, Work of the Future”.　左図は 18 歳〜64 歳の実質の週
　　　給。右図は，総労働時間のシェア。
出所：経済産業省「労働市場の構造変化と課題」（2021 年 10 月 5 日アクセス）https://www.meti.
　　　go.jp/shingikai/sankoshin/2050_keizai/pdf/004_03_00.pdf

図表 10-14　勤続年数別賃金格差（国際比較）

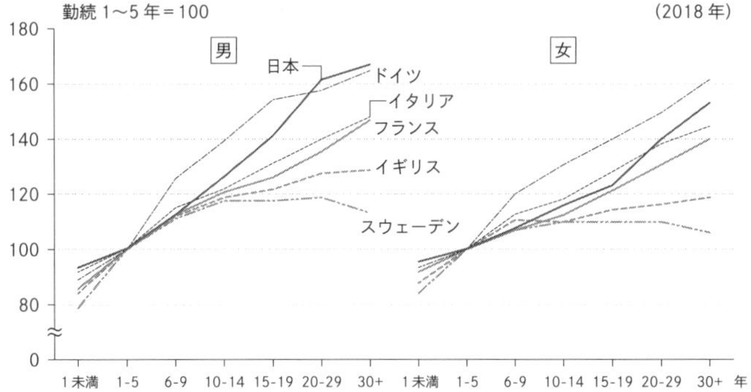

注：日本の勤続年数は，1〜5 年が 1〜4 年，6〜9 年が 5〜9 年に相当。
出所：労働政策研究・研修機構（JILPT）（2022 年）「データブック国際
　　　労働比較 2022」p. 190（2022 年 8 月 5 日アクセス）https://www.jil.
　　　go.jp/kokunai/statistics/databook/2022/documents/Databook2022.pdf

◆ 日本の労働組合はどうなっているか？

　日本の労働組合は，アベグレンが日本的経営の「三種の神器」の 1 つとして
指摘したとおり企業別労働組合になっている。**企業別労働組合**とは事業所や企
業を単位として組織された労働組合のことをいい，日本の労働組合の大部分が
これである。企業別に組織されているためブルーカラーとホワイトカラーの区

別はなく，加入しているメンバーは基本的に正社員である。また大企業を中心に日本では**ユニオン・ショップ制**が採られており，会社に採用される際には組合員である必要はないが，採用後は組合に加入することが義務づけられている。つまり従業員になると全員が組合に加入することになる。こうした組合は会社と**ユニオン・ショップ協定**を締結しており，その比率は組合全体の 69.8% である（厚労省「令和 3 年労働組合活動等に関する実態調査」）。日本には，企業や事業所を単位とする単一労働組合が 2 万 3046 組合あり，労働組合員数は 999 万 2000 人いる（2022 年 6 月現在，厚労省「令和 4 年労働組合基礎調査の概況」，以下，「令和 4 年基礎調査」）（図表 10-15 参照）。

　企業別労働組合は企業や事業所ごとに組織されているため，ある意味では会社の盛衰がそのまま労働組合と従業員の盛衰につながってしまう。なぜなら組合員も会社という同じ船に乗っているメンバーだからである。組合が無茶な要求をして会社という船が傾いたり，あるいは沈没したりしたのでは自分たちの生活も危うくなってしまう。そのため，日本では労使が一体となって会社の繁栄を目指し，会社の業績が良ければ高い要求を組合は掲げるが，逆に企業業績が厳しければ賃上げ要求を控えるといった行動様式となる。これは**労使協調路線**と言われ，その根幹にあるのは，労使は運命共同体だとする考え方である。労働組合は企業（使用者）と賃金，労働時間，福利厚生などさまざまな労働条件に関する団体交渉を行うが，それだけではなく現在では生産・経営などについて話し合う**労使協議制**を設けているところがほとんどである。労使が企業のさまざまな情報を共有し意見交換することで，「対立」ではなく「協調」する方向に進むことになる。かつて日本企業でもストライキなどを含む**労働争議**が盛んに行われていた時期があり，ピークの 1970 年代前半には年間 1 万件を超えていた。しかし，その後は減少に転じ，80 年代後半からは急減した。2021 年の総争議数は 297 件，ストライキなどの争議行為は 55 件と非常に少なくなっている（厚労省「令和 3 年労働争議統計調査」）。

　ところで日本の雇用者（官公庁を除く）のうちどれ位が労働組合に入っているかと言えば，およそ 6 人に 1 人である。2022 年の推定組織率（雇用者数に占める労働組合員数の割合）は 16.5% となっており，戦後最も高かった 1949 年の 55.8% から長期的な低落傾向にある。これを企業規模別に見ると，従業員

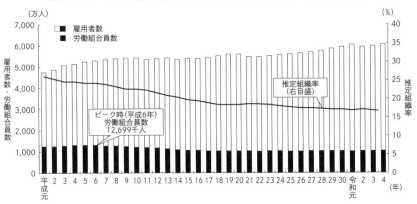

図表 10-15　雇用者数，労働組合員数及び推定組織率の推移（単一労働組合）

注：1)「雇用者数」は，労働力調査（総務省統計局）の各年 6 月分の原数値である。
　　2)「推定組織率」は，2 ページ「用語の定義　5　推定組織率」を参照のこと。
出所：厚生労働省（2022 年）「令和 4 年労働組合基礎調査の概況」（2023 年 3 月 17 日アクセス）
　　　https://www.mhlw.go.jp/toukei/itiran/roudou/roushi/kiso/22/dl/gaikyou.pdf

数 1000 人以上の企業では組織率は 39.6％なのに対し，1000 人未満〜100 人以上の企業では 10.5％，100 人未満の企業ではわずか 0.8％である。中小零細企業になるほど組織率は低く，これはそもそも労働組合がない企業が多数あることが影響している。そのため，日本企業の労働組合の中身は，従業員数 1000人以上の大企業の組合員が人数において全組合員の 66.6％を占めるという結果になっている（「令和 4 年基礎調査」）。また従来は正社員が労働組合に加入してきたが，パート（全体の 18.2％），アルバイト（同 7.4％），派遣社員（同2.7％），契約社員（同 5.2％），嘱託（同 2.0％）といった非正規社員が雇用者全体に占める割合は 37.1％（総務省統計局「労働力調査」2023 年 2 月分）と 4割近くにも上っており，こうした非正規雇用の労働者の権利をどのように守っていくかが大きな課題となっている。非正規社員に既存の組合への加入資格を認める動きや，あるいは企業を超えて 1 人でも加入が可能な**コミュニティ・ユニオン**等の活動もある。「パートタイム労働者」の組合加入者は 140 万 4000 人いて，推定組織率は 8.5％である（「令和 4 年基礎調査」）。

　日本の労働組合が企業別に組織されているのに対し，欧米ではほとんどが産業別，職種別に組織されている。例えばアメリカでは，トラック運転手の組合

図表 10-16　労働組合組織率の推移

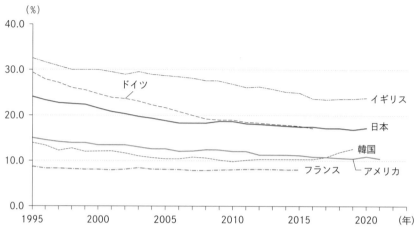

出所：労働政策研究・研修機構（JILPT）（2022 年）「データブック国際労働比較 2022」p.243
（2022 年 8 月 5 日 ア ク セ ス ）https://www.jil.go.jp/kokunai/statistics/databook/2022/07/
d2022_G7-1.pdf

である全米トラック運転手組合（Teamsters Union）や自動車産業労働者の組
合である全米自動車労働組合（UAW）などが有名である。日本の労働組合組
織率が低いのはすでに見たが，欧米も同様に低下傾向にある（図表 10-16 参
照）。特にアメリカは日本よりも組織率が低く，その背景にはグローバル化の
影響で仕事が流出したり，約半分の 28 州では州法で**労働権法**（the right-to-
work laws）が認められており，そうした地域ではユニオン・ショップ制が禁
止されて労働組合に加入する義務がないことなどが挙げられる。組合を歓迎し
ない企業の中には労働権法がある州に企業を移転させたりする例もある。労働
権法は，言わば反組合主義の意味を持つ。またハイテク企業等では，高賃金と
充実した福利厚生を提供することで労働組合はこれまでなかった。しかし，
2021 年にはアルファベット（グーグルの持株会社）で初めて労働組合が結成
され，この他にアップル，アマゾン，スターバックスなどでも労組結成の動き
が報じられている。このように労組の活動は活発化しているが，アメリカの
2022 年の組織率は 10.1％と過去最低を記録し，雇用者を必ずしも十分に取り
込めていない現実がある（『日本経済新聞』2023 年 1 月 21 日）。

第 5 節　日本的経営の功罪

　日本的経営は，日本の歴史の中で生成・発展してきた経営システムであり，繰り返し述べたとおり「家」の論理に根ざしたものである。しかし，日本的経営には光の部分と影の部分がある。日本の経済社会の発展に大きく寄与したプラスの面があると同時に，そこから生まれたマイナスの面があることも否定できない。日本的経営の功と罪の両面を整理しておこう。

◆ 日本的経営はどういう成果を上げたか？

　日本的経営は明治以降の近代的な大企業において初めて成立してきたが，それが本格的に発展し定着したのは戦後になってからである。敗戦を経て，日本企業は大企業を中心に従業員出身の経営者に率いられ，言わば上から下まで従業員（ならびに元従業員）で占められるようになった。会社は「家」であり，また運命共同体という性格をもった。そして労組は企業別労働組合であり，労使協調が基本となった。会社あっての従業員であり，「会社は永遠」だと考えられた。他方，主要株主は友好的な安定株主であり，短期的な利益追求ではなく長期的な計画に基づいた経営が可能であった。それによって会社が成長すれば利益は従業員にも還元された。頑張れば昇給や昇進で報われるという意識が醸成され，従業員は会社のために懸命に働き，そして豊かな生活を手に入れた。会社と一体化した従業員の意識は，まさに「ウチの会社」であった。

　日本企業は日本的経営のもとで会社の成長のためにひたすら邁進した。その際忘れてならないのは，日本企業はアメリカをお手本にその管理手法や技術を貪欲に吸収し，それらを日本的にアレンジして現場で実践し，大きな成果を上げてきたという点である。ドラッカーから学んだ日本企業は，顧客重視の姿勢を前面に出し，マーケティングとイノベーションに全社一丸となって取り組んだ。とりわけモノ作りにおいては「安くて，良いものを，どんどん」生産し，それらは海外に輸出された。**QC サークル**活動（小集団改善活動）を通じて品質管理（Quality Control）が徹底して行われ，かつて「安かろう，悪かろう」と言われた日本製品は，いまや高品質の代名詞となっている。日本企業はデミ

ング（William E. Deming）から統計的品質管理を学び，その名前を冠したデミング賞は **TQM（総合的品質管理）** の最高の賞として今日も授与され続けている。言わば本家のアメリカよりも日本の方が熱心に学んだのである。日本企業は，日本的経営のもとで最高のパフォーマンスを発揮し，戦後の経済成長を牽引した。特に 1970 年代の 2 度のオイルショックでは労使一体となった**減量経営**によって景気をいち早く回復させたことで，日本的経営は世界的に大きな注目を集めることになった。エズラ・ボーゲルの『Japan as No.1』（1979 年）が日本社会や日本的経営を称賛し，続いてパスカル＝エイソスの『ジャパニーズ・マネジメント』（1981 年）や W. オオウチの『セオリー Z』（1981 年）が出版され，日本的経営は世界から注目された。日本は世界の経済大国へと登りつめ，日本的経営はこの時代に絶頂期を迎えたと言えよう。つまり日本的経営は 80 年代まではうまく機能し，高く評価されてきたのである。

◆ 日本的経営の問題点は何か？

　日本的経営には光と影がある。光が強ければ影の部分もまた濃くなる。日本的経営は労使一体となって日本の経済発展を推進する効率的なシステムとして機能してきたが，そこにはまた問題点があることも当初より指摘されてきた。列挙すると次のようになる。

○従業員を犠牲にする労働実態——長時間労働，過労死，転勤，単身赴任

　日本的経営は欧米のような契約型（ジョブ型）ではなく所属型（メンバーシップ型）である。そのため，労働時間や職務は無制限・無限定的であり，そこからさまざまな問題が生じてきた。まず長時間労働の歯止めになるべき労働基準法はあっても会社との間で**３６協定**（労働基準法第 36 条に基づく労使協定）が結ばれ，法定労働時間を超えて残業（上限月 45 時間，年 360 時間）することが多くの企業で常態化しており，その先には過労死，過労自殺が生起する現実がある。際限のない労働はかつて欧米からはワーカホリック（仕事中毒）と揶揄された。また仕事のためなら命令 1 つで国内外への**転勤，単身赴任**は当たり前であり，本人のみならず家族の生活をも犠牲にするものであった。

○企業規模・雇用形態・性別などによる待遇・昇進格差

　資本主義社会の労働市場では同一労働同一賃金が基本原則のはずであるが，

日本企業では企業規模別賃金となっている。つまり同じ仕事をしても企業規模
が大きいほうが賃金は高くなる。さらに同じ企業に勤めていても雇用形態が正
規か非正規（契約社員，嘱託，アルバイト，派遣など）かの違いで，賃金や福
利厚生などの待遇は大きく異なる。その非正規従業員がいまや全雇用者の 4 割
近くに達し，しかも同じ企業の中で正社員とほとんど変わらない仕事をしてい
るケースでは，賃金などに対する不公平感が高まることになる。また同じ企業
に勤めていても，男女による賃金格差も依然として存在する。女性の昇進をめ
ぐっては，それを阻む見えざる障壁として「**ガラスの天井**」（glass ceiling）と
いう言葉まである。

○厳しい排除の論理

　日本企業は従業員の雇用を重視するという意味で長期安定雇用が目指されて
きた。しかし，その一方で，すでに見たとおり不要労働力の排除は恒常的に進
められてきた。配置転換や出向などの場合は，雇用は一応守られる。しかし，
そうした施策では過剰な労働力をすべて削減することはできない。そこで**リス
トラ**（restructuring）が行われることになるが，日本の法制度は正社員を辞
めさせるのは簡単ではないため，人員削減が必要であれば「肩たたき」と呼ば
れる**退職勧奨**が行われることになる。それでも自発的に辞めない場合は，仕事
を与えず精神的に追い詰める「追い出し部屋」といったものまでが用意された
りする。家族がいる中高年の従業員にとって，リストラはきわめて過酷である
（清武 2016）。

○労働生産性の低さ

　日本経済は経済規模では世界第 3 位の位置にあるが，かねてより労働生産性
の低さが問題視されてきた。「労働生産性の国際比較 2022」（日本生産性本部）
によると，2021 年の日本の時間当たり労働生産性（就業 1 時間当たり付加価
値）は 49.9 ドル（5006 円）で，OECD 加盟国 38 か国中 27 位，就業者 1 人当
たり労働生産性（就業者 1 人当たり付加価値）は 8 万 1510 ドル（818 万円），
同じく 38 か国中 28 位という結果であった。何れも 1970 年以降で最低の順位
となっている。また 2020 年の日本の製造業の労働生産性はアメリカの 6 割弱
で，フランスや韓国のそれと同水準であった。勤勉であるはずの日本の労働者
の仕事ぶりは，必ずしも高い生産性には結びついていない。

第6節　日本的経営の行方

◆ 日本的経営はなぜ批判されるようになったのか？

　日本的経営にはメリットとデメリットの両方の側面があるが，戦後の高度成長期，安定期，さらにバブル期と経済が右肩上りで成長していた時期には，日本的経営はそれなりに高い成果を上げ，評価された。ところが，バブル経済の崩壊に伴い，日本的経営の負の側面が顕在化し，日本企業における経営の行き詰まりが強く意識されるようになった。

　まず問題とされたのが過剰な従業員を抱えていたことである。巨額な負債，在庫と並んで過剰な雇用の解消が急務とされ，企業は新卒採用の抑制やリストラを盛んに行った。そのため，新卒採用が大幅に抑制された1993年〜2004年頃は**就職氷河期**と呼ばれ，1991年には2.86あった大卒求人倍率は，2000年には0.99にまで落ち込んだ。また同年の大卒就職率（就職希望者に占める就職内定者の比率）は91.1％に下落している（「平成21年版厚生労働白書」）。なお，「学校基本調査」（文科省）の年次統計によれば，大卒就職率（卒業者数に占める就職者の比率）は2000年になると60％を割り込み，2003年には55.1％にまで低下している。つまりこの時期，就職したのは大卒のほぼ2人に1人だったということになる。進学その他で就職しなかった人も勿論いるが，卒業時に定職に就けなかった人がかなりの数に上り，年を経ても不安定なフリーター等の生活を続けざるをえない状況があり，これは現在でも社会問題となっている。

　1990年代以降，経済が低成長を続ける中，正規雇用者の数はほとんど増えず横ばいだったのとは対照的に，非正規雇用者の割合は逆に急速に拡大していった。日本企業では従来から「非家族」である非正規従業員は雇用調整のバッファーとしての役割を担わされたが，低成長の中では主に賃金の節約を目的としてその数は増大していった。非正規雇用の中で最も多いのはパートタイマーであり，半分近くを占める。続いてアルバイトとなっているが，この他には契約社員や，90年代から大幅な規制緩和が行われた派遣労働などもある。何れにしろ，日本企業はバブル崩壊後の経済的低迷からなかなか抜け出せず，

しかも株主重視のコーポレート・ガバナンス論がアメリカから導入されたこともあって，日本企業の業績不振の原因は日本的経営だとして厳しい批判の目が向けられることになった。

　日本経済はバブル崩壊以降，「失われた 10 年」「失われた 20 年」さらに「失われた 30 年」とまで言われ，デフレ経済から抜け出せずに長く低成長の中にあったが，その間，日本的経営に対しては強い逆風が吹き続けてきた。リストラが繰り返されて**「終身雇用の崩壊」**が言われ，また日本企業は年功賃金の負担に耐えられず**成果主義賃金**への移行が 1990 年代後半にブームとなった。しかし，成果を求めるあまり目標が短期的で無難なものになり，個人プレーに走ってチームの和が乱れるといった問題が顕在化し，従業員の士気は低下した。成果主義賃金の導入は失敗に終わったと言われている。

◆「ジョブ型雇用」とは何か？

　かつてのような高い経済成長が見込めず，日本企業は厳しい環境の中で新しい経営スタイルを求めて試行錯誤を繰り返している。日本的経営をそのまま続けることが難しくなってきているからである。そうした中で注目されるようになったのがジョブ型雇用である。**ジョブ型雇用**とは，最初に仕事の内容を職務記述書で明示し，それに適した人材を雇用し配置するやり方である。これに対置される**メンバーシップ型雇用**は，職務内容を限定せずに人材を採用し配置するやり方である。前者のジョブ型は最初に仕事があってそれに人を配置するのに対し，後者のメンバーシップ型は最初に人があってそれに仕事をあてがうものということができる（濱口 2021）。このジョブ型とメンバーシップ型は，この章ですでに説明した契約型と所属型にほぼそのまま対応していると言えよう。つまりジョブ型とは欧米で見られる契約型であり，メンバーシップ型はこれまでの日本的経営に見られる所属型ということになる。

　ではなぜ今，ジョブ型雇用を推進しようという声が大きくなっているのであろうか。その背景には AI なども含めてデジタル化が急速に進展し，それに対応できる高度な人材を獲得したいという企業側の期待がある。世界では激しい人材獲得競争が展開されており，新規学卒一括採用とそれに連動した横並びの賃金体系では内外の優秀な人材を吸引することができないからである。同時

に，これまでのような年功的な要素がある賃金体系を続けることが難しくなってきている現実がある。そうした中で，すでに大企業ではジョブ型を導入する企業が出てきている（図表 10-17 参照）。さらにこうした企業以外にも導入を検討中の企業はかなりあり，今後ジョブ型を推進する企業は増えていくことが予想される。

図表 10-17　主要企業のジョブ型雇用導入状況（計画含む）

日立製作所	22 年 7 月にも国内一般社員約 2 万人に拡大。管理職は 21 年春に導入
KDDI	22 年 4 月，非管理職の一般社員に拡大。管理職は 21 年 4 月に導入
三菱ケミカル	21 年 4 月までに一般社員含め全社員に導入
資生堂	21 年 1 月，生産技術などを除く総合職の一般社員に拡大。管理職は 20 年から導入
NTT	21 年 10 月から全管理職に導入
ブリヂストン	23 年までに課長級以上の全管理職に導入
SOMPO ホールディングス	22 年 4 月までに課長級以上の全管理職に適用

出所：『日本経済新聞』2022 年 1 月 10 日

　しかしその一方で，これで一気にジョブ型が日本企業に広まるかといえば，そう簡単にはいかない面があることも事実である。まずジョブ型は仕事があってそれに対応できる人材の採用を基本としているため，それを実施しようとすれば直ちに従来の新規学卒一括採用との間に矛盾が生じることになる。そのため，例えばソニーは就活の段階から仕事の内容に応じてコース（2022 年には約 100 コースの選択肢）を選択してもらい，入社後は選択した仕事をそのまま担当するような制度設計を行った。またジョブ型は仕事の内容に応じて賃金が決まるため，同じ新卒入社でも初任給の段階からすでに金額に大きな違いが出てくることになる（図表 10-18 参照）。さらにジョブ型はジョブ・ディスクリプションを前提に従業員に仕事をしてもらうため，従来のような職務の無限定性は無くなり，会社都合の働かせ方は難しくなる。そして欧米のジョブ型は解雇も可能な制度の上に構築されているが，日本の法制度は必ずしもそうはなっていない。ここでも矛盾が生まれてくることになる。もし担当する仕事の適性に欠け，成果が上がらない人がいた場合，配置転換してでも雇用を維持するのであれば，それは本来の「ジョブ型雇用」ではなく「日本的ジョブ型雇用」と

図表 10-18　ソニーの「ジョブ型」採用の例

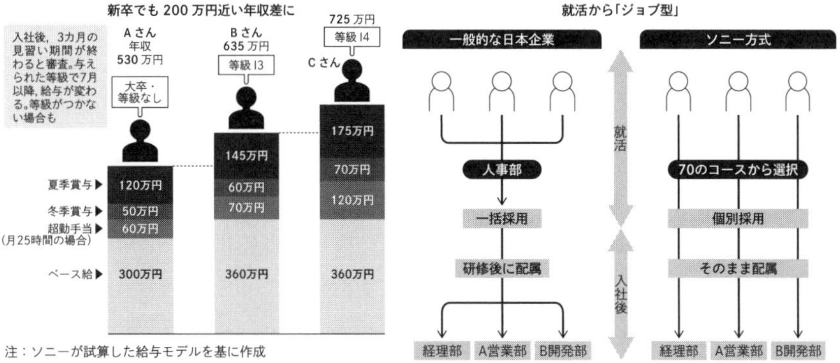

注：ソニーが試算した給与モデルを基に作成

出所：『日本経済新聞』2020 年 4 月 21 日

いうことになろう。

◆ 日本的経営はこれからどうなるか？

　ここまで見てきたとおり日本的経営は今，大きな転換期を迎えている。それはグローバル化やデジタル化，あるいは産業構造の変化といった急速な環境変化の中で，日本企業がうまく対応しきれていない面があり，改革を迫られているからである。ではその改革の方向は，欧米型の経営スタイルへの全面的な移行ということになるのであろうか。安易な予測は避けねばならないが，恐らく，そうはならないであろう。歴史や風土，国民性，あるいは雇用をめぐる労働法制など，簡単に変えることができないのは言うまでもなく，日本企業にとってそれが最善の結果をもたらす保証はないからである。ただし，このことは日本の経営スタイルが変化しないということを意味するわけでは必ずしもない。むしろ変化しないと生き残っていけない現実がある。その際，何を変えて何を残すか，しっかり峻別していくことが必要である。

　まず日本人の働き方そのものが問われている。かつて日本の労働者は「会社人間」と揶揄され，TV では「24 時間働けますか」といった栄養ドリンクのCM が流れ，誰もが仕事最優先の生活を求められてきた。しかし，そうした考え方は通用しなくなってきている。いまや**ワーク・ライフ・バランス（仕事と生活の調和）**こそが時代を象徴する重要なキーワードである。多様で柔軟な働

き方を目指す「働き方改革」が叫ばれるようになったことも，このことと直結
する。またコロナ禍でのテレワークによる在宅勤務の広がりも，新たな潮流と
して位置づけていく必要がある。仕事をきちんとこなし成果を上げてさえいれ
ば，日本中どこに住んでもよいという大手企業も現れている。企業と家庭，仕
事とプライベートのどちらかを取るというのではなく，どちらも充実させる方
向こそが目指されなければならない。

　また，賃金の引き上げが課題となっている現在，その実現のためには生産性
の向上を目指すことが必要である。生産性を向上させるためには，いまや DX
の推進が不可欠である。**DX**（Digital transformation）とは「企業がビジネス
環境の激しい変化に対応し，データとデジタル技術を活用して，顧客や社会の
ニーズをもとに，製品やサービス，ビジネスモデルを変革するとともに業務そ
のものや，組織，プロセス，企業文化・風土を変革し，競争上の優位性を確立
すること」と定義されている（経産省「デジタルトランスフォーメーションを
推進するためのガイドライン」）。つまりデジタル技術を手段として用いて，ビ

図表 10-19　企業の人材投資（OJT 以外）の国際比較（対 GDP 比）

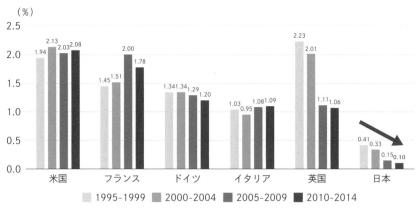

注：内閣府「国民経済計算」，JIP データベース，INTAN-Invest database を利用し，学習院大
　　学経済学部宮川努教授が推計。
原出所：厚生労働省「平成 30 年版　労働経済の分析―働き方の多様化に応じた人材育成の在り方
　　について」を基に作成。
出所：内閣官房（新しい資本主義実現本部事務局）（2021 年）「賃金・人的資本に関するデータ
　　集」（2022 年 8 月 14 日アクセス）https://www.cas.go.jp/jp/seisaku/atarashii_sihonsyugi/
　　kaigi/dai3/shiryou1.pdf

ジネスの中身ややり方を変えていくことが目指されねばならない。そのためには まず，デジタル技術を従業員が広く使いこなせるようになることが求められる。特定の専門家を外部から連れてくるだけではなく，今いるすべての従業員の**リスキリング（学び直し）**の積極的な推進が必要となる。世界ではリスキリングが大きな流れになっており，例えばドイツの世界的自動車部品メーカー・ボッシュ社は，世界 60 か国で 40 万人の全従業員を対象とするリスキリングを始めており，「デジタル集団」への転換を目指している（『日本経済新聞』2022年 7 月 7 日）。これまで日本企業は人材育成に OJT を用いて成果を上げてきたが，それだけではこの状況は克服できない。図表 10-19 を見れば明らかなとおり，日本企業は人材投資では世界に後れを取っている。DX の時代において，手厚い人材育成によってその波にうまく乗ることができなければ日本企業の復活は難しいであろう。

第Ⅲ部

株式会社のガバナンス
──会社支配論からコーポレート・ガバナンス論へ──

第11章

株式会社の所有・支配・経営
──会社は誰が所有し支配しているか？

〈本章のポイント〉

19世紀のアメリカで産業資本主義の発展をリードしたのは大資本家であり，企業における所有と支配は一致していた。ところが20世紀になって大企業が台頭すると株式は分散し，資本家に代わって専門経営者が会社の支配権を掌握するようになる。バーリ＝ミーンズはこれを経営者支配と呼び，大企業における所有と支配の分離を明らかにした。しかし，20世紀後半になると株式所有構造は変化し，機関投資家による所有がアメリカの会社支配に大きな影響を与えるようになる。

他方，戦前の日本では財閥が経済の中心に位置し，所有と支配は一致していた。しかし戦後，財閥は解体され，日本の株式所有構造は急速に機関所有化する。企業集団が形成され，そこでは銀行や事業会社間で株式の相互持ち合いが行われた。会社の大株主は友好的な仲間の会社であり，日本独特の安定株主構造が築かれた。こうした所有構造の下で，生え抜きの専門経営者が会社を支配した。

しかし，日本では20世紀の終わりにバブル経済が崩壊すると，株式持ち合いはほぼ崩壊し，安定株主構造は崩れることになる。代わって外国人と公的機関が株主として大きなウエートを占めるようになり，日本型の経営者支配を支えていた株式所有構造は大きく変容することになった。

キーワード▶産業資本家，ビッグビジネス，大規模化，所有と支配の分離，経営者支配，株式分散，経営者革命論，株式会社革命論，機関所有，機関投資家，エリサ法，株主第一主義，財閥解体，株式持ち合い，安定株主構造，GPIF，カストディアン

第 1 節　資本家の時代

◆ アメリカの資本家とは誰か？

　18 世紀後半に始まった産業革命によって生産力を飛躍的に増大させたイギリスは，「世界の工場」と呼ばれるようになり，19 世紀の資本主義をリードした。これに対して，アメリカの資本主義は 19 世紀後半から急速に発展しイギリスを凌駕するようになるが，最初に大規模な事業を展開したのが鉄道事業であった。鉄道王と呼ばれた**コーネリアス・ヴァンダービルド**（Cornelius Vanderbilt）や**ジェイ・グールド**（Jay Gould）といった企業家たちが活躍し，巨万の富を築いた。それに続いて登場してきたのが著名な**産業資本家**たちである。鉄（iron）に代わる鋼鉄（steel）の生産で莫大な財をなしたのは鉄鋼王と呼ばれた**アンドリュー・カーネギー**（Andrew Carnegie）である。**カーネギー製鋼**はコスト削減の面でも他社を圧倒し，アメリカの鉄鋼業に君臨した。その一方で 1892 年のホームステッド工場のストライキでは労働者を弾圧し死者まで出した。そのカーネギー鉄鋼は金融資本家 **J. P. モルガン**（John Pierpont Morgan）に売却され，1901 年に国内シェア 60％の US スチールとなった。また 19 世紀には油田が発見され石油ブームになるが，アメリカの石油精製の大半を手中に収めたのが石油王と呼ばれた**ジョン・D. ロックフェラー**（John D. Rockefeller）である。ロックフェラーの**スタンダード・オイル**は，手段を選ばぬやり方で弟の会社や同業他社を打ち負かし，株式交換でトラストを形成した。ロックフェラーは「世界史上最大の資本家」とも言われている。この他にも多くの産業人が事業に成功したが，アメリカでは南北戦争（1861-65）から世紀末までの 30 年間は「**金ぴか時代**」（Gilded Age）と言われ，金権政治がはびこり，物質主義に覆われた時代であった。抑制のきかないあくどい利潤追求が横行し，巨額の私的財産を蓄積した産業資本家たちは「**泥棒男爵**」（robber baron）とも呼ばれた。1890 年代のアメリカでは，1 割の富裕層が国内の総資産の 7 割を所有していたと言われている（貴堂 2019）。

　イギリスを追い抜いて急成長を遂げたアメリカの資本主義を牽引し，その後の経済と社会に大きな影響を与えたのが，こうした企業家としての資本家で

あった。事業に対する先見の明があり，リスクを恐れず経営においてイノベーションを行ったことが事業の成功につながったと言ってもよかろう。資本家は事業成功の果実として巨万の富を手に入れた。そしてアメリカ資本主義の頂点に君臨する資本家たちの経済権力は強大であった。ただし，大富豪となった資本家たちが晩年には**慈善事業**に巨額の私財を投じていた点も忘れてはならないであろう。カーネギーは，音楽の殿堂として有名なカーネギーホール，カーネギー工科大学といった施設や学校，さらに数千もの図書館の建設に多額の寄付をした慈善事業家という別の顔をもっていた。ロックフェラーもまたロックフェラー大学，シカゴ大学の設立や医療の分野など多くの慈善事業に関わった。

◆ 資本家が経営していた企業の形態はどのようなものだったか？

19 世紀後半に活躍した産業資本家たちにとっては，企業は自分たちが思い通りに動かすことのできる**ワンマン企業**であった。そのため，企業の形態は基本的に**個人企業**か，あるいは**パートナーシップ**（合名会社にあたるが，アメリカでは日本と違い法人格はない）が採用されていた。その後，1875 年には一般会社法が各州で作られ，法人組織である株式会社形態がアメリカでも急速に普及していく。ちなみにロックフェラーのスタンダード・オイルは 1870 年にオハイオ州法で設立された株式会社であったが，カーネギー鉄鋼会社は長くパートナーシップ形態であり，1890 年代になるまで法人化されなかった。1880 年代末に株式が証券取引所に公開されていた大規模な製造業と言えば車輌製造のプルマン社のみで，多くの企業が上場するようになったのはもう少し後になってからのことである。

◆ ビッグビジネスはどのようにして誕生したか？

19 世紀末頃から**ビッグビジネス**と呼ばれる大企業＝巨大株式会社が次々に登場するようになる。アメリカで最初に大企業が出現したのはすでにみたように鉄道業であった。そしてスタンダード・オイルのようなトラストと呼ばれる企業合同が見られるようになるが，むしろその後のビッグビジネス誕生の直接的な契機は，1895 年から 1904 年にかけて起こった持株会社方式を利用した

企業合併運動である。企業間の合併が次々に繰り返されたことで高い市場占有率を誇る大企業が多数誕生した。US スチールはその代表格であり，ジェネラル・エレクトリック（GE），ウェスティングハウス（WH），アメリカン・タバコ，アメリカン製糖，インターナショナル・ハーベスター（IH），アメリカ電信電話（AT&T）といった，今日でも活躍している多くの著名な企業がこの時代に登場した。独占を取り締まる**シャーマン反トラスト法**（1890 年）はすでにあったが，この時期の合併は規制が及ばない持株会社方式が採られ，水平的な企業合同が盛んに行われた。またこうした合併には JP モルガンなどの投資銀行が大きく関わっていた。

▌第 2 節　バーリ＝ミーンズの経営者支配論

◆ 大企業を支配するのは誰か？

　大企業を支配するのは誰か。この問題は株式会社論においては「古くて新しい」テーマであるが，初期の資本主義社会であればその答えは明白であった。資本主義社会とは**私有財産制度**に基づき，財産所有者がそれを自由に使用して利益を上げることが認められており，財産所有に正当性が付与されている社会である。株式会社であれば株主が所有者であり，会社は株主にとっての**致富手段**という性格を持っていた。つまり会社は所有者の金儲けの手段であった。そして株主総会を牛耳るだけの議決権を持つ大株主がその会社を支配した。実際，19 世紀末のアメリカの株式会社では，大株主である所有経営者＝資本家が会社の支配権を掌握しており，資本家は会社を所有・支配するとともに，自ら経営も担っていた。これを**所有（支配）と経営の一致**という。こういうタイプの会社は 21 世紀の現在でも，中小企業等を中心にどこの国でも一般的に見ることができる。ところがビッグ・ビジネスの登場によってこうした状況は大きく転換する。

　20 世紀前半のアメリカにおいて，大企業＝巨大株式会社の実態を理論と実証の両面から鋭く分析したのが会社法学者の**バーリ**（Adolf A. Berle, Jr.）と経済学者の**ミーンズ**（Gardiner C. Means）である（以下，バーリ＝ミーンズ）。2 人は『近代株式会社と私有財産（*The Modern Corporation and Private*

Property）』（1932 年）を世に問い，アメリカの大企業の所有構造，支配構造の変容を明らかにした。彼らが分析の対象としたのは資産規模を基準に抽出した全米最大 200 社（銀行などの金融会社を除く，1929 年時点）である。これらは社数で全米の僅か 0.07％を占めるに過ぎないにもかかわらず，規模では国富の 22％，実業界全体の富の 38％，株式会社の富の 49.2％を占めていた。つまり 20 世紀前半のアメリカでは，巨大株式会社が台頭し，そこに圧倒的な富が集中するようになっていたのである。こうした独占的な大企業の登場は，一握りの強大な経済権力が生まれたことを意味し，それが社会に及ぼす影響力は格段に大きくなった。では，そのような巨大化した株式会社を実際に所有し支配していたのは一体誰なのであろうか。

◆ 経営者支配とは何か？

　バーリ＝ミーンズは，巨大株式会社の支配構造が所有者支配から経営者支配へと転換したことを理論と実証によって明らかにした。ここで**経営者支配**（Management Control）とは，所有者ではない**専門経営者**（Professional Manager）が会社を支配することをいう。こうした専門経営者は自社の株式をまったく所有していない，あるいは所有していても僅かでしかない。したがって，経営者支配とは「**所有に基づかない支配**」である。私的所有を正当性の基礎におく資本主義社会において，所有者でない経営者が巨大株式会社の支配者になっているという事実は衝撃的であった。

　専門経営者が新たな支配者として台頭することになった理由は，**株式会社の大規模化**にともなう①株式の分散化と②経営の高度化・複雑化の 2 点である（ただし，バーリ＝ミーンズが直接指摘したのは①のみ）。

　まず①**株式の分散化**とは，株式会社が大規模化する過程で資金調達のために新たに株式を発行し，これが多数の投資家に購入されることで会社の株式が広く分散することをいう。最初は会社を支配する大株主がいたとしても，新株が発行されてそれを広く一般の人々が購入すれば大株主の持株比率は徐々に低下していく。これを簡単な事例で説明すると，大株主（いわゆるオーナー）が発行済の全株式 1000 株をすべて保有していれば持株比率は 100％である。次に，会社が資金調達のために新規に 1000 株の株式を発行しそれを一般の投資家に

売却すれば会社の発行済株式総数は2000株になり，大株主の持株比率は50%に低下する。さらに追加で1000株発行すれば，大株主の持株比率は33.3%に低下する。大株主自身も新たに株式を買い増す可能性があるのでこの事例のように単純にはいかないが，会社が資金調達のために大量の新株発行を繰り返せば株式は広く投資家の間に分散していき，大株主の持株比率は趨勢的に低下して行かざるをえない。つまり株式会社の大規模化は必然的に株式の分散化を惹起するのである。

　次に②**経営の高度化・複雑化**とは，企業の大規模化によって組織維持のための意思決定の中身が複雑になり，また意思決定において専門的な知識や経験が必要とされ高度な内容になることをいう。規模が小さいときには経験や勘で経営することも可能であるが，階層化され専門化された大規模組織体の経営では幅広い専門知識や情報が不可欠であり，それらをトータルに分析して的確な意思決定を行える経営の専門家が必要とされる。そのため大企業を中心に経営のプロである専門経営者が台頭してくるのである。

　ところでバーリ＝ミーンズの実証研究では，**支配の概念**を「取締役を選出することのできる力」と定義した上で，大株主の持株比率に基づき完全所有支配（持株比率100%－80%），過半数所有支配（持株比率80%－50%），少数所有支配（50%－20%）に加えて，大株主の持株比率が20%を割った場合は経営者支配（20%未満）というカテゴリーを設けて分析を行った。つまり持株比率20%までは大株主に支配権があると見なしたが，それよりも持株比率が低下すると株主に代わって経営者が支配権を掌握すると考えたのである。また株式の分散とは別に，法律的手段（持株会社によるピラミッド，無議決権株式，議決権信託などを利用）による支配も取り上げられている。こうしたカテゴリーに基づき200社を調査した結果，経営者支配に分類された会社は全体の44%に達していた。つまり巨大株式会社の約半数はすでに「所有に基づかない支配」になっていたのである。なお，経営者支配とは経営者が自分自身を経営者として選任できるということであるが，それを可能にしたのは，会社経営にあまり関心のない中小零細の株主は株主総会に行かなくても会社に**白紙委任状**を出せば済むような制度になっていたからである。つまり株式分散によって絶対的な大株主がいなくなり，さらに専門経営者は一般の株主が会社に送付した白紙委

図表 11-1　バーリ＝ミーンズ調査とラーナー調査の結果

支配区分	バーリ＝ミーンズ調査（1932年）	ラーナー調査（1966年）
完全所有支配	6%	0%
過半数所有支配	5%	2.5%
少数所有支配	23%	9%
法的手段による支配	21%	4%
経営者支配	44%	84.5%
管財人の手中にあるもの	1%	

注：バーリ＝ミーンズ調査の基準年度は 1929 年，ラーナー調査のそ
　　れは 1963 年である。
出所：筆者作成

任状を実質的に掌握することで，株主総会で自らを取締役として選任できたの
である。バーリ＝ミーンズは，これを**自己永続的寡頭制**と表現した。

　こうしたバーリ＝ミーンズの実証研究（1932年）によって，アメリカの巨
大株式会社 200 社の半数近い 44％が経営者支配になっていることが明らかに
なった。なお，それから約 30 年後の 1963 年時点で，同じ手法（ただし，経営
者支配の判定基準は 20％から 10％に引下げられた）を用いて実施された**ラー
ナー**（Robert J. Larner）の研究（1966年）では，84.5％が経営者支配になっ
ていることが明らかにされ，進行中であったアメリカの「経営者革命」はほぼ
完了したことが宣言された。

◆ 巨大株式会社はどう変容したのか？

　バーリ＝ミーンズが主張した新しい株式会社像は，経営者革命と株式会社革
命の 2 点に要約できる。まず前者の〈**経営者革命**〉は，巨大株式会社の多くが
所有者支配から経営者支配へと変容したことをいう。それまで会社を所有し支
配しているのはロックフェラーやカーネギーのような大資本家であると一般的
には考えられてきたが，そうした見方を覆して大企業では専門経営者が新たな
支配者として台頭してきている実態が明らかにされた。しかも，誰にもそうと
は気づかれないうちにドラスチックな変化が進行していたという意味で，これ
は「**静かな革命**」と呼ばれた。

　次に，後者の〈**株式会社革命**〉とは，会社の性格が**私的会社**（private corporation）から，広く会社の利害集団の利益を調整する**準公的会社**（quasi-public corporation）へと変容することをいう。これは，本来は所有者の財産＝金儲けの手段であった会社の性格が，株式会社の大規模化によって株主に限らずより広く利害者集団のバランスを取りながら公共政策に沿った経営をするようになるというもので，今日の**ステークホルダー論**にも通じる内容となっている。つまり会社は誰の利益を重視するのかを問うたとき，株主，経営者という 2 つの有力な選択肢に対して，広く会社の利害者集団のバランスを取るという「第三の道」の可能性があることを示唆したのである。したがって，バーリ＝ミーンズの経営者革命と株式会社革命の 2 つは，私有財産制度に基づく伝統的な株式会社の理論がすでに過去のものとなり，「**株式会社の新概念**」が必要になってきていることを示唆するものであった。

◆ 経営者支配論への批判

　バーリ＝ミーンズやラーナーなどの研究によって巨大株式会社における経営者支配化の動向が明らかになった。また R. A. ゴードンは『ビジネス・リーダーシップ』（1945 年）において「ビジネス・リーダーシップ」の概念を新たに提示し，経営者集団がそれを掌握していることを強調した。

　その一方で，経営者支配論に対する批判や所有者支配の優勢を結論づける実証調査も登場した。まず経営者支配論を厳しく批判したのは，マルクス経済学者であった。その理由は，経営者支配論の主張が資本主義社会の原理原則に反する内容だったからである。資本主義社会である限り私的所有こそが決定的であり，「所有に基づかない支配」という主張は，本質を見誤ったものだとして否定する。そして所有に基づいて会社を支配する個人や家族，団体が必ずいると反論する。例えば，C. W. ライトミルズ『パワー・エリート』（1956 年），V. パーロ『最高の金融帝国』（1957 年）などが代表的なものである。なお，バランとスウィージーは『独占資本』（1966 年）で経営者支配を事実上認める議論を展開しており，マルクス経済学者の主張としては異色である。

　またアメリカでは政府機関による会社支配に関する実態調査が行われ，それらは利益集団等による所有者支配が一定数あることを強調するものであった。

TNEC調査（臨時国民経済委員会報告書，1940年）は，非金融最大200社のうち139社（69.5％）が所有者支配であると結論しており，バーリ＝ミーンズの主張とは対立する内容となっている。特にデュポン，メロン，ロックフェラーの3大利益集団に代表される「独占と経済力集中の実態」を明らかにした。

　このようにマルクス経済学者は資本主義の原理という観点から，また議会筋の調査は市場における独占と経済力の集中という観点から，それぞれ**経営者支配批判**を展開した。

▌第3節　アメリカの所有構造の変遷と会社支配

◆ アメリカ企業の所有はどう変化したのか？

　アメリカの株式所有状況は基本的には個人所有であり，株式は広く一般大衆の間で分散していた。図表11-2は株式の所有主体別の推移を示したものであるが，1945年には個人が全体の94.7％を保有しており，個人所有が圧倒的であった。ところが個人の保有比率は1950年代頃から少しずつではあるが減少傾向を示すようになる。ここで新たな株主として登場してきたのが年金基金，投資信託，生命保険といった機関投資家である。**機関投資家**とは，顧客から預かった資金を株式や債券などで運用・管理する大口の法人投資家のことをいう。こうした機関投資家台頭の理由としては，まず年金基金が株式での運用を増やしていったことが挙げられる。その契機となったのが，1950年にGMが始めた独自の**企業年金**である。専門の運用管理者がいて，これまでの債券中心から株式を中心とする投資を行い，大成功を収めた。他の企業もこれに追随して企業年金を設立し，株式への投資は拡大していった。1960年代になると**ミューチュアル・ファンド**（会社型投資信託の中でいつでも換金可能なオープンエンド型投資信託）が人気を博し，持株比率を大きく伸張させた。1970年代にはアメリカ経済は成長が鈍化し，物価の上昇と失業率の増加が併存するスタグフレーションに陥った。そうした中でミューチュアル・ファンドは規制が緩く，株式投資などで比較的高い成果を上げたのに対して，年金基金と生保は厳しい資金運用に直面し，株式への投資規制の緩和を求めた。これらは株式運

図表 11-2　アメリカの株式保有比率の推移

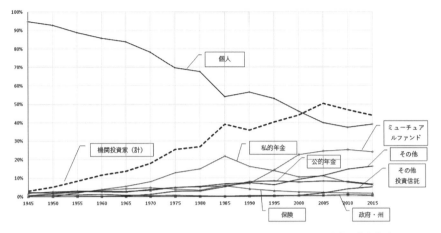

出所：Financial Accounts of the United States, Historical data, 1945-2015 を基に筆者作成
https://www.federalreserve.gov/releases/z1/20160609/data.htm

用規制で縛られていたからである。1974 年に**従業員退職所得保障法**（Employee Retirement Income Security Act，以下，**エリサ法**）が制定され，年金資産の受託者責任が明確化された。この受託者責任（Fiduciary Duty）とは，機関投資家などの受託者が受益者の利益を第一に考える義務や責任のことをいう。その一方で，同法の 1978 年の改正では，年金基金や生保は株式やハイリスクの債券などへの投資規制が緩和され，株式投資を拡大する道が開かれた。

　こうした動きの中でアメリカの株式市場における機関投資家の持株比率は拡大していった。

◆ 機関投資家による所有の拡大で経営者支配はどうなったか？

　機関投資家による所有の増大（所有の機関化）を受けて「パットマン報告書」（1968 年），SEC（アメリカ証券取引委員会）の「機関投資家調査報告書」（1971 年），「メトカーフ報告書」（1978 年），「リビコフ報告書」（1980 年）といった議会や公的機関による調査が公開され，金融機関を中心とする機関所有や重役兼任制などの実態が明らかにされた。またこうしたデータを用いて，D. M. コッツは銀行支配を主張する実証研究（1978 年）を行った。機関投資家による株式所有はそのまま会社の支配につながると考えられたのである。これに

対して，E. S. ハーマンは1974年時点で経営者支配（究極的支配）が82.5％にも上るという実証研究（1981年）を明らかにした。それは機関投資家の株式は分散しており，加えて，経営者の戦略的地位の重要性が増大してきている点を評価したことによる。ただしハーマンは，経営者支配と言ってもそれは「文字通りの支配」などではなく「制約された経営者支配」であって，その中身は株主，債権者の圧力によって「利潤志向」であると指摘している。その背景にあるのは，業績を気にする機関投資家の存在や株式市場重視の姿勢，あるいは乗っ取りの脅威といった点である。つまりハーマンの経営者支配論は，従来のそれとは異なり，経営者が誰からの掣肘も受けずに自由裁量を発揮できる地位にあるとは考えていない点が重要である。

　ところで，アメリカではその後，経営者支配という言葉はほとんど用いられなくなる。それはコーポレート・ガバナンス論が急速に台頭したことと大きく関係する。すなわち**株主第一主義**を標榜するガバナンス論の登場によって，会社の所有者は株主であり，株主の利益のために最善を尽くすのが経営者の役割だとされたからである。これは要するに経営者支配の否定ということである。その理論的支柱になったのが，1980年代に登場したエージェンシー理論である。つまり株主がプリンシパル（依頼人），経営者はエージェント（代理人）という関係で捉え，どうすれば経営者が手を抜かずに株主利益の最大化に邁進するかが問題とされた。この議論の前提となっているのは，株主こそが所有者であり支配者であるという株式会社の伝統的な企業観である。こうした流れの中で，アメリカの経営者団体**ビジネス・ラウンドテーブル**は1997年に声明を出し，株主第一主義を宣言した。

　ではアメリカの経営者支配は完全に過去のものとなったのであろうか。M. J. ローは *Strong Managers, Weak Owners*（1994年）において，アメリカの政治が株式の集中を阻んできたことで経営者に権力が集中したことを指摘している。機関投資家の時代になっても株式は特定の株主に集中しているわけではなく，この点は基本的には変わらないと言える。そういう意味では，先に紹介したハーマンの経営者支配論の主張は今でも参考になろう。

▌第4節　日本の所有構造の変遷と会社支配

◆ 財閥の所有と支配

　日本企業の所有構造の変遷を歴史的に見てみよう。まず戦前の日本の大企業といえばその代表格は財閥であった。三井，三菱，住友などの各財閥は純粋持株会社である財閥本社を中核として，それが傘下の主要企業の株式を所有し，さらに主要企業がその下の子会社，孫会社の株式を所有するというピラミッド型の構造になっていた。そして司令塔である財閥本社の所有者は財閥家族であり，三井家，住友家，岩崎家といった一握りの家族・同族が財閥を究極的に所有し支配していた。つまり戦前の大企業の株式所有は**個人所有**であった。

　このように財閥は家族・同族によって所有・支配されており，所有と支配は完全に一致していた。その一方で，財閥の経営は専門経営者に任されていた。すでに第9章で取り上げたとおり，明治期以降は大卒の優秀な人材が積極的に登用され，各企業のトップである総理事や理事となって活躍した。財閥によって多少の違いはあるものの，企業経営のかなりの部分は専門経営者によって担われていたのである。したがって，戦前の財閥は「所有（支配）と経営の分離」の段階にあったと言うことができる。

◆ 戦後，日本企業の所有構造はどう変化したか？

　第二次大戦で敗戦し，日本の株式所有構造は大きく転換する。GHQ（連合国軍最高司令官総司令部）の指示で財閥は解体され，財閥家族に集中していた株式は市場に放出された。これによって，株式が広く大衆に分散する**証券民主化**が目指された。つまり一般の国民が株式を保有する**ピープルズ・キャピタリズム**（people's capitalism）の進展が期待されたのである。実際，1949年に東証が設立されたときには全株式の約70％を個人が所有していた。しかし，戦後の混乱期に大衆が株式を持ち続ける余力はなく，むしろその後は事業会社や銀行などによる株式所有が急増していく。このように人間ではなく組織体が所有主体になることを**機関所有**という。事業会社や銀行などの機関は，個人と比べて圧倒的な資金力を有している。そのため戦後日本の大企業では，機関所有

が短期間で大きなウエートを占めるようになり，**所有の機関化**が進展した。

　図表11-3は，戦後の日本大企業の所有主体別の持株比率の推移を示したものである。ここからも機関所有の拡大，個人所有の縮小の傾向がはっきりと見て取れる。個人所有の比率が長期的に下落していったのに対し，機関所有のそれは一貫して拡大していっている。この機関所有の内訳は，主に銀行，信託，生保・損保そして事業会社などである（図表11-3では機関所有①と表示）。そ

図表11-3　主要投資部門別株式保有比率の推移

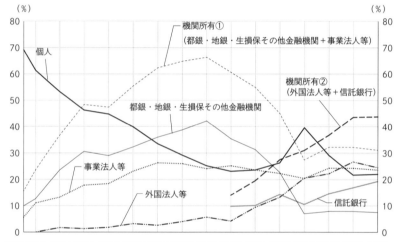

資料注：1）1985年度以降は単位数ベース。2001年度から単元数ベース。
　　　　2）1985年度以前の信託銀行は，都銀・地銀等に含まれる。
　　　　3）2004年度から2009年度までは，ジャスダック証券取引所上場会社分を含み，2010年度以降は大阪証券取引所または東京証券取引所におけるJASDAQ市場分として含む。
　　　　＊2005年度調査まで調査対象会社となっていた（株）ライブドア（4753）が，大幅な株式分割の実施等により，2004年度調査から単元数が大幅に増加し，（株）ライブドア1社の単元数が集計対象会社全体の単元数の相当数を占めることとなったことから，2004年度から2006年度までは，その影響を受け大きく増減している項目がある。
資料出所：東証「2021年度株式分布状況調査結果の概要」「所有者別持株比率の推移」
　　　　　https://www.jpx.co.jp/markets/statistics-equities/examination/nlsgeu000006i70f-att/report2021.pdf
筆者注：機関所有①は都銀・地銀・生損保その他金融機関と事業法人等の持株比率の合計，機関所有②は外国法人等と信託銀行の持株比率の合計
出所：筆者作成

して個別企業においてもこの動きはそのまま当てはまる（図表9-4参照）。日本の大企業においては，創業者が大株主であるケースを除けば，10大株主は銀行，生損保，事業会社などによってほぼ占められるようになった。

　ところで機関所有増大の大きな要因の1つは，旧財閥系企業を始めとする企業集団の結成である。企業間結合のために，各企業は同じグループに属する企業の株式を保有するようになった。またこれに加えて，この時期，旧三菱系の陽和不動産などで投機家による株式の買い占めが発生し，これに対処するために株式の持ち合いが進んだことが挙げられる。買い占めにあった企業側は，株を高値で買い戻し，それを仲間の企業に持ってもらった。買い占めを防ぐには，このように安心できる相手に長期に株式を持ってもらうことが有効であった。企業にとって長期に株式を保有してくれる友好的な株主を**安定株主**というが，これを契機にどの企業も乗っ取りを防ぐための**安定株主工作**が積極的に行われた。特に，旧財閥系企業においては，企業がお互いの株式を保有する**株式相互持ち合い**を基本とした（図表9-3参照）。こうした持ち合いの進展によって，日本の大企業の所有構造は急速に機関所有化していった。

◆「日本型経営者支配」の成立

　日本企業の所有構造は，戦前の個人所有から，戦後は機関所有へと大きく転換した。個別企業のレベルでも，戦前の財閥のような個人の大株主は，戦後の企業集団ではもはや見いだすことはできなくなった。では戦後の大企業では誰が会社の支配者となったのであろうか。

　結論から言えば，日本の大企業は戦後，専門経営者が台頭し，一気に**経営者支配化**したと言うことができる。公職追放でトップがいなくなり，残された会社を率いることになったのは従業員出身の若き経営者たちであった。もし財閥解体がなければすぐにトップにはなれなかった層の人たちである。専門経営者とはすなわち「生え抜き」のサラリーマン経営者であった。源氏鶏太はそうした状況をサラリーマン小説の『三等重役』（1951年）で描いた。すでに戦前から企業経営は専門経営者が実質的に担っていたが，戦後は個人大株主の消滅によって，会社の支配権は専門経営者が掌握することとなった。それを所有の側面から確実なものにしたのが，機関所有化による安定株主構造の成立である。

日本の大企業は機関所有のもとで経営者支配となった。こうして，戦前の財閥で見られた「所有と経営の分離」から，戦後の日本企業では**「所有と支配の分離」**へと移行することになった。

　ところでわが国における経営者支配の成立と展開は，アメリカなどのそれとは異なり，**「日本型経営者支配」**と呼ぶことができる。バーリ＝ミーンズは，経営者支配の成立は企業の大規模化→株式分散→経営者支配という流れで定式化したが，日本のそれは財閥解体を契機とした株式分散によって一気に経営者支配化したのであり，GHQ の絶対的な権力がなければ不可能であった。そういう意味で，これは**「上からの経営者支配化」**ということになろう。次に，日本の経営者支配は，アメリカのような株式分散化ではなく，持ち合いを中心とした機関所有化による安定株主構造によって支えられていた。そのため，乗っ取りや敵対的買収を心配する必要がなく，盤石なものだったと言ってよい。さらに，専門経営者はほとんどが「生え抜き」で占められている点も特徴として挙げられよう。

◆ バブル経済崩壊による株式所有構造の転換

　日本企業は上記のような「日本型経営者支配」体制の元で，労使が一体となって戦後復興期，高度成長期，安定成長期そしてバブル期と経済成長に邁進してきた。この間，企業の所有構造は機関所有化がさらに進展し，安定株主構造が維持された。1989 年には個人所有の比率が 22.6％まで低下したのに対し，逆に金融機関と事業会社を併せた機関所有の比率は 70.8％を占めるに至っている。このうち銀行などの金融機関の持株比率は全体の 46.0％を占め，これまでの最高を記録した。

　ところが，戦後日本の企業体制を支えていたこうした株式所有構造は，1990 年代のバブル経済の崩壊を契機に大きく転換することになる。バブルの崩壊は株や土地の急速な下落を招いたが，これによって銀行などの金融機関は膨大な不良債権を抱え込み，その処理のために持株の売却を迫られたからである。また銀行が株式のようなリスク資産を大量に保有することには制限が設けられるようになった点も重要である。1989 年と 2021 年の約 30 年間の金融機関別の持株比率の変化を見ると，都銀・地銀は 16.4％→ 2.6％，生保 13.1％→ 2.9％，

損保 4.1 ％ → 0.9 ％と何れも大幅な減少を示している。金融機関全体では，46.0 ％ → 26.5 ％と約 20 ％の減少である。したがって，これまで安定株主として企業を支えてきた銀行などの金融機関は，株主としての地位を大きく後退させることになった。これに対して，事業会社の持株比率は 24.8 ％ → 23.6 ％とほとんど変動が見られない（東証「2021 年度株式分布状況調査結果の概要」）。

こうした銀行を始めとする金融機関による大量の株式売却の受け皿になったのは，主に外国人である。外国人の持株比率は 3.9 ％ → 25.1 ％と，この 30 年間で大幅に上昇した。外国人には個人と法人が含まれているが，持株で圧倒的な比率を占めるのは後者であり，具体的には海外の機関投資家やファンドである。そのため，外国人の株式所有はほとんどが機関所有に分類される。

そしてもう 1 つ重要な変化は，金融機関が持株比率を大きく減らした中で，信託銀行だけは 10.3 ％ → 19.3 ％と持株比率を大幅に増大させた点である。信託銀行の持株比率が大きく増えた背景には，2000 年〜 2001 年にかけて設立された日本マスタートラスト信託銀行，日本トラスティー信託銀行，資産管理サービス信託銀行の 3 行の存在がある。このうち日本トラスティー信託銀行と資産管理サービス信託銀行は 2020 年に経営統合して日本カストディ銀行となった。これらは通常の信託銀行とは異なり，**カストディアン**と呼ばれる**資産管理専門銀行**で，投資家に代わって有価証券の売買，議決権の行使，利子・配当の受け取りといった業務を行う。そのため，個別企業の大株主として表に名前が出てくるのはカストディアンであり，実際に資金を出した「真の株主」は背後に隠れることになる。実際，上場会社の大株主名簿にはほとんど全部と言ってよいほど日本マスタートラスト信託銀行と日本カストディ銀行の名前が並んでおり，これが近年の株式所有構造における大きな特徴の 1 つとなっている（図表 14-6，14-7 参照）。

◆ 持ち合い解消と安定株主構造の崩壊

バブル経済の崩壊によって，事業会社や金融機関による株式の持ち合い関係は解消の方向に進まざるを得なくなった。すでに見たとおり，銀行は不良債権処理のために株式の売却を進めたのであるが，2001 年にはリスク資産である株式を大量に持つこと自体が法律で制限されるようになり，また持ち合い株式

にはそれまでの簿価会計に代えて**時価会計**が適用されるようになったことも影響した。事業会社も同じく持ち合いを解消する方向に動いた。ただし2005年頃からは持ち合い比率が一時的に増加する局面があり，これは買収防衛や事業提携を目的としたものだと言われている。何れにしろ，銀行や事業会社による持ち合いは完全に消滅したわけではないものの，その比率は大幅に縮小した（図表11-4参照）。

　こうした株式持ち合いの解消は，長く続いた**安定株主構造の終焉**を意味す

図表 11-4　株式持ち合い比率の時系列推移

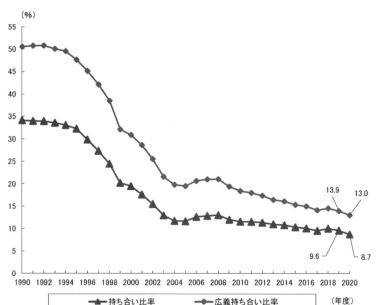

注：1）持ち合い比率は，上場会社（ただし，上場保険会社を除く）が保有する他の上場会社株式（時価ベース）の，市場全体の時価総額に対する比率（ただし，子会社及び関連会社株式を除く）。
　　2）広義持ち合い比率は，持ち合い比率に保険会社の保有比率を加えたもの。
原出所：大株主データ（東洋経済新報社），各社有価証券報告書，及び株式分布状況調査（全国4証券取引所）より野村資本市場研究所作成
出所：野村資本研究所（西山健吾）「我が国上場企業の株式持ち合い状況（2020年度）─緩やかな持ち合い解消，政策保有株式削減の動きが続く─」野村サステナビリティクォータリー 2022年春号 http://www.nicmr.com/nicmr/report/repo/2022_stn/2022spr13.pdf（2022年12月27日アクセス）

る。持ち合い株主の性格はサイレント・パートナーが基本であったが，新たに登場した株主にはそうした行動様式を期待することはもはやできないからである。特に外国人株主が大幅に増加した現在，株主の権利を積極的に主張することが基本となっている。ただし，現時点で持ち合い株式がすべてなくなってしまったわけではない点は注意を要する。ビジネス上の関係を保つため等の理由から，事業会社を中心に持ち合いは依然として一定数は存在する。そして持ち合い株に限らず広く企業が保有する株式に関しては，現在は**政策保有株式**と呼ばれる。そして，政策保有株式を保有する場合は，その理由の開示が求められるようになっている。

◆ 日本企業の「真の株主」は誰か？

　1990年代以降に日本企業の株主として急速に台頭してきたのが外国人，そして国内の信託銀行であった。現在，個別企業の大株主名簿を見ると，JPMorgan Chase Bank, State Street Bank & Trust Co., Bank of New York Mellon Corp といった見慣れない英語名の会社や，日本マスタートラスト信託銀行，日本カストディ銀行の国内信託銀行2行の名前がすぐ目に入る。これらはいずれもカストディアンであり，前者は**グローバル・カストディアン**，後者は**ローカル・カストディアン**と呼ばれる。日本企業の株主として登場した外国人株主とはほとんどが海外の機関投資家であり，それらは主にグローバル・カストディアンを通じて日本企業の株式に投資をしている。同様に国内の機関投資家は主にローカル・カストディアンである上記2行の信託銀行を通じて投資を行っている。つまり株主名簿に名前が出てくるこれら国内外のカストディアンはいずれも**名目上の株主**であって，「真の株主」ではない。自らの資金で株式を購入している「真の株主」とは，その大部分が国内外の機関投資家である。つまり機関投資家が日本企業の大株主になっているのである。

　さて機関投資家と呼ばれるのは年金基金，投資信託会社，信託銀行，生保・損保などである。これらはいずれも顧客から集めた資金を運用して収益を上げ，その報酬として手数料を得ている。例えば，**年金基金**（pension fund）は年金加入者が支払う掛金を原資に株式や債券で運用しており，運用益は最終的に年金加入者に還元される。もう少し詳しく言えば，年金基金は投資顧問会社

などに委託して巨額の年金資金を運用しており，委託を受けた会社がカストディアンを通じて投資を実行する仕組みになっている。株式投資による株主の議決権は，資金を出した機関投資家が直接・間接に行使することになる。

◆ 日本企業の大株主は誰か？

　日本企業の大株主の地位にあるのが，公的マネーである GPIF と日本銀行である。GPIF は年金積立金管理運用独立行政法人のことで，公的年金（国民年金，厚生年金）の中の**年金積立金**を管理運用している。GPIF の運用資産は191 兆 4807 億円（2022 年 12 月末現在）と巨額で，運用の基本ポートフォリオは国内外の株式，債券各 25％ずつとなっている。つまり運用資産の約 25％が国内の株式に投資されている。GPIF の国内株式の資産高は 48 兆 746 億円（同上）に上り，単独で東証全体の時価総額 705 兆 4341 億円（同上）の 6.9％に相当する株式を保有していることを示している。GPIF は世界最大級の機関投資家であり，その巨大さゆえに日本では「クジラ」と呼ばれている。

　このように GPIF は巨額の資金を国内株式に投資しているため，日本企業にとっては株主としての GPIF の存在感は大きい。ただ，GPIF が投資をする際は，GPIF →複数の投資顧問会社（運用会社）→カストディアン→個別企業という流れになっており，投資先企業の大株主名簿には GPIF の名前は一切出てこない。しかし，GPIF が公表している資料をもとに計算すると，広く日本の上場会社の株主になっている実態が浮かび上がってくる。例えば，GPIF が保有する株式の時価総額順位ではトヨタ自動車株がトップで，トヨタ株に対する持株比率は 5.8％となる。これは同社の第 5 位株主である日本生命の持株比率を上回っている（図表 11-5 参照）。つまり GPIF は表には出てこないもののトヨタ自動車の大株主の一角を占めている。トヨタに限らず，GPIF は多くの会社で大株主の地位にあると言ってもよいであろう。

　同じく日本企業の大株主として台頭してきたのが日本銀行（以下，日銀）である。日銀は 2010 年，デフレ下での円高・株安に対処するため，金融緩和の一環として ETF の購入に踏み切った。**ETF**（Exchange Traded Funds：**上場投資信託**）とは日経平均株価，東証株価指数（TOPIX）等の動きに連動して運用成果が上がるように組成された投資信託で，上場されているのでいつで

図表 11-5　GPIF 保有時価総額順の国内株式 TOP10

会社名	保有比率
トヨタ自動車	5.8%
ソニーグループ	9.2%
キーエンス	6.6%
三菱 UFJ・FG	8.5%
東京エレクトロン	8.2%
リクルート HD	8.2%
日本電信電話	5.5%
信越化学工業	8.0%
任天堂	7.7%
三菱商事	8.6%

出所：東証マネ部！「マーケットの
クジラ「GPIF」を知る」(2022
年 9 月 17 日アクセス) https://
money-bu-jpx.com/news/
article039721/

図表 11-6　日銀の ETF 購入額と含み益の推移

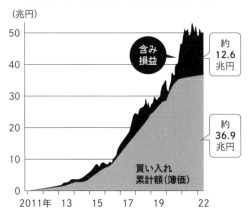

注：買い入れ累計額（簿価）と含み益の数字は 6 月末時
　　点。ニッセイ基礎研究所調べ
出所：『日本経済新聞』2022 年 7 月 22 日

も売ることができ，分散投資が可能といった特徴がある。日銀の ETF 購入の
目的は，広く日本株に投資をして，株価の底上げを図ろうとするものであっ
た。日銀は 2013 年から段階的に買い入れ額を拡大していき，その総額は 36.9
兆円（簿価，2022 年 6 月末）に達している。これに 12.6 兆円もの含み益を加

えた時価総額は49.5兆円となり，日銀は単独で東証全体の実に7.0％に相当する株式を保有している。これは上記のGPIFを上回っており，日銀が「**日本最大の株主**」ということになる。このように中央銀行が巨額の株式を保有するのは世界では極めて異例である（図表11-6参照）。

　ところでETFはその購入者が直接株式の保有者になるわけではないので，言わば会社を間接的に保有することになる。日銀の個別企業に対する保有状況は，1位アドバンテスト（24.9％），2位TDK（20.4％），3位ファーストリテイリング（20.1％）と推計されている（『日本経済新聞』2022年8月25日）。

　日銀のETFの新規購入は大幅に縮小してきているが，これまで積極的な買いで積み上がった約37兆円分のETFをどうするのか，今後の「出口戦略」が問われている。もし市場で売却することになれば，個別企業の株価への影響が出てくることになろう。

◆「日本型経営者支配」はどうなったか？

　戦後日本の経営者支配体制は，機関所有の下での安定株主構造の上に構築されたものであった。しかし，バブル経済崩壊を契機に戦後の株式持ち合いを中心とする安定株主構造はほぼ崩壊したと言ってもよい。代わって持株を増やしてきたのは外国人株主と信託銀行である。これは一言で言えば，機関投資家の台頭を意味するが，こうした内外の機関投資家はいわゆる友好的な株主とは必ずしも言えない。ましてや投資ファンドの中でも**アクティビスト**と呼ばれる「**物言う株主**」は，増配，自社株買いなどの株主還元や，事業売却などの経営に対する注文をつけてくることもある。さらに近年は，企業買収が盛んに行われる中で，かつての日本企業ではほとんど見られなかった**敵対的買収**が実行され，成立するケースも出てきている。

　このように安定株主構造の崩壊というドラスティックな変化にともない，「日本型経営者支配」もまた変容を迫られることになった。日本企業の経営者は，今では株主からのさまざまなプレッシャーを受けており，また後で詳しく見るように，コーポレート・ガバナンス改革の進展で経営者の自由裁量には制約が課せられるようになったからである。ただし，これで経営者支配の終焉→株主による所有者支配になったと見るのは早計であろう。機関投資家の中には

図表 11-7 日本企業の所有と支配の推移

時期	戦前（〜1945）	戦後（〜1990年代）	戦後（2000年代〜）
所有主体	個人所有 （家族）	機関所有 （金融機関＋事業会社）	機関所有 （機関投資家）
所有状況	株式集中	株式持合い－安定株主構造	株式分散
支配状況	所有者支配	経営者支配	経営者支配

出所：筆者作成

支配株主と言えるような大株主は存在しないからである。現状は，経営者の自由裁量の幅はこれまでより狭まっていると考えられ，制約付きの経営者支配というべき状況である（図表 11-7 参照）。

第12章

コーポレート・ガバナンス論の展開
——コーポレート・ガバナンスとは何か？

〈本章のポイント〉

　コーポレート・ガバナンスは，大企業は誰の利益を重視し，どのような方向に動かされるのか，またどうすれば公正で効率的な経営ができるのかといった点を主要な問題とする。ガバナンス問題の中心的な位置を占めているのが経営者である。またコーポレート・ガバナンスの議論の方向性や結論は，どのような企業観に立脚するかで異なる。近年は社会経済情勢の変化を受けて，株主重視からステークホルダー重視へという議論の変化が見られる。地球そのものが持続的であるためには，健全で持続的なコーポレート・ガバナンスの達成こそが，21世紀の最重要な課題の１つとなっている。

　アメリカでは1980年代の企業業績の不振や機関投資家などの台頭を背景に株主第一主義のコーポレート・ガバナンス論が主流となり，この考え方はバブル経済崩壊後の日本にも紹介され，大きな影響を与えた。従来の日本企業は，銀行や事業会社との株式持ち合いを通じて形成された安定株主構造のもとで，経営者と従業員が一体となって会社の成長を目指し，それをメインバンクが中心となってモニタリングしていくというガバナンス体制であった。しかし，90年代に入ると企業の不祥事が次々と明るみとなり，経営のチェック体制の不全が露呈し，また企業業績も低迷した。そのため，日本ではコーポレート・ガバナンス改革が声高に叫ばれるようになった。

キーワード▶コーポレート・ガバナンス，企業観，財産的企業観，制度的企業観，「家」的企業観，正当性，経営者資本主義，株主反革命，株主第一主義，ウォールストリートルール，エリサ法，エイボンレター，敵対的買収，メインバンク，護送船団方式，モニタリング，含み益経営，サイレントパートナー，シャンシャン総会，総会屋

第 1 節　コーポレート・ガバナンス論とは何か？

◆ 会社支配論からコーポレート・ガバナンス論へ

アメリカでも日本でも，1980 年代頃までは会社支配の研究が盛んに行われた。巨大株式会社における経営者支配はほぼ共通の認識となり，個人所有に代わって台頭してきた機関所有（あるいは機関投資家所有）の意味や，それと経営者支配との関係が主として議論された。また，日本ではこれと関連しても う 1 つの焦点となったのが社会経済体制の問題である。日本の資本主義とは何かをめぐって「**法人資本主義**」（奥村宏），「**脱資本主義**」（西山忠範），「**組織社会**」（三戸公）という 3 つの主張の間で論争が展開された。

しかし，1990 年代になると，そうした状況は一変する。会社支配論は影を潜め，代わってコーポレート・ガバナンス論が一気に台頭してくる。日本では「コーポレート・ガバナンス」は初めて目にする馴染みのない言葉であった。英語で書けば Corporate Governance であり，日本語では「企業統治」「会社統治」という訳語が充てられた。しかし，この訳語を見ても Governance の内容を具体的にイメージすることは難しい。Governance の語源とされる古代ギリシャ語の "kubernan" あるいはラテン語の "gubernare" は，「船の舵を取る」「船を操舵する」という意味だと言われている。ガバナンスの語源が「船の舵取り」であれば，そこから直感的に想像されるコーポレート・ガバナンスの内容は，会社が進む方向の「舵取り」ということになろう。

ところで，新たに登場したコーポレート・ガバナンス論は，会社支配論の議論と無縁ではない。それどころか会社支配論が明らかにした経営者支配こそが問題の出発点である。先進諸国ではバーリ＝ミーンズ以来，大企業における経営者支配は当然のこととされてきたが，次第に経営者や企業に対する懐疑あるいは不満が株主から提起されるようになり，コーポレート・ガバナンス論が登場することになった。その背景にあるのが，企業業績の低迷や企業不祥事といった企業活動をめぐる問題である。そのため，「会社は誰のためにあるのか（会社は誰のものか）」，「会社は誰の利益を重視して経営されるべきか」，「経営者の行動を牽制し，健全で効率的な経営を行わせるにはどうすればよいか」，

こうした点をコーポレート・ガバナンス論は鋭く問題としたのである。経営者によって動かされている巨大株式会社をどの方向に進めさせるべきか，まさに大企業の「舵取り」が現代社会における新たな課題として浮上してきたのである。

◆ コーポレート・ガバナンスはどう定義されるか？

　コーポレート・ガバナンスはどのように定義されるのであろうか。わが国の代表的な組織が掲げているコーポレート・ガバナンスの定義を参考までに見ておこう（図表 12-1 参照）。ここに挙げられた 3 つの定義の内容を簡単に言えば，「株主の代理人で構成された取締役会による経営の監督」（日本コーポレート・ガバナンス・フォーラム），「不正行為の防止と競争力向上，そして長期的な企業価値の向上のための仕組み」（日本経団連），そして「株主を含むステークホルダーの立場を踏まえ，透明・公正・迅速・果断な意思決定を行う仕組み」（東証コーポレートガバナンス・コード）ということになる。しかし，これらの定義は必ずしも共通の内容にはなっていない。実はコーポレート・ガバナンスの定義はこの他にも多数あって，その内容は論者によってかなり幅があり，多義的である。

　そこで，いくつもあるコーポレート・ガバナンスの定義で示された内容をお

図表 12-1　主要機関のコーポレート・ガバナンスの定義

	コーポレート・ガバナンスの定義
日本コーポレート・ガバナンス・フォーラム（1998 年）	統治の権利を有する株主の代理人として選ばれた取締役が構成する取締役会が，経営方針，戦略について意思決定するとともに，経営者がヒト・モノ・カネ等の経営資源を用いて行う企業の経営（マネジメント）を監督する行為である
日本経団連（2006 年）	企業の不正行為の防止ならびに競争力・収益力の向上という 2 つの視点を総合的に捉え，長期的な企業価値の増大に向けた企業経営の仕組みをいかに構築するかという問題である
東証コーポレート・ガバナンス・コード（2014 年）	会社が，株主をはじめ顧客・従業員・地域社会等の立場を踏まえた上で，透明・公正かつ迅速・果断な意思決定を行うための仕組みを意味する

　注：日本コーポレート・ガバナンス・フォーラムのコーポレート・ガバナンス原則は，1998 年に旧原則が策定され，2001 年改訂原則，2005 年の新原則と変更されてきている。
　出所：筆者作成

図表12-2　コーポレート・ガバナンスの内容

「誰のために」 （誰の利益を重視）	株主 （株主主権）	従業員 （従業員主権）	ステークホルダー
「誰に対して」	経営者（マネジメント）		
「何をする」 （ガバナンスの内容）	監督・規律付け（牽制）・モニタリング・影響力行使		
「何のために」 （ガバナンスの目的）	企業価値（株主価値）の向上，経営の効率性の向上， 価値（利益）の分配，不正防止（法令遵守）		

出所：拙著『コーポレート・ガバナンス論序説』（2004年）所収の表を一部修正。

おまかに整理すると上記のようになる（図表12-2参照）。まずガバナンスは「誰のために」あるのかに関しては，株主，従業員，ステークホルダーなど複数挙げられている。次にガバナンスは「誰に対して」なのかに関しては，経営者（マネジメント）という点でどの定義もほぼ共通している。そしてガバナンスは「何をする」のかに関しては，監督・規律付け・モニタリング・影響力行使など複数挙げられているが，要するに経営者の行動をチェックし，方向づけるという内容である。最後に，ガバナンスは「何のために」あるのかに関しては，①企業価値・株主価値の向上，②経営の効率性の向上，③不正防止，④価値（利益）分配，などの複数の目的が見られる。したがって，こうした項目のどれに焦点を当てるのかによってガバナンスの定義は異なることになる。

◆ コーポレート・ガバナンスの考え方はなぜ多様なのか？

「会社は誰のためにあるのか」，「会社は誰の利益を重視して経営するのか」に関しては，論者によって見解が分かれる。具体的には，**株主重視経営，従業員重視経営，ステークホルダー重視経営**などがある。こうした方向性の違いは，実はそれぞれが拠り所とする企業観の違いに起因する。**企業観**とは企業の性格や役割，機能に関する基本的な見方のことをいう。つまりコーポレート・ガバナンスの考え方の根幹には，企業をどう見るのか，如何なる性格のものとして把握するのかという企業観がある。その認識・立場の違いが，コーポレート・ガバナンスが目指す方向性の違いを生み出している。

まず代表的な企業観として，**財産的企業観**がある。株式会社はもともと株主が出資して設立されたもので，会社は株主の財産だとする見方である。会社は

株主にとって富を永続的に生み出してくれる致富手段である。これは私有財産制度に則った資本主義社会では当然のことであり，古くから見られる伝統的な企業観と言うことができる。こうした財産的企業観に立脚してコーポレート・ガバナンスを論じれば，株式会社は株主の利益最大化のために経営されるべきだという結論になる。これがすなわち株主重視経営である。

　これに対して，もう1つの代表的な企業観として**制度的企業観**がある。これは企業＝社会的制度と把握するものである。巨大化した株式会社は人々に財やサービスを提供するという経済的機能を果たさねばならず，社会にとって必要不可欠な存在となる。つまり企業はその行動と存在が社会的な性格を持つようになり，ゴーイング・コンサーンであることを求められるようになる。こうした制度的企業観に立脚してコーポレート・ガバナンスを論じれば，株式会社は広く社会のために経営されるべきだという結論になる。これがすなわちステークホルダー重視経営である。

　企業観はこの2つだけではなく，日本の場合は**「家」的企業観**を挙げることができる。これは企業を資本の論理と「家」の論理が合体したものとして見るもので，日本的経営の基盤をなすものである（第10章参照）。「家」的企業観は欧米にはないが，企業をゴーイング・コンサーンと位置づける点で制度的企業観と共通するものがある。また「家」的企業観では，企業の維持存続が何よりも重視され，その上で「家」のメンバーである従業員は温情と庇護の対象とされる。そのため，「家」的企業観は，従業員重視経営やステークホルダー重視経営とも親和的な側面がある。なお，「家」的企業観とは異なるが，日本企業を従業員主権だとする**人本主義企業論**（伊丹 2000）などもあり，これは従業員重視経営ということになる。

　ではどの企業観に立ってコーポレート・ガバナンスを論じるべきなのであろうか。これに関しては国や時代によって支持される企業観には違いが見られる。例えば，コーポレート・ガバナンス論が初めて登場したときには，会社は株主のものだという財産的企業観が圧倒的な支持を得て主流となったが，その後経済格差や環境問題が大きく取り上げられるようになると，サステナビリティの観点から企業をゴーイング・コンサーンとして位置づける制度的企業観が支持を広げている。近年盛んに言われるようになった「**ステークホルダー資**

本主義」という主張は，まさにこれと符合する。

◆ コーポレート・ガバナンス論の意義は何か？

　コーポレート・ガバナンスの定義は多義的で広がりがあることを確認したが，コーポレート・ガバナンスの問題とは何かを簡単に纏めておこう。

① 会社は誰の利益を重視し，どのように経営すべきか（「会社は誰のためにあるのか」）

② ①のような経営をするためには，経営者をどのように監督・牽制すればよいか（「経営者権力のチェック＆バランス」）

③ 経営者権力の正当性をどう確保するか

　コーポレート・ガバナンスとは，こうした3つの問題から成りたっていると言うことができる。なお，③に関しては，あまり論じられることがないので説明が必要であろう。まずコーポレート・ガバナンス問題の中心に位置するのは経営者であり，その経営者が実質的に権力を行使している実態がある。大企業における経営者の権力は極めて大きい。はたして経営者権力は正当なものか，もしそうであるとすればその**正当性**（legitimacy）の根拠は何か，が問われねばならないということである。

　そしてコーポレート・ガバナンス論の意義は，コーポレート・ガバナンスこそが現代社会における中核的な問題の1つであり，最重要な課題だということである。それは，企業が経済活動の中心を担い，その中でも特に巨大企業が圧倒的な経済力と社会への影響力をもつようになっているからに他ならない。そうした巨大企業が健全かつ持続的な経営をすることなしに，地球そのものの持続可能性（サステナビリティ）の実現は極めて困難である。SDGs，CSR，ESGが21世紀の世界の大きな潮流となっていることはそれを端的に物語っている（第15章参照）。巨大企業をはじめとして，企業が健全かつ持続的な経営を行うようにするための「舵取り」こそが，コーポレート・ガバナンスということである。

▌第2節　アメリカのコーポレート・ガバナンス──背景と問題

◆ 経営者支配と経営者資本主義

　バーリ＝ミーンズやラーナーの分析でも示されたとおり，1970年頃までのアメリカの大企業では個人所有が約80％と圧倒的で，株式の分散化による経営者支配の状況にあった（第11章第3節参照）。こうした経営者の多くは内部出身者であり，社内から選ばれていた。取締役会のメンバーも内部出身者が多く，社外取締役を選ぶのは社長などの経営者であった。また経営者が権力を維持できた背景の1つには，必要な資金を外部の金融機関に大きく依存しなくても**自己金融**（内部留保＋減価償却）でかなり賄えたことも挙げられる。したがって，経営者は外部からの牽制をあまり意識する必要がなかったと言ってもよい。

　経営者支配のもとでのアメリカ企業の経営スタイルは，日本企業のそれとかなり近いものがあったと言われている。組合の有無などで違いはあるものの，大企業を中心に「終身雇用」が行われており，同じ会社の中で昇進していく「キャリアの内部化」が見られた。ホワイトカラーはある程度の雇用保障がなされ，ブルーカラーはレイオフされても再びリコールされた。1982年に刊行されベストセラーとなったT.ピーターズ＝R.ウォーターマンの『エクセレント・カンパニー』では，アメリカの超優良企業の多くは，企業を1つの（拡大）家族として見ている，と指摘されている。こうした人的資源管理の在り方は，1950年代から80年代半ばまで続いたと言われている（伊藤他2006）。

　このように経営者は株主などからの牽制を受けず，従業員などのステークホルダーを意識した経営を行っており，これは**経営者資本主義**と呼ばれた。

◆ 株主重視のコーポレート・ガバナンス論登場の背景は何か？

　アメリカは個人資本家による資本主義から，1930年代頃を境に経営者資本主義へと転換し，それは1970年代頃まで続いた。しかし，1980年代になるとコーポレート・ガバナンス論が本格的に登場することで，アメリカは機関投資家による**株主資本主義**の時代となる。これは**株主反革命**と呼ばれる。こうした

株主第一主義のコーポレート・ガバナンスはなぜ登場したのか。それにはいくつかの理由がある。

まず第 1 は，アメリカ経済と企業業績の低迷である。アメリカ経済は「黄金の 60 年代」と言われた絶頂期を経て，1970 年代にはスタグフレーションに陥り経済成長は伸び悩み，その流れの中で 80 年代を迎える。財政赤字と貿易赤字という双子の赤字を抱え，アメリカ経済は厳しい状況になった。企業に目を向けると，世界のトップランナーとして高い競争力を誇っていたアメリカ企業は，次第にその地位を低下させていった。1980 年に自動車の生産台数は日本に追い抜かれ，それ以外の分野でも日本製品との競合分野で劣勢に立たされた。日米の貿易摩擦が激しさを増したのが 80 年代であった。要するに，アメリカ企業は伝統的な製造業を中心とする産業において競争力を失ってしまい，アメリカ経済もまた低迷した。

第 2 は，機関投資家の台頭である。アメリカの株式所有構造は長く個人所有が中心であったが，年金基金や投資信託といった機関投資家による株式所有が徐々に拡大していった。そして機関投資家の行動様式にも大きな変化が生まれた。従来は，保有する企業の経営が気に入らなければ株式を売却する，すなわち市場から**退出**（Exit）することであった。これは**ウォールストリートルール**と呼ばれた。しかし，保有する株式数が増大してくると，大量の株式の売却は株価を下落させて損失を被るリスクが大きくなる。そのため，機関投資家は退出ではなく**発言**（Voice）を選択するようになった。つまり企業に対して株主が注文をつけるようになったということであり，これは**株主行動主義**と呼ばれた。具体的には**株主エンゲージメント**などが行われるようになった。

第 3 は，1974 年に制定された**エリサ法**と呼ばれる従業員退職所得保障法（Employee Retirement Income Security Act）で，年金基金の受託者責任が定められたことである。同法では，年金の運用者は「思慮深い投資家の原則（Prudent man rule）」に従わねばならないとされた。さらに 1988 年にはエイボン・プロダクツ社の企業年金からの質問に対して労働省が発出した**エイボン・レター**（Avon letter）において，機関投資家の議決権行使は受託者責任の一部であることが明確になった。これはつまり議決権行使に公的なお墨付きが与えられたことを意味し，エリサ法で制約を受けていた年金基金は積極的に

議決権を行使するようになった。こうしたことも背景にあり，1992年から93年にかけて，GM，IBM，アメリカン・エクスプレスなどの有力企業で業績不振を理由にCEOが更迭される事態が起きた。これは衝撃的だったと言ってよい。

　第4は，1980年代の**敵対的買収**の隆盛である。企業買収は，非効率な経営を行っている経営者を交代させ，新たな経営者が企業の資源を最も効率的に使って企業価値を向上させるとして，その正当性が強調された。企業規模の大きいTWA，マラソン石油，RJRナビスコなども買収の標的にされ，その手法としては，買収先企業の資産を担保に資金を借り入れる**LBO**（レバレッジド・バイアウト）などが用いられた。こうした**支配権取引市場**を通じた敵対的買収の脅威こそが，経営者に規律をもたらし，効率的な経営を実現する有力な方法だと主張された。敵対的買収を防ぐためには，経営者は株価を高めることに注力せざるを得なくなった。

◆ 株主資本主義とコーポレート・ガバナンス

　こうしてアメリカでは経営者資本主義が終焉し，代わって機関投資家が中心となる株主資本主義の時代が1980年代後半から始まった。経営者はこれまで株主からの掣肘（せいちゅう）をほとんど受けずに経営を行ってきていたが，むしろ株主の方を向いて経営を行うことが基本となった。1997年の経営者団体ビジネスラウンドテーブルの株主第一主義の宣言はその象徴である。株主利益の最大化が第一であり，そのための方法が市場による**経営者の規律づけ**であった。

　経営者には株主と同じ目線で株価の上昇に積極的に取り組むことが期待された。経営者の報酬には従来からもストック・オプションなどは用いられていたが，固定報酬よりも業績に基づく株式によるインセンティブ報酬がメインとなった。そして，80年代以降経営者報酬はそれまでと比べて大幅に増大した。またこれまでと大きく変化したのは，**CEO**（Chief Executive Officer：**最高経営責任者**）の後継者が内部ではなく外部から登用される比率が上昇したことである。同じく社外取締役も従来のようなCEOの友人などではなく，会社と関係のない独立社外取締役が多数を占めるように制度が変更された。

　そして企業の経営スタイルも大きく転換することになった。経営のキーワー

ドは**リストラクチャリング**や**ダウンサイジング**になり，これまでのような従業員の長期雇用は維持されなくなった。従業員にとっては生活が不安定となり，勤続年数も短くなったと言われている。

　1990年代になるとアメリカはIT産業などの台頭で経済は復活する。成長が継続するニューエコノミー論も語られた。冷戦の終結でグローバル市場が登場してきたことで，アメリカのコーポレート・ガバナンスの考えは世界に広がった。アメリカのガバナンスのスタイルこそがグローバル・スタンダード（世界標準）だとする見方もあったが，ガバナンス論の考え方の普及は逆に各国の資本主義の型や統治システムの違いを浮き彫りにした。M. アルベールの『資本主義対資本主義』（1992年）ではドイツ，日本のライン型，英米のアングロサクソン型が取り上げられている。

　ところで盤石なコーポレート・ガバナンスのシステムを備えていたはずのアメリカであるが，そのまま順風満帆で推移したわけではない。2001年には世界のトップ10にも入ったことのあるエネルギー販売会社エンロンの不正会計（粉飾決算）が明らかとなり，これがもとで株価が急落して経営破綻した。また2002年には全米2位の長距離通信会社ワールドコムも同じく不正会計（粉飾決算）で経営破綻した。両者とも巨大企業で，社会の企業に対する信頼を大きく揺るがす事件となった。こうした事態に対処するため，アメリカは2002年に上場企業会計改革および投資家保護法を制定した。これは法案提出者の名前を取って通称**サーベンス・オクスリー法（SOX法）**と呼ばれている。これによって内部統制が強化されることになった。しかし，2008年にはサブプライムローン問題をきっかけにリーマンブラザーズ社が経営破綻し，「100年に一度」と言われる金融危機が世界経済を襲った。この**リーマンショック**がもたらしたマイナスの影響は計り知れない。儲けさえすればよいという「強欲資本主義」が批判され，こうした事態を招いた過度の規制緩和も問題視された。

◆ 株主資本主義の思想と理論

　経済思想を見ると，その時代によって支持される理論と，反対に色あせて見える理論がある。アメリカでは世界恐慌を克服したケインズ経済学が大きな支持を得てきたが，1970年代に入りスタグフレーション（不況の中の物価上昇）

が進行して有効な処方箋を示せなくなると，ケインズ経済学に代わって F. ハイエクや M. フリードマンに代表される**新自由主義**の経済学が台頭してくる。ケインズ主義的福祉国家の政策を批判し，市場経済のもとでの自由競争こそが最も効率的で有効だとして，規制緩和，福祉予算の削減，自己責任などを唱えた（第3章第5節参照）。また会社の所有者は株主であり，株主利益の最大化を目指すことこそが社会の富を拡大させるとした。規制を廃して経済が活性化すると金持ちはさらに金持ちになり，そうした富裕層から次第に低所得者にも利益は滴り落ちる（分配される）という**トリクルダウン理論**が主張された。こうした新自由主義の経済思想は世界を席捲した。

　そして新自由主義の経済思想の隆盛を背景として，1980年代のコーポレート・ガバナンス論の理論的支柱となったのがエージェンシー理論である。会社は所有者である株主のものであり，代理人である経営者に対して，どうすればエージェンシー・コストを小さくしながら株主利益の最大化という目的を達成させることができるのか。この理論の登場によって，コーポレート・ガバナンス論は株主利益最大化を推進する分析ツールを獲得することになった。

コラム❹　「会社は誰のものか」——バーリ＝ドッド論争

　コーポレート・ガバナンス論が本格的に登場したのは1980年代後半であるが，「会社は誰のものか」「誰の利益を重視するのか」といったガバナンス論の基本問題は，実は1930年代からすでに議論になっていた。コロンビア大学のバーリとハーバード大学のドッドという，アメリカを代表する著名な法学者2人の間で行われた論争は，まさに株式会社は誰のために経営されるべきかを問うものであった。

　アドルフ・A. バーリは「信託された権力としての会社権力」（1931年）において，経営者は「株主の受託者」であると主張した。つまり経営者は株式会社の唯一の受益者である株主のために行動しなければならないとしたのである。これに対して，ドッドは「株式会社の経営者は誰のための受託者か」（1932年）を発表し，経営者は株主のために利益を追求する単なる代理人ではなく，広く社会に対して責任を負う「会社の受託者」だと主張し，バーリ説を批判した。バーリはすぐに反論を書き，E. メリック・ドッドの主張は理解で

きるが，それは「理論ではあっても現実ではない」と指摘した。この論争は，会社権力は株主のために信託された権力なのか，それとも社会のために信託された権力なのかを争った。換言すれば，経営者は株主のために行動すべきなのか，それともより広く社会のために行動すべきなのかが問われたのである。

　この論争は，時を経てお互いが相手の主張を認めるという結果となった。奇妙な結末のように見えるが，アメリカではこの間，一方で証券法，グラススティーガル法，銀行法などの法整備が進み，また他方で会社が社会に寄附することが認められる判決も出され，株式会社をめぐる環境には変化があった。

　この論争で，バーリは伝統的な株式会社観を支持しているように見えるが，必ずしもそうではない。当時は，一般株主の権利が希釈化，弱体化されていくのに対し，経営者の権力が増大していく姿に危惧の念を覚え，会社権力は「株主の信託」によるものだという論理で抑制しなければ経営者は絶対的な存在になると恐れたのである。これが彼の最初の認識であった。その後，バーリは会社権力とその正当性の問題をさらに追求し，会社良心論（『20世紀資本主義革命』1954年）や社会的合意論（『財産なき支配』1959年）を精力的に展開した。彼は，株式会社が社会的な存在となるためには経営者そして会社権力をどのように制御すべきなのかを生涯かけて追求したのである。そういう意味では，バーリこそが「コーポレート・ガバナンスの父」と呼べる存在だと言えよう。

第3節　日本のコーポレート・ガバナンス──背景と問題

◆ 日本企業のガバナンスはどうなっていたのか？

　日本企業のガバナンス体制はこれまでどうなっていたのであろうか。「ガバナンス」という言葉が日本で初めて登場したのはバブル経済が崩壊した1990年代になってからであるが，それ以前にコーポレート・ガバナンスと呼べるものがなかったわけではない。それまでの日本のコーポレート・ガバナンスの実態をまず確認しておこう。

　戦後日本のコーポレート・ガバナンスを見ていく場合，これまですでに説明した企業の所有構造，支配構造の理解が重要である。日本の大企業の所有構造

の特徴は，株式持ち合いによる安定株主構造であった。具体的には，事業会社と銀行，生損保などの金融機関が各企業の大株主として名前を連ねており，しかも重要なのは，こうした大株主は安定株主という性格をもっていたことである。すなわち大株主であっても株主総会などで発言しない**サイレント・パートナー**であり，会社にとってはいつでも味方になってくれる友好的な株主であった。そしてこうした安定株主構造の上に，経営者支配の体制が築かれていた。すなわち会社の内部出身の経営者がトップ・マネジメントを担い，実質的に支配していたのである。

　そしてもう１つ重要なのは，銀行は大企業の大株主であると同時に，資金の貸し出しを通じた大口の債権者でもあった点である。戦後の日本企業の資金調達は間接金融が中心であり，銀行は資金供給者として重要な位置を占めていた。特に取引の中心である主力銀行は**メインバンク**と呼ばれ，銀行からは役員が派遣され，会社の経営に問題がないか常に**モニタリング**が行われていた。通常は経営に介入しないが，経営に問題が生じたときに会社再建のための財務的な支援をしてくれるのもこうしたメインバンクであった。会社と銀行の関係は，いわば持ちつ持たれつの関係だったと言ってもよかろう。さらに言えば，日本の銀行そのものが監督官庁である（旧）大蔵省の指導を強く受ける立場にあり，**護送船団方式**によって庇護されていた。つまり競争力で劣る金融機関が脱落しないように監督官庁によって業界全体が管理・統制されていたのである。こうしたやり方はバブル経済が崩壊する1990年代頃まで続いた。

　したがって，1980年代までの日本企業は，機関所有のもとで株式持ち合いを通じて安定株主構造を形成し，メインバンクによるモニタリングを受けながら，経営者が主導するガバナンス体制であったと言うことができる。

◆ 統治機構は機能していたか？

　株式会社制度は「所有と経営の分離」を基本としており，株主の代わりに経営者をチェックし監督するための統治機構が備えられている。日本では従来，株主総会，取締役会，監査役会による三権分立型の統治機構（2003年施行の改正商法で「監査役会設置会社」と呼ばれるようになった）が基本であった。この統治機構では，監査役が株主総会で選任された取締役に対して業務監査

と会計監査を行い，問題があれば取締役会さらには株主総会に報告するように
なっている。他方，取締役会は，会社の代表権を持つ代表取締役の業務執行を
監督するという役割を担う。したがって，会社の経営のトップである代表取締
役に対しては，監査役のチェックならびに取締役会のチェックという二重の
チェック体制が作られていた。

　ではこうしたチェック体制ははたしてうまく機能してきたのであろうか。結
論から言えば，会社や経営トップに問題があったとしても，チェック機能を十
分に果たすことは容易ではなかったと言わざるをえない。その理由は，チェッ
クする側の取締役，監査役を実質的に任命していたのは，チェックされる側の
経営トップだからである。万一経営上の問題が見つかりそれを追求しように
も，相手は自分を役員に抜擢してくれたいわば恩人である。しかも社内の職位
で言えば経営トップが社長で，他の取締役は社長の部下という上下関係になっ
ている。また監査役は取締役会からは独立していても，その実態はしばしば
「閑散役」と揶揄される状況であった。これではトップに問題があってもそれ
を糾弾し是正するような力はいずれも働きにくい。そのため，問題のある社長
を実際に交代させることは決して簡単ではない。

　その典型的な事例が，1982年に起こった**三越事件**である。三越（現・三越
伊勢丹ホールディングス）は江戸時代の越後屋以来の伝統をもつ老舗デパー
トであるが，そのトップを務めていた岡田茂社長（当時）はライバルと目され
る人たちを左遷して独裁体制をしき，会社を私物化した上に，さらに出入り業
者への優越的地位の乱用やペルシャ偽秘宝展事件なども起こした。ちなみに当
時，三越の商品配送を受け持っていた大和運輸（現・ヤマトホールディング
ス）もそうした理不尽な対応を受けた会社の1つであるが，小倉昌男社長（当
時）はそれに納得せず取引を止め，その後は自らが考案した新しいビジネス
モデルである「宅急便」事業を軌道に乗せ，今日の隆盛へとつなげていった話
は有名である（小倉 1999）。こうして三越の社会的信用は次第に低下し，また
業績も業界トップから3位に転落した。三越が特異であったのは，自社の厚生
事業団や愛護会の持株を合わせると事実上の筆頭株主になり，社長はそれを背
景に権力を振るうことができたことである。この危機的とも言える状況の中，
労組も経営体質の改善を申し入れ，三井グループの社長会・二木会も事実上の

退陣を求めた。しかし最後は，社外取締役の小山五郎氏（当時，三井銀行相談役）を中心に事前の根回しが行われた上で取締役会が開催され，本人には事前の通知なく社長職と代表権を解く動議が出され，取締役全員の賛成でこの提案は成立した。突然の解任に納得しない岡田社長は「なぜだ！」と繰り返したというが，会社を私物化している人物を辞めさせるのにこうした「闇討ち」のようなやり方をしないといけなかったところに，「**ガバナンスの不全**」が端的に見て取れる。

◆ 株主総会が「シャンシャン総会」だったのはなぜか？

　このように日本の経営者の地位は，よい意味でも悪い意味でも盤石だったと言える。多少経営に問題があっても株主総会で追及を受けることはほとんどなかったからである。そもそも株主からの圧力は強くなく，株主総会は「異議なし」で進行し，平均 30 分程度というごく短時間で終わる「**シャンシャン総会**」が基本であった。つまり株主総会は審議の場ではなく，実態はセレモニーであった。そのため，総会は紛糾せずに早く終わるのが良しとされた。それが可能であったのは，大株主はみな安定株主であり，その支持を事前に得ていたからである。逆に，株主総会が長時間に及び，荒れた総会になれば問題企業と見られ不名誉だとする意識が日本企業にはあった。ところが，こうした無風の株主総会の裏には，実は大きな問題が隠されていた。それは**総会屋**と呼ばれる**特殊株主**が跋扈していたことである。総会屋は，若干の株式を保有して株主総会に出席し，会社の経営の失態や醜聞などをネタにして長時間にわたって会社側を追及したり，逆に会社側に立って他の株主の発言を制して議事進行を図ったりした。いずれの場合も会社からの利益供与を受けるのが目的で，金銭の直接的な授受が行われた。1981 年の商法改正で**利益供与禁止**の規定が設けられたが，それでも総会屋は雑誌の購読，植木のリース，海の家の利用料といった通常の取引を装った手口で巧みに企業から利益を得た。また同じく 81 年の改正で**単位株制度**（持株の額面が 5 万円で 1 議決権が与えられる，現在は単元株制度に変更）が導入され総会に参加するためのハードルは高くなったものの，総会屋の活動がなくなることはなかった。それどころか 1984 年のソニーの株主総会は，総会屋が次々に質問にたち 13 時間半にも及んだことで有名で

ある。85年のアシックスの株主総会も11時間半を要した。こうした長時間総会は**マラソン総会**と呼ばれた。

　ところでこれと関連して，日本の上場会社の株主総会のもう1つの特徴は，株主総会を同じ日に集中して開催してきたことである。これを**集中日**という。このようになった最大の理由は，総会屋対策である。同じ日に集中すれば総会屋は特定の総会にしか出席できなくなり，多くの企業が総会屋を閉めだすことができるからである。こうして特定の日への集中率は上昇を続け，最も高かった1995年には96.2％にも達した。つまりほぼ全部の上場会社で同じ日に株主総会が開催されたのである。しかし，これでは一般の投資家は総会への出席の機会を奪われることになる。

◆ 日本企業は株主の利益を軽視していたか？

　株主への利益還元の1つに配当がある。日本企業の配当政策は**安定配当**を基本としていた。これは企業の利益が高くても低くても，常に一定の配当を維持しようとするものである。株主にとっては企業業績がよくても大きな配当は期待できない代わりに，業績がよくない時でも一定の配当を受け取れる安心感がある。特に安定株主はそもそも配当目的で所有しているわけではないので，安定配当に不満を言うことはなかった。

　一般的に株主にとって最も重要なのは投資先企業の株価の動向である。日経平均株価は長期的に見れば，戦後，一貫して右肩上がりの上昇傾向を示した（図表5-11参照）。そのため，株式を長期保有する株主にとっては，株価に大きな不満はなかったと言ってよかろう。安定株主もその恩恵を受けたのであり，長期保有で株価が上昇すればそれがそのまま自社の**含み益**となった。なぜなら当時は**簿価会計**が採られていたため，株価（時価）が上昇しても帳簿上は取得原価が記載されており，簿価と時価との差額は表には出ない含み益となったのである。会社にとっては都合のよい資金であり，これを用いた**含み益経営**が行われた。ただし，含み益の存在は逆に一般の投資家が会社の財務実態を正確に知ることを困難にするため，経営の透明性の観点からは問題があった。

　欧米との比較で言えば，配当利回りは1970年代以降欧米よりも低く推移してきたものの，総投資利回り（配当利回り＋株価上昇）でみると国際的には

遜色のないものであったと指摘されている（内閣府「平成4年度年次経済報告」）。したがって，株主の利益が軽視されていたということには必ずしもならない。しかし，バブル崩壊でそうした状況は一変する。

◆ バブル経済の崩壊と企業不祥事

　企業活動において違法性があるものや，著しく倫理性に欠ける行動によって引き起こされた事件は**企業不祥事**と呼ばれる。これまで日本企業では，粉飾決算や贈収賄事件などさまざまな企業不祥事があったが，バブル経済が崩壊すると新たな企業不祥事が次々と明らかになった。バブル最盛期の1989年にはリクルート事件が起き，株価が下落を始めた91年には証券会社による損失補填事件や反社会勢力との不適切な取引などが発覚した。損失補填は大口顧客である有力企業約200社に対して行われ，その額は2164億円にも及んだ。一連の問題は「**証券不祥事**」と呼ばれ，一般の投資家を軽視する証券会社のこうした行為は信頼を失墜させ，社会的な批判を浴びた。同じく91年にはイトマン事件（特別背任），92年には東京佐川急便事件（特別背任），95年にはゼネコン汚職事件（贈収賄），二信組事件（乱脈融資）と不祥事は続いた。97年には総会屋への巨額の利益供与事件が明らかになったが，この事件は，第一勧業銀行（現・みずほ銀行）が迂回融資で117億円もの資金を総会屋に対して提供し，その資金をもとに利益が上がるように四大証券会社（山一，日興，大和，野村）に不当な運用をさせていたというものである。会長，社長，副社長といった経営トップも含め30人を超える逮捕者を出した。これに限らず92年イトーヨーカ堂，93年キリンビール，96年高島屋，97年味の素，松坂屋，三菱自動車，三菱電機，三菱地所，東芝，日立製作所，98年旭硝子（現・AGC），日本航空といった有力企業による総会屋への利益供与が明るみになった。

　バブル経済は利益優先で企業や経営者の倫理観を麻痺させた面があり，それに歯止めをかけられずに不祥事を次々に引き起こしていったことは，企業のチェック体制がまったく機能していなかったことを露呈したものと言えよう。

第13章

日本企業のガバナンス改革
──改革はどこまで進んだか？

〈本章のポイント〉

日本企業はこれまでさまざまなコーポレート・ガバナンス改革を行ってきた。コーポレート・ガバナンスは企業の不祥事を防ぎ，健全な経営を行うようにさせることが目標の1つであり，日本企業は取締役会のスリム化，執行役員制度の導入などを通じて監督と執行を分離し，さらに監督機能の強化のために社外取締役の導入を進めた。統治機構改革としては，指名委員会等設置会社，監査等委員会設置会社が新設され，特に後者を導入する会社が増加している。

また，日本企業の「稼ぐ力」を向上させるために，スチュワードシップ・コードとコーポレートガバナンス・コードが制定され，株主である機関投資家と上場会社が建設的な対話を通じて企業価値の向上を図っていくことが目指された。これは「守りのガバナンス」に対して「攻めのガバナンス」といわれ，そこで重視されたのが日本企業の資本効率である。つまり資本をどれだけ効率的に使って利益を上げているかが課題とされ，ROE や ROA，さらに ROIC といった財務的指標が大きく取り上げられるようになった。日本企業には，欧米並みに最低限8％の ROE の達成が求められた。

ガバナンス改革を通じて日本企業の利益分配は株主重視に舵が切られた。その一方で，従業員への分配は増えないまま推移してきており，これをどうするかが課題である。

・・

キーワード▶取締役会の肥大化，常務会，執行役員制度，社外取締役、独立社外取締役，攻めのガバナンス，スチュワードシップ・コード，コーポレートガバナンス・コード，ROE，ROA，ROIC，内部留保，配当，配当性向，労働分配率

第1節　統治機構改革

◆ 取締役会改革とは何か？

　日本の株式会社のガバナンスの問題点として最初に指摘されたのは，取締役会の構成とその機能であった。取締役は商法（現・会社法）上の役員であり，経営者である。戦後日本の大企業では，そのほとんどが**内部出身取締役**で占められていた。つまり従業員の中から選ばれた人が取締役になり，その中から社長が選ばれるというのが一般的であった。ほとんどの取締役が従業員出身という点では，取締役とは従業員にとっての出世の上級ポストという意味を持った。例えば，課長は部長を目指し，部長になったら今度はそれより上の取締役のポストを目指すのである。そのため，従業員が最後まで出世競争で意欲を失わず頑張ってくれるようにするには，取締役のポストを1つでも多く用意しておく必要がある。こうした要因もあって，**取締役会の肥大化**が生ずることになった。1994年時点での上場会社の取締役数のトップ10は，さくら銀行（現・三井住友銀行）64人，トヨタ自動車60人，鹿島建設59人，三井物産57人，三菱商事55人，伊藤忠商事53人，大成建設53人，大林組52人，新日本製鐵（現・日本製鉄），住友商事，あさひ銀行（現・りそな銀行），清水建設50人となっている（『1995年版役員四季報』）。これだけ大人数が参加する取締役会では誰もが自由闊達に意見を言うことは不可能である。そのため，これとは別に社長以下の役付取締役のみで構成される**常務会**が設置され，そこが実質的な意思決定の場となった。そうなると取締役会は常務会で決めたことを報告し追認する場でしかなくなる。これは**取締役会の形骸化**である。またこの他の問題としては，取締役会のメンバーはほとんどが元従業員の出身であるため同質性が極めて高く，取締役会によるトップに対する監督，あるいは現場の運営に対する監督機能が十分果たされていないという問題点も指摘された。こうした状況を踏まえて，コーポレート・ガバナンス改革の一環として取締役改革が断行された。

◆ **執行役員制度の導入と取締役会のスリム化**

　日本企業の取締役会改革としてはまず，取締役会のスリム化，監督機能の強化が課題となった。そもそも取締役会が肥大化し監督機能に問題があったのは，**監督と執行の分離**が明確になっておらず，同じ人物が監督と執行の両方の機能を担っていたからである。例えば，「取締役総務部長」の肩書きは，**使用人兼務取締役**として取締役が現場の総務部長を兼務していることを示すものである。これでは取り締まる方と取り締まられる方が同じ人物になってしまい，チェック機能は働かない。アメリカでは経営の監督は **Director**（取締役・受託経営層），現場の業務執行は **Officer**（執行経営層）というように役割が明確に分かれている。つまり執行する人とそれを監督する人は別々である。これに倣って，1997 年にわが国で初めてソニーが導入したのが**執行役員制度**である。この執行役員とは，言葉の通り業務執行のみを専門に行う。対外的なイメージを配慮して「役員」の名称が付けられているが，取締役のような会社法上の役員ではない点は注意が必要である。ソニーでは，この改革で 38 人いた取締役の中 34 人（7 人は取締役との兼任）が執行役員となった。取締役は 10 名（3 人は社外）と大幅にスリム化し，迅速な意思決定が可能となった。この制度はその後，他社も追随することで次第に普及していった。日本監査役協会のアンケート調査（2022 年）によれば，上場会社で「執行役員制度あり」と回答した会社は監査役会設置会社では 81.0%，監査等委員会設置会社では 78.0% と，いずれもほぼ 8 割に達している。つまりほとんどの上場会社は執行役員制度を設置しているのである。また執行役員の人数は前者が 11.44 人，後者が 10.22 人となっている。このうち取締役兼任がいる会社では執行役員数はこれよりもさらに多く，前者が 13.97 人，後者が 12.80 人となっている（図表 13-1 参照）。

　このように執行役員制度は広く普及することになったのであるが，その一方で，この制度の問題点も指摘されるようになっている。監督と執行の分離が前提になっているにも関わらず取締役が執行役員を兼任しているケースが見られることである。上記のアンケートによれば，監査役会設置会社で 54.7%，監査等委員会設置会社で 50.3% とほぼ半数の会社がこれに該当する。また執行役員の地位が不安定で，部長などの他の役職との関係が不明確だという点も指摘さ

図表 13-1　執行役員制度導入状況（上場会社）

	監査役会設置会社	監査等委員会設置会社
執行役員制度あり	1,101 社（81.0%）	490 社（78.0%）
執行役員数	11.44 人	10.22 人
取締役兼務者あり	744 社（54.7%）	316 社（50.3%）
執行役員数	13.97 人	12.80 人
取締役兼務数	4.12 人	4.09 人
回答社数	1,359 社（100.0%）	628 社（100.0%）

出所：日本監査役協会「第 22 回インターネット・アンケート集計結果」（2022 年）から一部抜粋（2022 年 8 月 13 日アクセス）https://www.kansa.or.jp/support/library/post-2813/

れている。そのため，執行役員制度を廃止する企業も出てきている。

　何れにしろ，執行役員制度を積極的に導入することによって，取締役会のスリム化は大きく進展した。上記のアンケート調査によれば，上場会社の取締役会人数は監査役会設置会社 7.84 人，指名委員会等設置会社 10.46 人，監査等委員会設置会社 9.47 人という結果になっており，かつてのような数十人規模の取締役会は日本の会社からは完全に姿を消した。

◆ 社外取締役の登用とその選任状況

　取締役はその出身によって 2 つに分けられる。当該企業出身の取締役は社内取締役と呼ばれ，外部出身の取締役は社外取締役と呼ばれている。これまで日本企業はほとんどが社内取締役で占められており，しかも業務執行を担っていた。これに対して会社の業務執行には関わらず，むしろ業務執行を厳格に監督するというコーポレート・ガバナンスの観点から，社外取締役が大きく注目されるようになった。

　社外取締役とは，社内の業務執行に従事せず，会社の内部や資本関係のある会社とは関係のない取締役のことである。そのため会社法では，現在及び過去 10 年間，当該企業で業務執行を行っていた者，その親会社，子会社などで業務執行を行っていた者，さらにそうした業務執行をしていた者の二親等内の親族・配偶者は，社外取締役に就任することは認められていない。つまり会社と関係ないことが社外取締役になる重要な要件となっている。こうした

社外取締役の要件をさらに厳しくしたものが，**独立社外取締役**（Independent Directors）である。東証はそのガイドラインを設けて，一般株主との間で利益相反が生じる恐れがないことを要件に挙げている。また個別企業においては，これに関連してより具体的な基準を設けている場合がある。

　さて，社外取締役の役割は，基本的には外部の視点で会社の経営を監督することである。「コーポレートガバナンス・コード」（本章第 2 節参照）では，社外取締役の役割を以下のように規定している。

　　1．経営の方針や経営改善について，自らの知見に基づき，会社の持続的な成長を促し中長期的な企業価値の向上を図る，との観点からの助言を行うこと

　　2．経営陣幹部の選解任その他の取締役会の重要な意思決定を通じ，経営の監督を行うこと

　　3．会社と経営陣・支配株主等との間の利益相反を監督すること

　　4．経営陣・支配株主から独立した立場で，少数株主をはじめとするステークホルダーの意見を取締役会に適切に反映させること

　以上を簡単に言えば，社外取締役の役割は，1.経営の助言，2.経営の監督，3.利益相反の監督，4.ステークホルダーの意見を反映させるということになる。

　これまで会社法では指名委員会等設置会社，監査等委員会設置会社において最低 2 名の社外取締役の設置が義務づけられていた。これに加えて，2021 年からは監査役会設置会社である一部の上場会社においても，1 名以上の設置が義務づけられることになった。ただし，会社法とは別に東証の「コーポレートガバナンス・コード」では，以前から上場会社に独立社外取締役を 2 名以上選任することを求めてきた。そのため，上場会社は独立社外取締役の選任を進め，プライム市場ではほぼ 100％近い達成率になっている。こうした中，2021 年 6 月に改訂されたコーポレートガバナンス・コードではさらに基準が引き上げられ，プライム市場上場会社は取締役会において独立社外取締役を 3 分の 1 以上（必要な場合は過半数）選任することを求めている。こちらもすでに 92.1％とほぼ達成されたと言えよう（図表 13-2 参照）。次の段階では欧米並みに取締役会の過半数を独立社外取締役にすることが求められることになろう。

ただ，現在のところプライム市場ではこの過半数の基準を満たしている会社は12.1％と少なく，こちらは道半ばという状況である（図表13-3参照）。なお，全上場会社（プライム，スタンダード，グロースの全3770社）を見た場合，独立社外取締役の選任状況は「2名以上」85.4％，「3分の1以上」69.2％，「過半数」9.2％となっている。

図表 13-2　独立社外取締役を3分の1以上選任している会社の推移

出所：東証（2022年8月）「コーポレートガバナンス・コードへの対応状況」（2022年11月16日アクセス）https://www.jpx.co.jp/news/1020/nlsgeu000006jro6-att/nlsgeu000006jrqr.pdf

図表 13-3　独立社外取締役を過半数選任している会社の推移

出所：図表13-2と同じ

◆ 社外取締役に求められるもの

　上場会社において独立社外取締役の数は増加傾向にあり，取締役会における役割がそれだけ重視されていることを表している。ここでは独立社外取締役の属性や具体的な役割に関して，経産省がまとめたアンケート結果「社外取締役の現状について」（2020年）をもとに見ておこう。

　まず独立社外取締役の属性（出身）は，経営経験者，弁護士，公認会計士／税理士，金融機関，学者，コンサルティングなど多様であるが，調査対象の全社外取締役のうち半数近い46.0％が経営経験者で占められており，特に指名委員会等設置会社では63.3％が経営経験者である。また取締役会における役職としては，指名委員会45.2％，報酬委員会46.0％とほぼ半数が両委員会に所属している。また取締役会への出席時間を除く1か月の活動時間は，10時間以下が全体の64.3％を占めた。そして社外取締役の在任期間は5年以下が84％を占めている。一部ではあるが10年を超える場合もあった。さらに問題点として指摘されているのは，社外取締役の複数兼任である。

　ところで社外取締役自身が重視している役割としては，「助言」と「監督」がほぼ半数ずつという回答となっている。その中で最も重視する役割は「経営戦略・計画の策定への関与」54％，「コンプライアンス・不祥事対応への関与」34％，「経営陣の指名・報酬プロセスへの関与」7％となっており，「経営陣の指名・報酬プロセスへの関与」は低い結果となっている。

　また社外取締役が誰のために行動しているかに関しては，最も重視するのが「（株主を除く）さまざまなステークホルダーのため」が50.9％，「一般株主のため」37.6％，「会長・社長をはじめとする執行陣のため」11.5％と回答している。社外取締役が自らを株主の代理人であるとは必ずしも考えていない点は興味深い。

　ところで近年はスキルマトリックスを公表する会社が増えている。**スキルマトリックス**とは，各取締役の知識・経験・専門性などを一覧表にしたものである。社外取締役が具体的にどのようなスキルを有しており，それらが経営戦略の策定とどう関わるかが評価されるようになっている。そのため，どういうスキルを持つ社外取締役を会社が選んでいるのかが問われることになる。

◆ 取締役会への多様な人材の登用と活用

　企業の競争力の強化のためには**ダイバーシティ**（多様性）が重要であると指摘されており，性別，年齢，国籍，人種，障害などさまざまな属性をもつ人を活用すべきだとされている。取締役に関してもそれは同様であり，まず女性を取締役会に積極的に登用すべきだと言われている。しかし，日本企業の現状を見るとまだその比率は低い（図表13-4参照）。上場会社の女性役員数は3654人で全体の9.1％である（『2023年版役員四季報』）。この点では欧米の方が先行しており，例えばフランスは上場会社の全取締役の4割を女性にすることが義務化され，EU（欧州連合）でも全取締役の3分の1以上を女性にすることで合意している。またアメリカのナスダックは，取締役会に人種的マイノリティ（少数者），LGBT（性的少数者），女性の取締役登用を義務づけ，女性1名とマイノリティ1名を選任しなければならないとした。

　こうしたダイバーシティの重要性は投資家も意識しており，アメリカの議決権行使助言会社グラスルイス社は，東証プライム市場企業で取締役会の女性比率が10％未満であればトップの選任に原則反対推奨を出すことにしており，同じくインスティチューショナル・シェアホルダー・サービシーズ社（ISS）も上場会社で女性取締役が1人もいない場合は，同様の対応をとるとしている（『日本経済新聞』2021年12月25日）。なお，**議決権行使助言会社**とは，会社

図表 13-4　企業役員の国別の女性比率

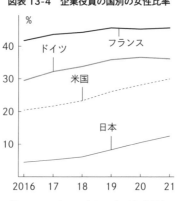

注：OECD調べ，各国の主要企業対象
出所：『日本経済新聞』2022年6月9日

が株主総会で提案する議案を分析し，機関投資家に対し投票する際の賛否を助言する会社のことである。

◆ 株主総会は変わったか？

　コーポレート・ガバナンス改革前の株主総会は，ほとんどがシャンシャン総会であったことはすでに見た。上場会社は総会を短時間で終えることを旨とし，また総会屋の妨害を避ける意味で開催日を特定の日に集中させてきた。そのため，実態はセレモニーであった。しかし，ガバナンス改革の進展で，株主総会のあり方にも大きな変化が見られる。

　まず従来のような集中日は分散化した。過去最も高かった1995年の集中率が96.2％だったのに対し，2022年には25.7％となり分散化が進んだ。また総会の所要時間が30分前後といった短時間の総会はかなり少なくなった。ただし，2019年は平均57分だったのに対し，2020年には33分となった。同じく参加者数は平均197人から29人へと大幅にダウンすることになった（図表13-5参照）。これはコロナ渦が影響したものである。ちなみに2022年の主要

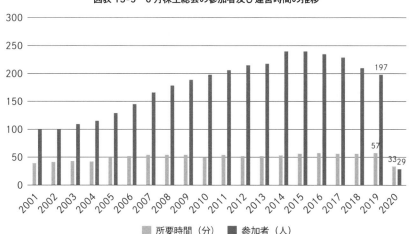

図表13-5　6月株主総会の参加者及び運営時間の推移

注：資料版商事法務2020年7月号より大和総研作成
出所：吉川英徳（大和総研コンサルティングレポート）「2020年6月株主総会シーズンの総括と示唆」（2022年11月23日アクセス）https://www.dir.co.jp/report/consulting/governance/20200826_021721.pdf

企業における株主総会の所要時間と参加者数は，関西電力（2時間38分，198人），トヨタ自動車（1時間53分，934人），日産自動車（1時間51分，254人），ソニー（55分，213人）などとなっている。

　また株主総会のやり方にも大きな変化が生まれている。それは株主総会における電子化の進展である。具体的には，**電子投票システム**の導入と総会そのもののオンライン化が挙げられる。前者は，書面による事前の議決権行使に代えて電子投票とするものである。海外も含めた機関投資家にとっては事前に送付する手間が省け，議案検討の時間ができるなどのメリットがある。電子投票は機関投資家だけでなく個人投資家の間でも利用が増加してきている。また後者は，会場に足を運ばずにインターネットなどによる**オンライン株主総会**に参加することである。これには**バーチャルオンリー株主総会**（会場なし）と，会場とバーチャル両方での参加が可能な**ハイブリッド型バーチャル株主総会**（バーチャルの方で質問や議決権行使を認める「出席型」と，傍聴のみを認める「参加型」の2つに分けられる）がある（経産省「バーチャル株主総会について」）。参加が困難な遠方の株主などにとってはメリットがある。これも増加してきているが，費用の関係もあり全体に広がるには至っていない。また株主総会の招集通知も電子化されることが決まった。

◆ 指名委員会等設置会社と監査等委員会設置会社の導入

　日本の統治機構改革の柱の1つは，アメリカ型とも言える**指名委員会等設置会社**を導入したことである。2003年施行の商法改正で初めて登場し，2015年の会社法改正で現在の名称である指名委員会等設置会社となった。コーポレート・ガバナンスの強化が叫ばれる中で，監督と執行を完全に分離し，さらに社外取締役を過半数とする3委員会が取締役会に設置されており，このタイプの統治機構を企業が積極的に選択することが期待された。しかし，2003年に44社でスタートし，2022年12月現在，89社とこのタイプの採択企業数は低迷したままである（日本取締役協会調べ）。

　指名委員会等設置会社が増えない理由はいくつか考えられるが，当初より指摘されていたのが指名委員会の存在である。3委員会は社外取締役が過半数を占めることになっているため，社長が指名委員会のメンバーになっても社外取

締役の反対に遭えば自分の思い通りに人事を行えない可能性がある。人事権はいわば権力の源泉であることを考えると，経営者がこのタイプを選択することに消極的であるのは容易に想像がつく。また制度的に見ると，3委員会が決定したことは取締役会では覆せないため，3委員会を構成する限られた取締役が一致して共同歩調をとるようなことがあれば，その決定が株主総会に提案されるという問題点も指摘されている。現在，指名委員会等設置会社を選択している代表的な会社としては，3大メガバンク，NTT，日産，ホンダ，日本郵政，ゆうちょ銀行，かんぽ生命，東京ガス，東京電力，味の素などがある。

しかし，その一方で，従来型の監査役会設置会社を選択しておけばそれでよいとは必ずしも言えない事情があった。1つは，社外取締役を新たに選任しなければならない問題である。東証のコーポレートガバナンス・コード（2015年）は，上場会社に対し取締役会に独立社外取締役を2名選任することを求めており，これに対応する必要があった。もう1つは，監査役会の問題である。機関投資家などの外国人株主が増大する中で，日本の監査役会は英米のように取締役が監査を担っておらず，権限の点で外国人株主の理解がなかなか得られないという問題である。

そこで2015年に登場したのが**監査等委員会設置会社**である。これは，監査役会設置会社と指名委員会等設置会社を折衷したとも言える統治機構で，取締役会に監査等委員会が設置されている点が大きな特徴である。このタイプは取締役がメンバーである監査等委員会が設置されているため外国人株主にも理解されやすく，またこれまで社外監査役だった2名をそのまま取締役として監査等委員会に移動させれば，ガバナンスコードが求める2名の独立社外取締役の選任という要求を同時に満たすことができるというメリットもあった。つまり監査等委員会設置会社へ移行すれば，会社にとっては追加の独立社外取締役は不要ということである。実際に移行を決めた会社にその理由を尋ねたところ，上場会社では「会社のガバナンス強化のため（経営意思決定の迅速化，執行と監督の分離など）」92.3％，「社外監査役に加えて社外取締役を選任することが負担になるため」70.3％，「株主・投資家（特に海外投資家）の理解のため」20.9％という結果である（日本監査役協会（2015年）「第16回インターネット・アンケート集計結果」）。また監査委員会の社外取締役に誰が就任している

図表 13-6　会社法上の機関設計の選択状況

集計対象	社数	指名委員会等設置会社		監査等委員会設置会社		監査役会設置会社	
		会社数	比率	会社数	比率	会社数	比率
プライム市場	1,837 社	72 社	3.9%	703 社	38.3%	1,062 社	57.8%
スタンダード市場	1,456 社	11 社	0.8%	544 社	37.4%	901 社	61.9%
グロース市場	477 社	5 社	1.0%	145 社	30.4%	327 社	68.6%
全上場会社	3,770 社	88 社 (+7)	2.3% (+0.1pt)	1,392 社 (+155)	36.9% (+3.8pt)	2,290 社 (−127)	60.7% (−4.0pt)

注：括弧内は前年 7 月比
出所：東証（2022 年 8 月）「東証上場会社における独立社外取締役の選任状況及び指名委員会・報酬委員会の設置状況」一部抜粋（2022 年 8 月 13 日アクセス）https://www.jpx.co.jp/equities/listing/ind-executive/nlsgeu000005va0p-att/nlsgeu000006jzi1.pdf

か尋ねたところ，全体の 63％が自社または他社で社外監査役を務めた経験があるとアンケートに回答しており，上記の移行理由とも整合的である（経産省，2020 年）。

　ところで上場会社の統治機構の選択状況は，監査役会設置会社が 60.7％，監査等委員会設置会社が 36.9％，指名委員会等設置会社が 2.3％となっている。前年との比較では，監査役会設置会社が 127 社減った一方，監査等委員会設置会社は 155 社増えている（図表 13-6 参照）。今後監査等委員会設置会社がどこまで増えていくのかが注目される。

◆ 統治機構の強化と指名委員会と報酬委員会の設置

　日本企業は統治機構改革を通じて監督・執行のシステムが大幅に刷新された。図表 13-7 は，コンビニのセブン・イレブンを中心に事業を展開する**セブン＆アイホールディングス**のガバナンス体制を示したものである。2022 年に社外取締役を 9 名に増員して取締役会の過半数を占めるようになり，ガバナンス体制は強化された。監査役会設置会社である同社は，2016 年に任意の指名・報酬委員会を設置したばかりだったが，当時カリスマ経営者と呼ばれていた会長兼 CEO の鈴木敏文氏の出した人事案を取締役会が否決し，その結果，鈴木氏が辞任するに到った。これはメディアでも大きく報じられた。指名・報酬委員会の委員長を含む 2 人の社外取締役が否決に回ったことで，ガバナンスが機

図表 13-7　セブン＆アイのコーポレート・ガバナンス体制（2022 年 12 月 1 日現在）

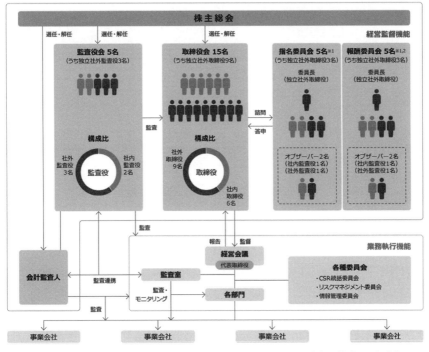

注：1）委員長および委員は取締役会において選定，オブザーバーは監査役の協議により選定
　　2）社内委員については，代表取締役以外から選定
出所：セブン＆アイホールディングス HP（2022 年 12 月 27 日アクセス）https://www.7andi.com/
　　　ir/management/governance/structure.html

能したとも言われた。この騒動は創業家や外国人の「物言う株主」の意向など
も背景にあり単純ではないが，いずれにしろこの辞任劇で指名・報酬委員会の
存在が大きく注目されたことは間違いない。

　ところで，東証プライム市場では指名委員会と報酬委員会の設置企業の比率
はいまや 8 割前後にもなっている（図表 13-8 参照）。監査等委員会設置会社と
監査役会設置会社では，指名委員会と報酬委員会の設置は義務づけられていな
い。ただし，2021 年改訂のコーポレートガバナンス・コードでは，指名委員
会，報酬委員会の設置が推奨されるようになった。そうした後押しもあってか
両委員会を設置する会社は増大することになった。

　しかし，問題はその実効性がどこまであるかである。特に指名委員会にはこ

図表 13-8　指名委員会と報酬委員会の設置状況

集計対象	社数	監査等委員会設置会社または監査役会設置会社			
		任意の指名委員会		任意の報酬委員会	
		会社数	比率	会社数	比率
プライム市場	1,837 社	1,464 社	79.7%	1,499 社	81.6%
スタンダード市場	1,456 社	494 社	33.9%	547 社	37.6%
グロース市場	477 社	78 社	16.4%	129 社	27.0%
全上場会社	3,770 社	2,036 社 (+401)	54.0% (+10.2pt)	2,175 社 (+370)	57.7% (+9.4pt)

注：括弧内は前年 7 月比
出所：図表 13-5 と同じ

れまで忌避感が強かったはずである。それは指名委員会等設置会社が増えない理由の 1 つにもなっていた。報酬委員会も指名委員会も，その設置の意義は外部の目で客観的に見て，的確な判断をする点にある。そのため，各委員会にその判断を下すに相応しい社外取締役がどの程度入っており，ルールに基づき議論が行われているかが問われる。関連する調査結果を見ると，指名委員会に関しては，選解任や後任計画について「明確な取り組みを行っていない」とする企業が調査対象企業の 3 割超あると指摘されている（『日経産業新聞』2022 年 4 月 5 日）。また報酬委員会に関しては，報酬決定権を社長が持っている企業がいまだ 3 割あることが指摘されている（『日本経済新聞』2022 年 9 月 16 日）。両委員会が設置されることでガバナンス体制がより整ってきた点は評価されるが，その中身の実効性が問われることになる。

◆ 企業不祥事はなくなったのか？

　コーポレート・ガバナンス論の大きな目的の 1 つはコンプライアンス（法令遵守）を基本として，不祥事を防ぐことにある。企業のチェック体制は強化されてきたはずであるが，2000 年代以降においても不祥事は頻発している（図表 13-9 参照）。東芝やオリンパスのような大企業でもトップが関わる不祥事が起き，企業が築いてきたブランドイメージは失墜した。しかしそれだけではなく，東芝は事業の一部を売却し，しかもいまだ事業再生の確固とした展望をもてないでいる。不祥事を起こすことの代償がいかに大きいかが分かる。

図表 13-9　2000 年以降の主な企業不祥事

2000 年	雪印乳業：食中毒事件，三菱自動車：リコール隠し，ダスキン：肉まん違法添加物混入
2002 年	雪印食品・日本ハム：牛肉偽装事件，日本信販：総会屋利益供与，三井物産：不正入札，東京電力：福島第一原子力発電所トラブル隠し
2003 年	武富士：電話盗聴
2004 年	西武鉄道：総会屋利益供与，三菱ふそう：リコール隠し
2005 年	カネボウ：粉飾決算，ヒューザー：耐震強度偽装マンション販売
2006 年	ライブドア：証券取引法違反，村上ファンド：インサイダー取引，パロマ：湯沸器一酸化炭素中毒，日興コーディアルグループ：不正会計
2007 年	「赤福」「白い恋人」賞味期限改竄，不二家：期限切れ原料使用，ミートホープ：食肉偽装，船場吉兆：産地偽装，加ト吉：循環取引
2008 年	三笠フーズ：事故米不正転売，ジェイティーフーズ：中国製冷凍餃子中毒，IHI：有価証券報告書虚偽記載
2009 年	三菱自動車：リコール放置
2011 年	大王製紙：不正支出，オリンパス：粉飾決算，東京電力：福島第一原子力発電所事故
2013 年	みずほ銀行：暴力団融資，カネボウ化粧品：白斑症状，アクリフーズ：農薬混入
2014 年	マクドナルド：期限切れ鶏肉使用
2015 年	東洋ゴム：免震ゴム性能データ偽装，東芝：不正会計，タカタ：欠陥エアバッグ事故，旭化成建材：杭打ちデータ改竄，化血研：血液製剤不正製造
2016 年	三菱自動車：燃費改竄，住江織物米子会社：不適切会計
2017 年	神戸製鋼所・三菱マテリアル子会社：性能データ改竄，日産自動車・スバル：無資格検査，東レ子会社：検査データ改竄，ゼネコン 4 社：リニア談合
2018 年	スルガ銀行：不正融資，KYB：免震装置データ改竄，はれのひ：成人式営業中止，ヤマト子会社：引越代金過大請求
2019 年	かんぽ生命・ゆうちょ銀行：不適切販売，レオパレス 21：建築基準法違反，IHI：無資格検査，関西電力：原発立地自治体・元助役からの金品受領
2020 年	東証：システムトラブル，ゆうちょ銀行：不正送金，三井住友信託銀行・みずほ信託銀行：議決権誤集計
2021 年	三菱電機：不正検査，トヨタ販売店：不正車検，大和ハウス工業：施工管理技士資格不正取得
2022 年	日野自動車：燃費・排ガス規制値改竄，SMBC 日興証券：相場操縦，AOKI・KADOKAWA：オリンピック贈収賄，東レ，日本製鋼所，コスモ石油：不正検査
2023 年	電通など 6 社：オリンピック入札談合，関電など電力四社：カルテル，大手電力：新電力顧客情報不正閲覧

出所：「1995 年以降の主な企業不祥事」（三戸・池内・勝部（2018）『企業論　第 4 版』有斐閣）を基に加筆・修正。

　また日本の製造業は現場での地道な改善などで高い品質を生み出し，それが競争力の源泉となってきた。しかし，近年は工場などでのデータ改竄などの不正が多数明らかになっており，ものづくりの根幹が揺らいでいる印象すらある。経営トップだけでなく，現場においても不正を許さないよう意識改革をしていくことが求められる。不正の早期発見と抑止のために**内部通報制度**があるが，2022年施行の改正公益通報者保護法では，①内部通報体制の整備と守秘義務，②行政機関等への通報の要件緩和，③保護される通報と通報者の範囲拡大などが盛り込まれ，事業者自らが不正を是正しやすくし，また通報者の保護の強化が図られた。

　企業不祥事は決して過去のものではない。企業の信頼という経営の根幹に関わるだけに，不祥事をどうすれば防げるか，弛まない取り組みが求められる。

▌第2節　スチュワードシップ・コードとコーポレートガバナンス・コード

◆ 「攻めのガバナンス」とは何か？

　1990年代に日本で登場したコーポレート・ガバナンス論は，バブル崩壊後の企業不祥事が次々に出てきた時期とも重なったため，ガバナンスの大きな目的は企業の不祥事を防ぎ，コンプライアンス（法令遵守）経営を推進することだと理解されていた面がある。しかし，すでに見たとおりコーポレート・ガバナンスは多義的である。不祥事防止はコーポレート・ガバナンスにおいて重要な課題の1つではあるが，これはあくまで〈**守りのガバナンス**〉だとして，むしろ企業の競争力向上に資する〈**攻めのガバナンス**〉が重要だという主張が登場してくる。それを打ち出したのが2013年に政府が取りまとめた**日本再興戦略**（改訂2014年）であり，そこではコーポレート・ガバナンスの強化が掲げられた。これを受けて，翌2014年には金融庁が「『責任ある投資家』の諸原則《日本版スチュワードシップ・コード》」を策定し公表した。この**日本版スチュワードシップ・コード**とは，機関投資家が，対話を通じて企業の中長期的な成長を促すなど，受託者責任を果たすための原則のことである。

　また同じ2014年には経産省が「持続的成長への競争力とインセンティブ〜企業と投資家の望ましい関係構築〜」プロジェクトの最終報告書（以下，

「**伊藤レポート**」）を公表した。本報告書は，「持続的低収益性」の中で，日本
企業には資本効率という経営規律や長期的な企業価値向上という指針がないこ
とを指摘し，企業と投資家が「協創者」として共に企業価値を高めていくべき
ことを主張する。価値創造の重要指標である ROE は，グローバルな投資家か
ら認められるには最低限 8％の ROE を達成すべきだと，具体的な数字を挙げ
て日本企業に資本効率の改革を迫った。

　そして 2015 年には金融庁と東証が原案を策定し，東証が上場規制として
コーポレートガバナンス・コードの運用を開始した。この**コーポレートガバナ
ンス・コード（企業統治指針）**とは，企業が実効的なコーポレート・ガバナン
スを達成するために設けられた主要原則のことである。リスクの回避・抑制や
不祥事の防止といった「守りのガバナンス」を過度に強調せず，むしろ健全な
企業家精神の発揮を促し，会社の持続的な成長と中長期的な企業価値の向上を
図る「攻めのガバナンス」に主眼を置いた内容になっている（「「コーポレート
ガバナンス・コード原案」序文」参照）。

　こうした一連の流れから明らかなのは，日本のコーポレート・ガバナンス
は 2010 年代半ばから新たな段階に入ったということである。国の成長戦略の
一環として，日本企業のコーポレート・ガバナンスを強化し，「稼ぐ力」を向
上させることが明確に打ち出されたからである。スチュワードシップ・コード

図表 13-10　建設的対話の促進：スチュワードシップ・コードとコーポレートガバナンス・コード

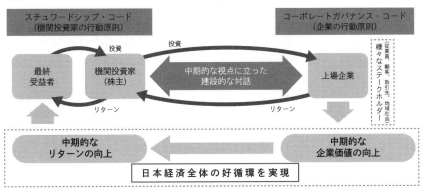

出所：PUBLIC RELATIONS OFFICE（GOVERNMENT OF JAPAN）（2022 年 12 月 11 日アクセ
　　　ス）https://www.gov-online.go.jp/eng/publicity/book/hlj/html/202111/202111_09_jp.html

は株主である機関投資家向け，コーポレートガバナンス・コードは上場会社向けに準備されたもので，投資家と企業がそれぞれのコードに基づき行動することが求められる。つまり両コードによって投資家と企業は一体となってコーポレート・ガバナンスを強化し，「稼ぐ力」を高めていくことが期待されたのである（図表 13-10 参照）。

◆「プリンシプルベース・アプローチ」と「コンプライ・オア・エクスプレイン」

　スチュワードシップ・コードとコーポレートガバナンス・コードは，日本企業のガバナンスの実効性を高めるための「車の両輪」として策定されたものであり，両者には共通する特徴がある。それは，両コードが法的強制力をともなう**ハードロー**ではなく，罰則を伴わない**ソフトロー**だという点である。つまり両コードには会社法のような強制力はなく，いずれも罰則規定は設けられていない。

　またソフトローということで，両コードとも**原則主義**（「プリンシプルベース・アプローチ」）が採用されている。これは最初にプリンシプル（原理原則）を提示して，それを踏まえて会社がどう対応するかは自社の判断で決めることを認めるものであり，具体的で詳細な規定は盛り込まれていない。つまりコードの内容は，抽象的で解釈の余地があるものとなっている。なお，これと対照をなすのが**細則主義**（「ルールベース・アプローチ」）であるが，こちらは最初から遵守すべき詳細なルールが定められており，会社法などがこれに該当する。

　このように両コードでは原則主義が採用されており，これはすべての原則を一律に強制するというものではなく，もし実施しない場合は，その理由を説明すればよいとされている。これを「**コンプライ・オア・エクスプレイン**（Comply or Explain）」という。つまり原則に「従うか，そうでなければ説明せよ」ということである（図表 13-11 参照）。なお，コーポレートガバナンス・コードには罰則規定はないものの，会社が原則を実施しない理由を説明しない場合は，上場規則違反で公表措置等の対象となる可能性がある。

図表 13-11　コンプライ・オア・エクスプレイン

コーポレートガバナンス・コードの掟(おきて)は「従うか, 説明せよ」

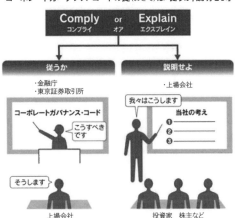

出所:『日本経済新聞』2021 年 5 月 24 日

◆ 日本版スチュワードシップ・コードとは何か？

　日本版スチュワードシップ・コードは, 2010 年にイギリスで策定された「スチュワードシップ・コード」(The UK Stewardship Code) を参考にして, 2014 年に金融庁が策定, 公表したものである。スチュワードシップとは, 執事, 財産管理人を意味する。したがって, スチュワードシップ・コードは, 顧客・受益者の資金を運用する機関投資家が, 「**責任ある投資家**」としてどのように行動すべきかの原則を示したものである (図表 13-12 参照)。その目的は, サステナビリティ (ESG 要素を含む中長期的な持続可能性) を考慮しながら建設的な「**目的を持った対話 (エンゲージメント)**」などを通じて, 当該企業の企業価値の向上や持続的成長を促し, 「顧客・受益者」の中長期的な投資リターンの拡大を図ることにある。なお, 世界でも規範コード化の流れはあるがその意義は国によって必ずしも一律ではなく, 例えばイギリスの場合は, **ショートターミズム** (短期志向) に対する牽制が意図されていた。

　さて, スチュワードシップ・コードの公表を受けて, 機関投資家はその趣旨に賛同すれば受け入れを表明することになっている。これまで受け入れを表明した機関投資家は, 信託銀行等 6 社, 投信・投資顧問会社等 203 社, 生命保

図表 13-12　スチュワードシップ・コードの原則

1．機関投資家は，スチュワードシップ責任を果たすための明確な方針を策定し，公表すべきである。
2．機関投資家は，スチュワードシップ責任を果たす上で管理すべき利益相反について，明確な方針を策定し，これを公表すべきである。
3．機関投資家は，投資先企業の持続的成長に向けてスチュワードシップ責任を適切に果たすため，当該企業の状況を的確に把握すべきである。
4．機関投資家は，投資先企業との建設的な「目的を持った対話」を通じて，投資先企業と認識の共有を図るとともに，問題の改善に努めるべきである。
5．機関投資家は，議決権の行使と行使結果の公表について明確な方針を持つとともに，議決権行使の方針については，単に形式的な判断基準にとどまるのではなく，投資先企業の持続的成長に資するものとなるよう工夫すべきである。
6．機関投資家は，議決権の行使も含め，スチュワードシップ責任をどのように果たしているのかについて，原則として，顧客・受益者に対して定期的に報告を行うべきである。
7．機関投資家は，投資先企業の持続的成長に資するよう，投資先企業やその事業環境等に関する深い理解のほか運用戦略に応じたサステナビリティの考慮に基づき，当該企業との対話やスチュワードシップ活動に伴う判断を適切に行うための実力を備えるべきである。
8．機関投資家向けサービス提供者は，機関投資家がスチュワードシップ責任を果たすに当たり，適切にサービスを提供し，インベストメント・チェーン全体の機能向上に資するものとなるよう努めるべきである。

出所：金融庁（2020年）「『責任ある機関投資家』の諸原則《日本版スチュワードシップ・コード》～投資と対話を通じて企業の持続的成長を促すために～」（2022年12月4日アクセス）
https://www.fsa.go.jp/news/r1/singi/20200324/01.pdf

険・損害保険会社24社，年金基金等79社，その他（機関投資家向けサービス提供者等）11社で，全部で323社に上っている（2023年1月31日現在，金融庁HP）。2014年8月には160社だったので，受け入れ表明機関の数は2倍に拡大したことになる。

◆ スチュワードシップ・コードの改訂と再改訂

　スチュワードシップ・コードは3年毎の改訂が義務づけられており，2017年に改訂，2020年に再改訂が行われた。2017年の改訂では指針が21→30となり，2020年の再改訂では原則が増えて7→8となり，指針は30→33となった。

　2017年の改訂で追加された点はいくつもあるが，特にアセットオーナーに対しては自らスチュワードシップ活動に積極的に取りくむべきだとしている。機関投資家は，年金基金，生損保のような資産（アセット）を保有する**アセッ**

トオーナーと，その資産を管理・運用する投資信託会社，投資顧問会社，信託銀行などの**アセットマネージャー**の２つに分けられるが，前者に対しても議決権行使やモニタリング，結果の公表などを求めている。また議決権行使助言会社に対してもコードに留意することを求めている。続く 2020 年の改訂では原則が１つ追加され，投資先企業におけるサステナビリティ（ESG 要素を含む中長期的な持続可能性）の考慮を打ち出した。機関投資家はサステナビリティを意識しながら活動すべきだとされた点は，社会情勢を端的に反映したものと言える。この他に追加されたのは，債券等に投資する機関投資家のコード適用や，議決権行使助言会社の助言策定プロセスの正確性・透明性の確保とそれを踏まえた利用，利益相反を生まない体制整備などである。

◆ コーポレートガバナンス・コードとは何か？

　コーポレートガバナンス・コードは，2015 年に東証の**上場規制**として運用が始まった。コードの目的は，上場会社のガバナンスの強化を通じた競争力の向上であり，コードの中身は５つの「基本原則」，31 の「原則」，47 の「補充原則」の計 83 原則で構成されている（図表 13-13 参照）。「基本原則」をもとに，より具体的な内容を指示しているのが「原則」である。さらに「補充原則」が付け加えられている。なお，これらの原則は東証プライム，スタンダードの各市場では原則的に適用されるが，グロース市場では基本原則のみ適用される。

　ここでは「基本原則」とそれに続く「原則」でどのような点が取り上げられているかを簡単に見ておこう。まず 1.「株主の権利・平等性の確保」では，議決権行使，会社の資本政策，政策保有株式，買収防衛策などについて取り上げられており，株主の権利を制限したり阻害したりせず，適切に対応すべきだとしている。2.「株主以外のステークホルダーとの適切な協働」では，経営理念，行動準則の策定・実践，サステナビリティ，多様性の確保，内部通報などが取り上げられており，ステークホルダーの存在を意識しながら，サステナビリティの課題に対応すべきだとしている。3.「適切な情報開示と透明性の確保」では，情報開示の充実と外部会計監査人による適正な監査をすべきだとしている。4.「取締役会等の責務」では，取締役会・監査役会などの役割と

図表 13-13　コーポレートガバナンス・コードの原則

【株主の権利・平等性の確保】

1．上場会社は，株主の権利が実質的に確保されるよう適切な対応を行うとともに，株主がその権利を適切に行使することができる環境の整備を行うべきである。

　また，上場会社は，株主の実質的な平等性を確保すべきである。

　少数株主や外国人株主については，株主の権利の実質的な確保，権利行使に係る環境や実質的な平等性の確保に課題や懸念が生じやすい面があることから，十分に配慮を行うべきである。

【株主以外のステークホルダーとの適切な協働】

2．上場会社は，会社の持続的な成長と中長期的な企業価値の創出は，従業員，顧客，取引先，債権者，地域社会をはじめとする様々なステークホルダーによるリソースの提供や貢献の結果であることを十分に認識し，これらのステークホルダーとの適切な協働に努めるべきである。

　取締役会・経営陣は，これらのステークホルダーの権利・立場や健全な事業活動倫理を尊重する企業文化・風土の醸成に向けてリーダーシップを発揮すべきである。

【適切な情報開示と透明性の確保】

3．上場会社は，会社の財政状態・経営成績等の財務情報や，経営戦略・経営課題，リスクやガバナンスに係る情報等の非財務情報について，法令に基づく開示を適切に行うとともに，法令に基づく開示以外の情報提供にも主体的に取り組むべきである。

　その際，取締役会は，開示・提供される情報が株主との間で建設的な対話を行う上での基盤となることも踏まえ，そうした情報（とりわけ非財務情報）が，正確で利用者にとって分かりやすく，情報として有用性の高いものとなるようにすべきである。

【取締役会等の責務】

4．上場会社の取締役会は，株主に対する受託者責任・説明責任を踏まえ，会社の持続的成長と中長期的な企業価値の向上を促し，収益力・資本効率等の改善を図るべく，

　(1)　企業戦略等の大きな方向性を示すこと

　(2)　経営陣幹部による適切なリスクテイクを支える環境整備を行うこと

　(3)　独立した客観的な立場から，経営陣（執行役及びいわゆる執行役員を含む）・取締役に対する実効性の高い監督を行うこと

をはじめとする役割・責務を適切に果たすべきである。

　こうした役割・責務は，監査役会設置会社（その役割・責務の一部は監査役及び監査役会が担うこととなる），指名委員会等設置会社，監査等委員会設置会社など，いずれの機関設計を採用する場合にも，等しく適切に果たされるべきである。

【株主との対話】

5．上場会社は，その持続的な成長と中長期的な企業価値の向上に資するため，株主総会の場以外においても，株主との間で建設的な対話を行うべきである。

　経営陣幹部・取締役（社外取締役を含む）は，こうした対話を通じて株主の声に耳を傾け，その関心・懸念に正当な関心を払うとともに，自らの経営方針を株主に分かりやすい形で明確に説明しその理解を得る努力を行い，株主を含むステークホルダーの立場に関するバランスのとれた理解と，そうした理解を踏まえた適切な対応に努めるべきである。

出所：東証（2021年）「コーポレートガバナンス・コード～会社の持続的な成長と中長期的な企業価値の向上のために～」（2022年12月4日アクセス）https://www.jpx.co.jp/equities/listing/cg/tvdivq0000008jdy-att/nlsgeu000005lnul.pdf

責務，受託者責任，経営の監督と執行，独立社外取締役の役割・責任，取締役会の活性化，取締役・監査役のトレーニングなど，最も多い14項目が挙げられている。5.「株主との対話」では，株主との建設的な対話，経営戦略や経営計画の策定・公表が挙げられており，株主に経営戦略などを分かりやすく説明し，中長期的な企業価値向上に資する対話を行うべきだとしている。

◆ コーポレートガバナンス・コードの改訂と再改訂

　コーポレートガバナンス・コードは3年毎の改訂が義務づけられているため，2018年に改訂，2021年に再改訂が行われた。基本原則は変わらないが，原則は30 → 31となり，補充原則は38 → 42 → 47と増えている。

　まず2018年の改訂で追加された主要な点は，政策保有株式の縮減方針の開示，企業年金のアセットオーナーとしての機能発揮，CEO後継者の計画的育成，報酬制度の設計，CEO選解任の評価と手続き，自社の資本コストの把握などである。次に2021年の改訂で追加された主要な点は，取締役が備えるべきスキルと，各取締役のスキルの対応を公表，管理職への女性，外国人，中途採用者の登用，サステナビリティ方針の策定と開示などで，これに加えてプライム市場の会社に対しては独立社外取締役の3分の1以上選任，指名・報酬委員会の独立性強化，英文開示の促進，議決権電子行使プラットフォーム利用が求められている。

◆ スチュワードシップ・コードとコーポレートガバナンス・コードの成果と課題

　スチュワードシップ・コードとコーポレートガバナンス・コードが整備されたことで，機関投資家と上場会社がどのようなコーポレート・ガバナンスの体制を構築し，それぞれがどのような行動を採るべきかの指針が明確になった。それに基づき機関投資家と上場会社はいずれも着実に対応してきたと言えるであろう。独立社外取締役の人数がかなり多くなってきている点などに成果が顕著に見て取れる。つまりガバナンスの体勢がかなり整ってきたということである。

　しかし，それでコードの狙いが十分に達成されたのかと問われれば，いまだ道半ばと言わざるをえない。例えば，金融庁や東証のフォローアップ会議など

で「コンプライ・オア・エクスプレイン」が形式的に行われているのではないかといった点が指摘されていることもからも明らかである。また企業側からは，コードがどんどん細かくなってきている点に対する不満もだされている。

第3節　企業の資本効率

◆ ROE とは何か？

　1990 年代以降の日本の経済的低迷は企業の「稼ぐ力」の弱さにあるとして，企業の資本効率を高めることを強く求めたのが「伊藤レポート」であった。その中では，グローバルな投資家から認められるには最低限 8％を上回る ROE を達成すべきであることが主張された。

　この ROE とは自己資本利益率（Return On Equity）の略称で，株主資本利益率とも呼ばれる。これは企業が自己資本を使ってどれだけ効率的に利益を上げたかを計る指標である。自己資本とは企業が所有する資本であり，貸借対照表では純資産として表示されている。したがって，自己資本利益率の計算式は下記のようになる。

ROE ＝当期純利益÷純資産合計× 100

　なお，財務的な指標としては ROE だけではなく，企業がどれだけ効率的に利益を上げているかを計る指標である ROA もある。ROA は総資産利益率（Return On Assets）の略称で，ROE の分母が純資産なのに対し，ROA は分母が総資産となる点が異なる。つまり他人資本も含めて形成された企業の総資産が基準である。したがって，総資産利益率の計算式は下記のようになる。

ROA ＝当期純利益÷資産合計× 100

　ROE も ROA も数字が大きければ大きいほど資本をより効率的に用いていることを意味する。そのため，日本企業の「稼ぐ力」の向上を目指して ROE の目標は上記の通り最低限 8％とされた。これは逆に言えば，それまでの日本企業はこの数字に届かず，欧米のそれと比べると低い水準だったということである（図表 13-14 参照）。もともと日本企業は経営目標としては伝統的に売上

高最大化，マーケットシェア拡大などを掲げており，欧米企業のような資本効率を重視してこなかったという歴史的経緯がある。また日本企業の資本コストは欧米ほど高くなかったという点も指摘されている。ではどこに問題があるかであるが，ROE を分解すると売上高純利益率×総資産回転率×財務レバレッジとなり，このうち**売上高純利益率**（ROS）が低いことが 1 つの要因として指摘されている。つまり日本企業は十分なマージンがとれていないということである（「平成 18 年度 年次経済財政報告」参照）。

　また ROE を向上させる方法は利益率を上げることであるが，それ以外にも配当を増やしたり自社株買いをしたりすることで分母の自己資本を減らせば ROE を上昇させることはできる。つまり財務的なテクニックで ROE を改善できるという点は理解しておく必要がある。

　なお，こうした財務的な操作の影響を受けずに収益力を測る指標に ROIC がある。**ROIC は投下資本利益率**（Return On Invested Capital）の略称で，企業が投下資本（有利子負債＋株主資本）を使って，どれだけ利益を出しているかを測る指標である。計算式は下記のようになる。

ROIC ＝税引後営業利益÷投下資本（有利子負債＋株主資本）× 100

◆ 資本効率は改善されたのか？

　コーポレート・ガバナンスの改革を通じて，日本企業の資本効率は向上したのであろうか。東証プライム市場上場会社の ROE は長期的には上昇してきており，2021 年の ROE は 9.7％と前年比 2.5％の上昇となった（図表 13-14 参照）。しかし，同上場会社で ROE が 8％の基準を達成したものは 57％ほどで，目標に届かない企業が一定数ある。欧米の ROE の水準と比べると日本のそれとの間にはいまだ超えられない格差があるのが現実である（図表 13-15 参照）。欧米企業の ROE が高い理由の 1 つとしては，自社株買いで自己資本の過度な拡大を抑えていることが指摘されている。2021 年度にはアップルが 860 億ドル，アルファベットが約 500 億ドルの自社株買いを実施し，アメリカ企業 369 社では 5480 億ドル（約 70 兆円）の自社株買いが行われ，これは日本企業の 10 倍にもなっているという（『日本経済新聞』2022 年 6 月 11 日）。

図表 13-14　日米欧 ROE の推移

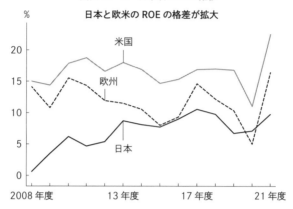

日本と欧米の ROE の格差が拡大

注：東証プライム（20 年度以前は東証 1 部）上場企業。米国は
S&P500，欧州は STOXX600
出所：『日本経済新聞』2022 年 6 月 11 日

図表 13-15　日米欧 ROE の比較（2022 年調査：中央値ベース）

国名	ROE（%）
アメリカ	19.30
イギリス	11.48
ドイツ	12.10
フランス	11.28
日本	9.81

出所：ウイリス・タワーズワトソン 2022 年調査（2022 年 8 月 23 日アクセス）https://www.
wtwco.com/ja-JP/News/2022/08/report-fy2021-comparison-of-compensation-for-ceos-and-
ned-between-japan-the-united-states-and-europe

　これに関連して，投資家が企業に対して中長期的にどの程度の ROE を期
待しているかを尋ねたアンケートによれば，8％以上が望ましいとする回答が
2021 年度には 88％という結果である。むしろそれよりも高いレベルを期待す
る回答が多いことを考えると，やはり投資家にとっては 8％が最低でも達成し
てもらいたい水準ということである。実際の上場会社の ROE 水準の分布は，
半数の 51％が ROE 8％を達成しており，12％以上の水準を達成している企業
も一定数あることは注目してよかろう。日本企業は自社株買いを積極化して
おり，それによって ROE などの資本効率の改善が見込まれる（図表 13-16 参

図表 13-16　中長期的に望ましい ROE 水準（投資家アンケート）

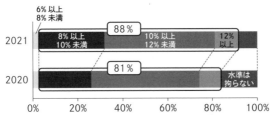

〈参考〉上場企業の ROE 水準の分布（実績）

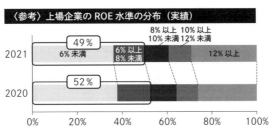

注：全上場企業（赤字企業除く，金融業以外）
原出所：QUICK データより作成
出所：生命保険協会（2022 年）「生命保険会社の資産運用を通
じた『株式市場の活性化』と『持続可能な社会の実現』
に向けた取組について」（2022 年 12 月 13 日アクセス）
https://www.seiho.or.jp/info/news/2022/pdf/20220415_
4-all.pdf

照）。

第 4 節　企業の利益分配

◆ 利益はどう分配されているか？

　コーポレート・ガバナンスの大きなテーマの 1 つは，会社は誰の利益を重視
するのか，という点である。これは会社が上げた利益をどう分配するのかとい
う問題とも大きく関連する。
　図表 13-17 は，資本金 10 億円以上の大企業（金融・保険業を除く）におけ
る財務の動向を示したものである。2000 年度と 2021 年度を比較し，各項目が
どう変化したかを表している。まず経常利益を見ると，2021 年には 49.5 兆円
となっており，この約 20 年で 155.2％の増加である。これに対して，内部留保

図表 13-17　大企業（資本金 10 億円以上）の財務の動向

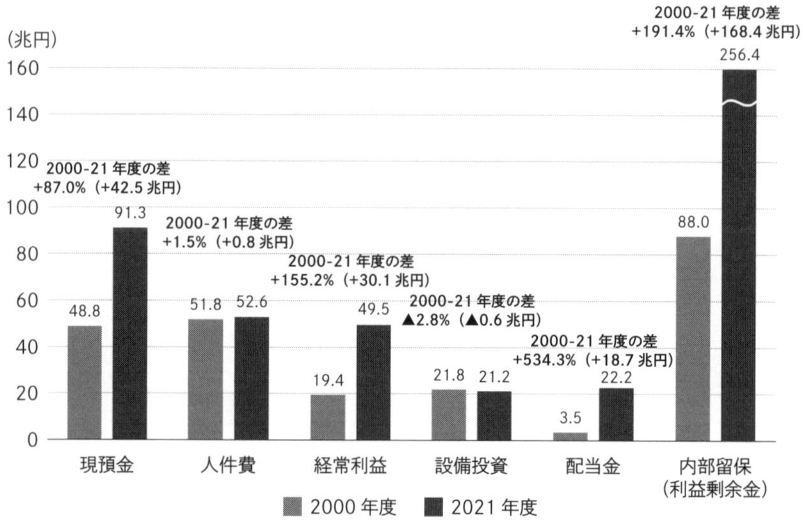

注：金融・保険業を除く数字。現預金：現金・預金，流動資産の有価証券　人件費：従業員給
　　与，従業員賞与，福利厚生費
原出所：財務省「法人企業統計調査」を基に作成。
筆者注：もとは 2020 年のデータが用いられていたが 2021 年のデータに差し替え，2000-2021
　　　年の比較とした。
出所：内閣官房（新しい資本主義実現本部事務局）「賃金・人的資本に関するデータ集」（2022
　　　年 7 月 27 日アクセス）https://www.cas.go.jp/jp/seisaku/atarashii_sihonsyugi/kaigi/
　　　dai3/shiryou1.pdf

　は 256.4 兆円となっており，同じく 191.4％の増加である。つまり 3 倍近い大
幅な増加ということになる。**内部留保**とは，企業の純利益から役員賞与や配当
を支払った後の剰余金を蓄えたもので，**利益剰余金**のことをいう。ただしこの
内部留保は会社がすべて現金でそのまま保有しているという意味では必ずしも
ない。すでに設備投資や M&A の資金などに使われている可能性が高い点に
は注意が必要である。勿論，内部留保の一部は現預金として保有されている部
分もある。その現預金は 2021 年には 91.3 兆円となっており，こちらは 87.0％
の増加である。また設備投資に関しては，2021 年には 21.2 兆円となってお
り，ほとんど変化は見られない。何れにしろ，大企業の益金の処分としては内
部留保が最も大きいという結果である。
　ところで内部留保の増大の背景には，リーマンショックのような経営環境の

激変に対処するための備え（財務安定のための流動性確保）という意味があり，ドラッカーの言い方をすれば**未来費用**ということになるが，ではどこまで内部留保を積み上げるのが適正なのかとなると客観的基準があるわけではない。そのため，内部留保＝現預金という誤解も手伝ってか，内部留保への課税（これだと企業にとっては二重課税となる）や賃上げの原資として吐き出すべきだという主張がしばしば聞かれる。

　さて，企業の利益は内部に溜め込むことが第一義的な目的ではなく，何よりも株主に配当金として分配されなければならない。2021 年の配当金は 22.2 兆円となっており，534.3％の増加である。つまり大企業の配当金はこの約 20 年で実に 6 倍以上も増大したことになる。このような企業の配当重視の姿勢は国税庁の統計データからも確認でき，利益計上法人の配当金を 2010 年度と 2020 年度で比較すると 8 兆 55 億円→ 25 兆 7009 億円と，10 年間で 3 倍を超える伸びを示している（国税庁（2022 年）「税務統計から見た法人企業の実態」）。なお，純利益のうちどれだけが配当金に回ったのかを示す指標を**配当性向**という

図表 13-18　全上場会社の株主還元

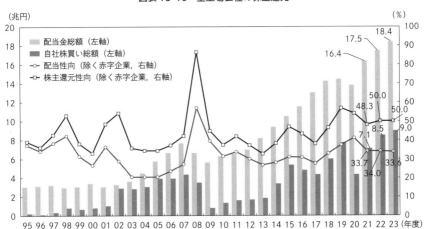

注：1 ）データは 1995 年度〜 2023 年度。2022 〜 2023 年度は大和証券予想。
　　2 ）配当性向：配当金÷当期純利益，株主還元性向：（配当金＋自社株買い）÷当期純利益。
原出所：QUICK，東洋経済，INDB のデータを基に大和証券作成
出所：三井住友 DS アセットマネジメント「デイリーマーケットレポート」2022 年 7 月 5 日（2022
　　年 11 月 27 日アクセス）https://www.smd-am.co.jp/market/daily/marketreport/2022/07/
　　news220705jp.pdf

が，上場会社のそれは概ね30％台で推移してきている（図表13-18参照）。これは欧米と比べると低い比率である。

　また株主への利益還元は**ペイアウト政策**と呼ばれ，配当と並んで自社株買いがある。自社株買いは配当とは異なり，株価の上昇という形で株主に利益を還元するものである。上場会社の自社株買いはリーマンショック後に落ち込んだものの，その後は右肩上がりで増大してきている。その額はすでに8兆円代に達しているが，今後さらに拡大する可能性が高い。純利益のうちどれだけが配当と自社株買いに回ったのかを示す指標を**株主還元性向**というが，これはこの数年，概ね50％程度で，長期トレンドで見ると上昇傾向にある（図表13-18参照）。

　こうした数字が意味するのは，日本企業が株主への利益還元の拡大に積極的に取り組んできたということである。利益分配における株主重視の姿勢が鮮明になっている。

◆ 従業員への分配はどうなっているか？

　では従業員への分配はどうであろうか。人件費（福利厚生費を含む）の方は，2021年には52.6兆円となっており，この約20年で1.5％の増加である（図表13-17参照）。大企業の経常利益が2倍近く増えているのに対して，従業員の賃金などの人件費はほとんど変化がないという結果である。内部留保や株主配当が増大しているのとは対照的であり，これでは働く側の理解はなかなか得られないであろう。

　またこれに関連した指標として，労働分配率がある。**労働分配率**とは，企業の付加価値に占める人件費の割合のことである。つまり企業が生み出した付加価値の中から従業員にどれだけ分配されているかを示している。図表13-19は日本企業の労働分配率の推移を示したものであるが，この表では2001年度にピークの78.6％を記録した後，21年度には62.6％まで低下し，1990年度の61.9％に次いで低くなっている。労働分配率の低下は，企業が人件費に積極的に支出していない証左である。図表13-20は，税引き前純利益が増加しているにも関わらず，人件費は上昇せず横ばいであることを端的に示している（『日本経済新聞』2022年10月30日）。なお，こうした労働分配率の低下傾向は必

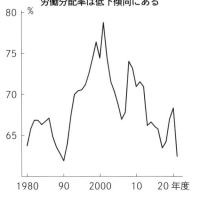

図表 13-19　労働分配率の推移
労働分配率は低下傾向にある

注：SMBC 日興証券による調整済み試算値
出所：『日本経済新聞』2022 年 10 月 30 日

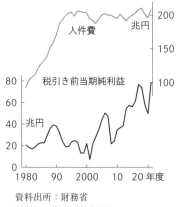

図表 13-20　利益と人件費の推移
利益は増えても人件費は横ばい

資料出所：財務省
出所：図表 13-19 と同じ

ずしも日本に限った話ではなく，先進国に一般的に見られる趨勢である。

　ここまで見てきて明らかなとおり，企業の利益は内部留保に向かうと同時に，株主への配分を増やす方向で推移してきている。しかし，それは従業員の人件費を抑制することとセットになっており，今後こうした分配のあり方がどう変わるのか注目される。

第 5 節　企業経営の方向性

◆ 日本企業はどのステークホルダーを重視してきたか？

　戦後の日本企業においては，「会社は誰のものか」という問いに対しては「従業員のもの」という回答が多数を占めた。「家」の論理は必ずしも従業員第一主義ではないが，従業員出身の経営者によって率いられた日本企業は労使一体の共同体的な側面を持っており，それがこうした意識を生み出した。しかし，1990 年代に入ってコーポレート・ガバナンス論が日本に紹介されると，「会社は株主のもの」という**株主第一主義**が声高に叫ばれるようになる。そして日本的経営が経済停滞の元凶のように批判され，アメリカ型のコーポレート・ガバナンスへの転換が主張された。

　その後，コーポレート・ガバナンス改革が進む中で，利益の分配という面で

は，日本企業が株主を重視する方向に切り替えてきたことはすでに見たとおりである。反対に従業員の賃金は長期にわたり抑制されており，労働分配率の低下などにもそれは現れている。分配面で見る限り，株主と従業員に対する企業の対応は対照的だと言ってよい状況である。

　しかし，アンケート調査からは，企業が必ずしも株主第一のスタンスになっていない姿が浮かび上がってくる。図表13-21は，上場会社が重視するステークホルダーを〈これまで〉と〈今後〉で比較したものであるが，前者のトップは顧客と従業員である。そして後者は従業員がトップで2位が顧客である。つまり株主（個人投資家・機関投資家）の優先順位は後者で上がってきているとは言え，決して優先順位のトップではない。ただし，この調査はコーポレートガバナンス・コードやスチュワードシップ・コードの設定以前に実施されたも

図表13-21　企業が重視する利害関係者（上場会社 N=71）

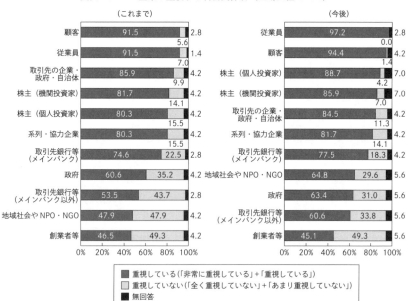

注：設問では，他に「株主（個人投資家）」，「株主（機関投資家）」という選択肢もあるが，この図表では割愛した。

出所：労働政策研究・研修機構（2007年）「調査シリーズ No.38 経営環境の変化の下での人事戦略と勤労者生活に関する実態調査」（2022年10月16日アクセス）https://www.jil.go.jp/institute/research/2007/documents/038.pdf

図表 13-22　ステークホルダーへの価値提供

	1位	2位	3位	4位	5位
価値提供先としての 優先度	顧客 2,097pt	従業員 1,872pt	取引先 1,140pt	株主・投資家 1,127pt	地域社会 969pt
	↓	↓	↓	↓	↓
価値提供 「できている」	48.5%	37.5%	30.3%	29.3%	20.6%
自社の目的の共有 「できている」	22.3%	52.1%	14.8%	27.1%	10.0%

注：「価値提供先としての優先度」は，それぞれの回答順位を重みづけして集計。1位＝5ポイント，2位＝4ポイント，3位＝3ポイント，4位＝2ポイント，5位＝1ポイント。「価値提供」「自社の目的の共有」に関する回答者の割合は，「できている」のみで，「どちらかと言えばできている」という回答は含まれない。
出典：経営者意識調査結果（第Ⅳ部参照）
出所：経済同友会（2022年）『第18回企業白書』（2022年4月9日アクセス）https://www.doyukai.
or.jp/policyproposals/uploads/docs/58d8fee06d8796c5a5439d6bf74ebfabc89e351a.pdf

のなので，その後どうなったかが問題である。

　図表13-22は，ステークホルダーへの価値提供の優先度を問うたものである。両コードが出された後のアンケート結果であるが，顧客が1位，従業員が2位で，株主は4位となっており，この調査でも株主は優先順位のトップではない。こうしてみると，日本企業あるいは経営者の意識としては，顧客や従業員の優先度が株主よりも一貫して高いことが分かる。

　ここで取り上げたアンケート結果を見る限りでは，日本企業のステークホルダーの優先度に大きな変化はなかった。すなわち顧客第一であり，むしろ株主第一主義とは距離を置いていることが分かる。しかし，企業は各ステークホルダーに対し価値を分配していく存在であるため，この優先度に見合った価値を実際に各ステークホルダーに提供して初めて企業としての意義を持つ。アンケートからは企業がそれを十分にできていないことが示されており，課題が残る結果となっている。したがって，企業が価値をしっかり創出し，適切に分配していくことこそが何よりも重要である。

第14章

日本の経営者とコーポレート・ガバナンス
——日本の経営者とは何か？

〈本章のポイント〉

　企業は創業時に所有経営者によって率いられているが，企業が成長し大企業になると次第に所有経営者から専門経営者へと変わっていくのが一般的な流れである。また大企業になっても，同族が2代目，3代目と経営を続ける場合には，後継者に経営者としての能力があることが条件となる。企業を維持存続させ，さらに成長させて行くのが経営者の役割だからである。大企業の経営者の多くは大卒で，社内出身の「生え抜き」の経営者が多数を占めている。また社長は文系出身者とは限らず，在任期間は6年未満が最も多い。日本でも複数の会社を渡り歩くプロ経営者はいなくはないが，アメリカのような経営者市場の発達はあまり見られない。

　日本企業の経営者報酬と一般の従業員の賃金との格差は戦後，急速に縮まった。大企業経営者の報酬は欧米のそれと比べて高額とは言えず，またその額は企業規模別の傾向が見て取れる。しかし近年はコーポレート・ガバナンス改革の影響もあって，日本企業の経営者報酬は増大する傾向にある。他方，アメリカの経営者報酬は極めて高額で，しかも株価に連動した株式報酬が基本である。日本では経営者報酬は株主総会の審議事項であるが，アメリカでは株主にそのような権限はなく，経営者報酬をめぐってはセイ・オン・ペイと呼ばれる意見表明が行われるものの，高額報酬を是正する法的強制力はない。

· ·

キーワード▶ 経営者市場，プロ経営者，生え抜き，モニタリング・ボード，マネジメント・ボード，ペイレシオ，金融規制改革法（ドット・フランク法），セイ・オン・ペイ

▋第 1 節　大企業の経営者とその特徴

◆ 大企業の経営者には誰がなっているのか？

　日本の大企業の経営者は，基本的には「生え抜き」と呼ばれる社内出身の専門経営者が多数を占めている。同族，親会社からの派遣，官庁の天下りといったケースもあるが，圧倒的に多いのはやはり社内出身者である。こうした専門経営者は最初から経営者教育を受けて育成されてきたわけではなく，あくまで新入社員として会社に入り，そこでジェネラリストとしてさまざまな業務をこなしながら力をつけて経営者になる。社内で出世して最後にたどり着くのが経営者のポストだと言ってもよい。こうした日本の経営者選抜とは対照的に，アメリカでは勤続 30 年以上といった「生え抜き」の経営者の比率は必ずしも高くない（図表 14-1 参照）。経営者市場が発達しており，外部からストレートに CEO として招聘されるケースも見られるが，基本的には「内部昇進」の経営者が多いと言われている。つまり「生え抜き」ではないが，移動した先の会社で CEO 候補となり，最終的に「内部昇進」してトップになるというキャリアである。

　ところで近年耳にするようになったのが，「**プロ経営者**」という言葉であ

図表 14-1　「生え抜き」社長の比率

(自社グループ勤続年数30年以上を生え抜きと定義)

日本
連結従業員 1 万人以上の
東証 1 部上場企業（280 社）を対象

アメリカ
Fortune 100 の企業のうち，
創業 30 年以上の企業（92 社）を対象

原出所：EDINET; BoardEx; ボストンコンサルティンググループ分析
出所：ボストンコンサルティンググループ「BCG 女性の活躍推進に関するレポート追加調査」（2021 年 12 月 20 日アクセス）https://www.bcg.com/ja-jp/press/japan-press-release-20december2017-womandeepanalysis

る。これは従来の日本の経営者のように内部昇進でトップに就くのではなく，会社や業種を問わず経営者として複数の企業を渡り歩く人を指して用いられている。経営者市場がある欧米では，一般的に見られるタイプの経営者だと言える。日本では，ジョンソン・エンド・ジョンソン日本法人からカルビーの社長になり手腕を発揮した松本晃氏や，ローソンからサントリーホールディングスの社長に就任した新浪剛史氏などが著名である。いまだ多くはないものの，こうしたタイプの経営者が登場するようになってきている。他方，外国人経営者も徐々にではあるが増える傾向にある。窮地の日産をリバイバルプランで再生させたカルロス・ゴーン氏は一時期，わが国で最も有名な外国人経営者であった。

　では日本の大企業の経営者とは具体的にどういう人たちなのであろうか。上場会社 3860 社の役員 4 万 319 人の出身大学を見てみよう（図表 14-2 参照）。ここで役員とは会社法上の役員（取締役，監査役）と指名委員会等設置会社の代表執行役，執行役を指している。役員の出身大学の順位を見ると 1 位は慶應義塾大学（以下，慶大）の 1859 人，2 位は東京大学（以下，東大）の 1763 人，3 位は早稲田大学（以下，早大）の 1617 人と，上位 3 校が全体の 12.9％を占めている。次にトップ（社長）の出身大学を見ると，1 位は慶大の 286 人，2 位は早大の 216 人，3 位は東大の 175 人と，やはり上位 3 校で全体（3860 社）の 17.5％を占めている。役員も会社トップも，慶大，早大，東大のプレゼンスが大きい結果となっており，特定大学の出身者に集中している印象を受ける。ただ，3 大学の全体に占める比率は必ずしも圧倒的とは言えず，出身大学はある程度分散しているというのが実態である。言うまでもないが，すべての上場会社の役員，社長が大卒とは限らない。またこれを過去との比較で見ると，1995 年版（上場会社 2168 社，生損保などを含む全 2220 社，上場会社役員 4 万 1635 人を含む全 4 万 2625 人）の役員の出身大学の順位は 1 位東大 4728 人，2 位慶大 3177 人，3 位早大 3031 人，同じく社長は 1 位東大 382 人，2 位慶大 241 人，3 位早大 152 人となっている。ここから見えてくるものは 2 点ある。まず 1 点目は，95 年と 22 年では上位 3 校の顔ぶれは同じであるが，後者では各大学別の役員数はそれぞれ半分以下となっている。これは取締役会改革で役員数が大幅に削減された結果だと考えられる。2 点目は，社長に関し

図表 14-2　全役員の出身大学ランキング

順位	大学名	役員数
1	慶應義塾大学	1,859
2	東京大学	1,763
3	早稲田大学	1,617
4	京都大学	787
5	中央大学	723
6	一橋大学	536
7	明治大学	532
8	日本大学	486
9	大阪大学	381
10	同志社大学	377

注：上場会社 3,860 社，役員 40,319 人が対象
出所：東洋経済新報社（2022 年）『役員四季
　　　報 2023 年版』

図表 14-3　上場会社トップの出身大学ランキング

順位	大学名	役員数
1	慶應義塾大学	286
2	早稲田大学	216
3	東京大学	175
4	京都大学	89
5	日本大学	78
6	明治大学	76
7	中央大学	65
8	同志社大学	58
9	関西大学	48
10	一橋大学	45

注・出所：図表 14-2 と同じ

ても 95 年と 22 年では上位 3 校の顔ぶれは同じであるが，後者の方が各大学別
の社長の数は少なくなっている。これは後者の方が調査対象になっている上場
会社数が多くなっていることを考えると，出身大学が分散化してきていること
を示している。したがって，役員になることは以前よりもかなり「狭き門」に
なっており，さらにその中でも社長のような経営トップになろうとすれば有力
大学卒であっても極めて難しいのが実態である。

　また社長の出身学部は工学系が 20.6％で最も多く，続いて経済 19.6％，商・
経営 16.9％，法学 14.9％となっており，これは必ずしも文系出身者でないと経
営トップが務まらないわけではないことを示している。どういうトップを選ぶ
かは，それぞれの企業の業種の特性を反映しているものと考えられる。こうし
た経営トップの在任期間は，6 年未満が 55.4％と全体の約半分を占めている。
平均すると 8.2 年で，10 年以上は 29.3％となっている（いずれの数字も『役員
四季報 2023 年版』による，図表 14-4 参照）。このように短期間で交代する事
例の多い日本の社長とは対照的に，アメリカの大企業では CEO に就任する年
齢は若く，また在任期間も 10 年を超える場合が多いと言われている。

　ところで経営者とは社長 1 人を指して用いられる場合もあるが，一般的には
社長を含む経営陣のことを意味する。具体的には株式会社などの取締役（会）
がそれに該当する。しかし，コーポレート・ガバナンス改革の一環として統治

図表 14-4　社長の在任期間

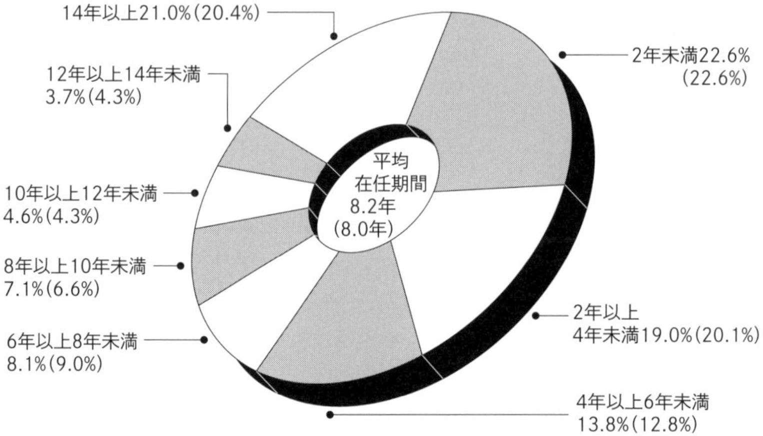

14年以上21.0%(20.4%)

2年未満22.6%(22.6%)

12年以上14年未満
3.7%(4.3%)

10年以上12年未満
4.6%(4.3%)

平均
在任期間
8.2年
(8.0年)

8年以上10年未満
7.1%(6.6%)

2年以上
4年未満19.0%(20.1%)

6年以上8年未満
8.1%(9.0%)

4年以上6年未満
13.8%(12.8%)

注：括弧内は前年の比率。在任期間は現職の就任年月日より 2022 年 8 月末までを十進法で算出。
出所：図表 14-2 と同じ

　機構改革が行われ，取締役会のタイプによっては執行ではなく監督を主たる業務とするようになった。指名委員会等設置会社がまさにそれに当たる。このような取締役会は**モニタリング・ボード**と呼ばれる。この場合，経営者という言葉は，取締役全員を指すのではなく，むしろ社長，CEO，執行役といった執行経営層の人たちを指して使われることになる。他方，取締役会が業務執行を同時に担う場合は**マネジメント・ボード**と呼ばれる。この場合は，取締役は基本的に経営者を兼務するということになる。

第2節　大企業経営者はどのように承継されるか？
——トヨタ自動車とファーストリテイリングの比較

◆ トヨタ自動車とファーストリテイリングの経営者は誰か？

　トヨタ自動車とファーストリテイリング（ブランドはユニクロ，GU など）はわが国の有力企業であり，知らない人はほとんどいないであろう。この 2 つの会社は一体誰が経営を担い，それはどのように決まっていくのであろうか。この 2 つの会社を比較しながら，大企業において誰がどのように経営者になっ

ているのかを見てみよう。

◆ トヨタ自動車の事例

　まずトヨタ自動車はすでに第 2 章で見たとおり，売上高 31 兆 3795 億円，純利益 2 兆 8501 億円，従業員数 37 万 5396 人（いずれも連結，2022 年 3 月）を誇り，2020 年，21 年，22 年と 3 年連続で販売台数が世界トップという日本を代表する巨大企業である。創業は 1933 年（昭和 8 年）で，日本の発明王と呼ばれた**豊田佐吉**が設立した豊田自動織機の自動車部としてスタートした。1937 年には独立してトヨタ自動車工業となり，戦後間もない 1950 年には経営危機を経験するがそこからも立ち直り，1982 年にトヨタ自工とトヨタ自販が合併し現在のトヨタ自動車となった。上場したのは 1949 年である。

　世界的な自動車会社となったトヨタの経営トップを 2009 年から 14 年間務めたのが**豊田章男**氏である。豊田姓であることからも分かる通り，章男氏はトヨタの創業者一族出身である。初代社長は佐吉の娘婿の豊田利三郎氏であるが，トヨタの実質的な創業者は，豊田佐吉の長男・豊田喜一郎氏（2 代目社長）である。その後，5 代目社長が佐吉の甥・豊田英二氏，6 代目社長は喜一郎氏の長男・豊田章一郎氏，7 代目社長は喜一郎氏の次男・豊田達郎氏，そして 11 代目社長が章一郎氏の長男・章男氏と継承されてきた。章男氏は創業者・豊田喜一郎氏の孫に当たる。確かに歴代の社長を見ると豊田一族が中心となって経営を担ってきているが，トップはすべて一族出身というわけではない。これまでの社長の中には一族以外の出身者も一定数含まれている。例えば，戦後のトヨタの経営危機を切り抜けて経営を軌道に乗せたのは 3 代目社長・石田退三氏である。彼は豊田自動織機・社長からトヨタ自工社長になった。また 8 代目から 10 代目まで社長を務めた奥田碩氏，張富士夫氏，渡辺捷昭氏の 3 氏はいずれも社内出身の専門経営者であった。そして，豊田章男氏に続く第 12 代社長となった佐藤恒治氏もまた社内出身の専門経営者である（図表 14-5 参照）。

　ではトヨタのトップ人事はどういう基準で行われてきたのであろうか。創業以来の社長の出身を見る限り，創業家である豊田一族ならびにトヨタ内部の出身者によって占められていることは明らかである。広い意味でのトヨタの関係者である。会社は創業家の「もの」という考え方をすれば，むしろ豊田一族だ

図表 14-5 トヨタ自動車の取締役会

役職名	氏名
代表取締役会長	豊田章男
代表取締役副会長	早川 茂
代表取締役社長（執行役員）*	佐藤恒治
取締役（執行役員）*	中嶋裕樹
取締役（執行役員）*	宮崎洋一
取締役（執行役員）*	Simon Humphries
社外取締役	菅原郁郎
社外取締役	Sir Philip Craven
社外取締役 *	大島眞彦
社外取締役 *	大薗恵美

注：* は新任取締役。取締役は第 119 回定時株主
総会（2023 年 6 月）の承認を経て正式決定され
る予定。
出所：トヨタ自動車 HP（2023 年 3 月 23 日アク
セス）https://global.toyota/jp/newsroom/
corporate/38975947.html を基に筆者作成。

けで社長を独占するという選択肢もあるかも知れないが，そうしなかったのは
企業を維持・発展させるという「**経営の論理**」が優先されたからだと考えられ
る。これは日本の「家」の論理と言ってもよかろう。環境が変化していく中
で，長期にわたって同族だけで経営を担うのは容易ではない。それに応えるだ
けの人材を常時輩出できる保証がないからである。そのため同族に適任者がい
なければ，従業員の中から専門経営者が選出される。すなわち経営者の選任に
おいてはその能力・資質こそが最も重視される。

　他方，トヨタの株式所有構造を見ても，創業からすでに 90 年ほど経ち，
もはや豊田家の所有とは言えないのが実態である。豊田章男氏の持株比率は
0.175％（2022 年）でしかない。株式所有において 10 大株主はすべて機関所有
化しており，しかも安定株主構造はすでに過去のものとなっている。したがっ
て，豊田家が所有者としてトヨタの経営に影響力を及ぼせるような状況にはも
はやない（図表 14-6 参照）。

　ではトヨタの経営は今後誰が継承していくことになるのであろうか。明確な

図表 14-6　トヨタ自動車の大株主構成（2022 年 3 月 31 日現在）

株主名	持株比率（%）
日本マスタートラスト信託銀行（株）	13.87
（株）豊田自動織機	8.65
（株）日本カストディ銀行	6.98
日本生命保険（相）	4.61
JPMorgan Chase Bank （常任代理人（株）みずほ銀行決済営業部）	3.72
（株）デンソー	3.26
State Street Bank and Trust Company （常任代理人（株）みずほ銀行決済営業部）	2.46
The Bank of New York Mellon as Depositary Bank for Depositary Receipt Holders （常任代理人（株）三井住友銀行）	2.15
三井住友海上火災保険（株）	2.06
東京海上日動火災保険（株）	1.85
計	49.62

注：持株比率は発行済株式（自己株式を除く）の総数に対する所有株式
　　数の割合
出所：トヨタ自動車 HP（2022 年 10 月 18 日アクセス）https://global.
　　toyota/jp/ir/stock/outline/

　のは，たとえ創業者一族の出身であってもそれで即社長になることが決まって
いるわけではないことである。前社長の豊田章男氏は創業者の孫であり，社
長に就任する際には豊田家への「大政奉還」といった言葉がマスコミの一部で
は使われたが，今後も同族から経営者が出ることが保証され，また社内でも
それが当然のこととして受け止められるとは限らない。基本は「経営の論理」
をしっかり遂行できる人材は誰かであり，出身は必ずしも絶対的なものではな
い。

◆ ファーストリテイリングの事例

　ファーストリテイリングは，ユニクロや GU といったブランド名で有名な日
本を代表するアパレル企業である。自社で製品の企画，製造，そして直営店
で販売するという業態を採っており，これは **SPA**（Speciality store retailer
of Private label Apparel：製造小売業）と呼ばれる。売上高 2 兆 3011 億

円，純利益2847億円，従業員約5万7576人（いずれも連結，2022年）で，ZARA，H&Mに次いでSPA世界第3位の大企業である。実質的な創業者の柳井正氏は，同社の前身の小郡商事を父親から継いでカジュアル衣料に進出して成功し，業容を急速に拡大した。1991年に社名をファーストリテイリングに変更し，2005年には持株会社となった。

　柳井氏は一代でファーストリテイリングをアパレル業界を代表する世界的な企業に育て上げた企業家である。現在も同社の代表取締役会長兼社長を務めており，最前線で経営の指揮を執っている。柳井氏はいわゆる**創業経営者**で，その経営手腕と実績から見ても同社の最高実力者であることは間違いない。しかも，同社の10大株主を見て一目瞭然なのは，柳井氏自身が筆頭株主として約22％の株式を保有する大株主であり，さらに妻や息子といった親族も個人株主として10大株主に名前を連ね，加えて自身の資産管理会社の持株も含めると圧倒的な持株比率を有していることである（図表14-7参照）。つまり経営者としても所有者としても，柳井氏のプレゼンスは同社においては絶対的だということになる。その柳井氏は，2002年に自らの考えで会長に退き，同社の社長

図表14-7　ファーストリテイリングの大株主構成（2022年8月31日現在）

株主名	持株比率（％）
日本マスタートラスト信託銀行（株）（信託口）	22.42
柳井正	21.57
（株）日本カストディ銀行（信託口）	10.87
テイテイワイマネージメントビーヴィ	5.20
柳井一海	4.68
柳井康治	4.68
㈲Fight & Step	4.65
㈲MASTERMIND	3.53
柳井照代	2.28
JPモルガン・チェース銀行	2.10
計	81.97

出所：ファーストリテイリングHP（2023年3月17日アクセス）https://www.fastretailing.com/jp/ir/stockinfo/breakdown.html

を外部から招聘した玉塚元一氏（現ロッテホールディングス社長）に任せたが，2005 年には解任して再び自身が社長に復帰している。これは会社の成長に対する考え方の違いにあったと言われている。こうしたことが可能なのは，**柳井氏が所有経営者**として自分のイメージ通りに会社を経営することができるパワーを有しているからに他ならない。

　では創業経営者の柳井氏の後は誰が経営を担うことになるのであろうか。勿論，次期後継者に関しては予想の域を出ないが可能性として考えられるのは，10 大株主にも名前を連ね，しかも現在取締役である 2 人の子息に事業を承継させるというシナリオである（図表 14-8 参照）。そしてもう 1 つは，経営の舵取りだけは専門経営者に任せ，創業家はオーナーとして君臨するというシナリオである。これは換言すれば，後継者も所有経営者として所有・支配・経営の一致で行くのか，それとも専門経営者に経営は任せて所有（支配）と経営の分離でいくのか，どちらが選択されるかという問題である。柳井氏自身は，創業家が 3 割の株式をもって経営を監督し，実力のある経営陣が経営を執行するのが理想だといい，息子への世襲を否定している（『日本経済新聞』2020 年 2 月 21 日）。取りあえず現時点では，後者の「所有と経営の分離」の方向性を示唆しているということである。今後同社の後継者には誰がなるのか，大いに注目される。

図表 14-8　ファーストリテイリングの取締役会

役職名	氏名
代表取締役会長・社長	柳井　正
取締役	岡崎　健
取締役	柳井一海
取締役	柳井康治
社外取締役	車戸城二
社外取締役	服部暢達
社外取締役	新宅正明
社外取締役	京谷　裕
社外取締役	大野直竹
社外取締役	コールキャシーミツコ

出所：図表 14-7 と同じ

◆ 大企業の経営者は誰が承継するのか？

　起業をすれば必ず創業経営者がおり，事業が成功すればそれは承継されていく。もしそれが中小規模の場合であれば，創業者一族すなわち親から子へ事業が承継されていくのが一般的である。つまり中小企業における次期社長は，大部分が子ども（親族）である。したがって，会社は創業者一族・同族のものということになる。ただし，一族・同族というのは必ずしも血縁関係があるという意味ではなく，娘婿も非血縁ではあるがこれに含まれる。創業100年を超えるような日本の老舗企業の場合，このように一族・同族（非血縁も含む）が事業を承継していっているケースがほとんどである。

　では大企業の場合はどうであろうか。トヨタ自動車とファーストリテイリングの事例を見たが，創業者に続く2代目以降は，可能性としては同族による承継か，専門経営者の登用かのどちらかが考えられる。トヨタ自動車の場合は，同族とともに専門経営者を適宜登用してきた事例であり，両者の折衷型とも言える。ここでは大企業の経営者の選任について，日本企業の代表的な事例をさらに見ておこう。

　有力企業で同族での承継をしようとしたのが松下電器産業（現・パナソニックホールディングス）である。同社は松下幸之助が一代で築き上げた家電の世界的大企業である（第9章第3節参照）。「経営の神様」と言われた自身の後継者を誰にするかとなったとき，幸之助は一族による世襲を選択した。ただし，跡継ぎになる男子がいないため娘婿の松下正治氏（三井銀行出身）を2代目の社長に据えた。幸之助自身はそれに伴い代表取締役会長となったが，途中から営業本部長代行を兼務して第一線に復帰している。これでは経営を任せたとは言いがたい面があったであろう。そして3代目の社長になったのは社内出身の山下俊彦氏で，その当時，取締役26人中序列25番目の平取締役からの大抜擢だった。幸之助は孫の正幸氏（2代目社長・正治氏の息子）を社長にしたいと考えていたと言われるが，正幸氏は最終的に社長ではなく代表取締役副会長に就任し，3代目への世襲は実現しなかった。したがって，3代目社長以降は，すべて社内出身の専門経営者が就いている。なお，松下幸之助の持株比率は1961年には6.3％で第2位株主であったが，1989年には持株比率2.14％で第8位株主にまで後退しており，これを最後に10大株主の名簿に名前は見られな

くなった（「有価証券報告書」各年版参照）。松下の資産管理会社である松下興産も株式を保有していたが，これは議決権のない株式であり，同社は2005年には清算されている。すなわち大株主の影響力を行使して世襲を強行するといったことは不可能であった。

　他方，社長の世襲を最初からしなかった代表例はホンダ（本田技研工業）である。同社は2輪から出発して，やはり戦後の日本を代表する世界的な自動車会社になった（第9章第3節参照）。社長の本田宗一郎，副社長の藤沢武夫がそれぞれの役割を存分に発揮して会社を発展させたが，後継に関する2人の基本的な考え方は「子供を会社に入れない」ということだった。本田も藤沢も，現役でやれる余力を十分に残しながら，1973年に2人一緒に引退した。そして2代目の社長には，社内のエンジニア出身の河島喜好氏を就けた。これ以降は，同社では社内出身の経営者，しかも技術畑出身者が社長を務めている。

　日本の大企業は創業者（＝所有経営者）から専門経営者へ，というのが一般的な流れである。同族が経営を続ける場合には，後継者に経営者としての能力があるか否かが決定的だと言ってよかろう。なお世界の例を見ると，大企業で同族経営を行っている企業は一定数存在する。アメリカの小売業ウォルマートやドイツの自動車フォルクスワーゲンなどは世界的な同族企業である（2019年「グローバル・ファミリー企業500社ランキング」）。

第3節　経営者の報酬

◆ 日本企業の経営者の報酬はいくらか？

　わが国の大企業の経営者はほとんどが内部出身の専門経営者で占められていることを見たが，では役員報酬の額はどの位なのであろうか。

　歴史的に見ると，戦前の経営者はみな高い報酬を得ていた。会社の純利益の10～15％を毎期の役員賞与に充てる慣行があったとも言われている。三井では役員の報酬を特に手厚くしており，三井の重役になるとみな大金持ちになったという。その直系役員のボーナスを半減させたのが三井合名の筆頭常務理事の池田成彬であった，と江戸英雄氏は述懐している（江戸 1994）。こうした対応が影響したかどうかは別にして，財閥解体後の日本企業の経営者報酬は大きく

図表 14-9　企業規模別，役名別平均年間報酬

企業規模＼役名	会長	社長	専務	常務	専任取締役	部長等兼任	監査役	専任執行役員
	万円	万円	万円	万円	万円	万円	万円	万円
全規模	6,354.5	4,622.1	3,189.6	2,461.4	1,944.6	1,703.3	1,715.6	2,205.7
3,000人以上	10,160.4	7,372.6	4,501.5	3,396.2	2,446.8	2,163.1	2,426.1	3,099.7
1,000人以上3,000人未満	5,585.0	4,554.3	3,066.9	2,382.0	1,939.5	1,746.1	1,655.5	1,877.0
500人以上1,000人未満	5,130.3	3,963.1	2,461.8	2,126.6	1,819.5	1,597.0	1,417.9	1,581.6

注：調査対象は 500 人以上〜1,000 人未満 698 社，1,000 人以上〜3,000 人未満 614 社，3,000 人以上 248 社の計 1,560 社。
出所：人事院「令和元年度民間企業における役員報酬（給与）調査」から一部抜粋（2022 年 8 月 28 日アクセス）https://www.jinji.go.jp/toukei/0321_yakuinhousyu/0321_yakuinhousyu_ichiran.html

減少した。戦前は社長と新入社員の所得格差は 100 倍を超えていたのが，戦後は 10 倍程度あるいはそれ以下へと一挙に縮小した。それは戦後日本企業の経営者の性格を示す特徴の 1 つと言えよう。すなわち資本家が消えて会社が従業員ならびに従業員出身の経営者の組織体になったとき，「生え抜き」の経営者が突出した報酬を手にすることは難しくなったと考えられる。

　では，現在の役員報酬の実態はどうであろうか。図表 14-9 によれば，従業員数 3000 人以上の大企業では社長が 7300 万円台，会長が 1 億円台の報酬となっている。それよりも規模が小さい中堅企業等では，報酬額は小さくなる。つまり日本企業の役員報酬は企業規模別になっていることがこの表から見て取れる。日本企業の従業員の賃金が企業規模別になっていることはすでに見たが，経営者報酬も同様に企業規模別である点は興味深い。

　戦後の日本企業の経営者報酬は欧米などと比べて決して高いとは言えない水準であったが，コーポレート・ガバナンス改革が進展する中で，役員報酬が上昇する傾向が見られる。図表 14-10 は役員報酬が 1 億円以上の開示企業の推移を示したものである（東京商工リサーチの調査）。上場会社に対しては 2010 年 3 月期から連結報酬 1 億円以上を受けた役員情報の開示が義務付けられている。この 10 年間で 1 億円超の役員数は 302 人→663 人と実に 2 倍以上に増え

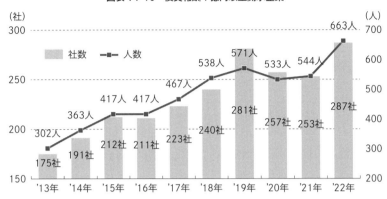

図表 14-10　役員報酬 1 億円以上開示企業

注：本調査は，全証券取引所の 3 月期決算の上場企業 2,355 社（未提出 9 社を除く）を
　　対象に，有価証券報告書で役員報酬 1 億円以上を個別開示した企業を集計した。上場
　　区分は 2022 年 6 月 30 日時点。
出所：東京商工リサーチ「2022 年 3 月期決算『役員報酬 1 億円以上開示企業』調査」
　　（2022 年 8 月 28 日アクセス）https://www.tsr-net.co.jp/news/analysis/20220722_
　　01.html

ている。さらに個別企業における実際の役員報酬を見ると，かなり高額の報酬
を受け取る事例が出てきている。

　また同調査では，役員報酬が 1 億円以上の 663 人の基本報酬と賞与の合計
（報酬額）と，従業員の平均給与を比較している。その結果は，報酬額で 12.2
倍（中央値 9.9 倍），報酬総額（基本報酬・賞与以外の報酬を含む）で 25.1 倍
（同 18.2 倍）となっている。ストック・オプションなどの株式関連の報酬を含
めると，従業員の平均給与との格差はより大きくなることが分かる。ちなみ
に社員と役員の「年収格差」が大きい会社ランキングでは，1 位はオンライン
ゲーム配信のネクソンで約 72 倍，2 位東京エレクトロン約 53 倍，3 位武田薬
品工業約 49 倍となっている（東洋経済オンライン，2023 年 1 月 2 日）。

　図表 14-11 は役員報酬ランキングであるが，2022 年のトップは Z ホールディ
ングスの慎ジュンホ氏で，43 億 3500 万円と巨額である。同氏の報酬のほとん
どは連結子会社 LINE からのもので，そのうちストック・オプションが 41 億
700 万円を占めている。2 位はセブン＆アイ・ホールディングスの J. M. デピ
ント氏で 23 億 8800 万円となっている（コラム⑤参照）。3 位の第一交通産業
の黒土始氏は 19 億 400 万円（前年 3 億 1000 万円）であるが，このかなりの部

図表 14-11　役員報酬ランキング

（単位：100 万円）

順位	役員名	会社名 （役職）	年齢	現職在任期間（年）	役員報酬総額	基本報酬（固定報酬）	業績による報酬	ストック・オプション	賞与	役員退職慰労引当金繰入額	その他
1	慎 ジュンホ	Z ホールディングス（取締）	50	1.4	4,335	105		4,107	64	56	
2	J. M. デビント	セブン＆アイ HLD（取締）	59	7.3	2,388	222			2,165		
3	黒土 始	第一交通産業（前会長）	100	—	1,904	240				70	1,594
4	吉田憲一郎	ソニーグループ（代表執役）	62	8.3	1,888	215	391	449			833
5	C. ウェバー	武田薬品工業（社長）	55	8.2	1,858	281			313		1,264
6	W. クラーク	電通グループ（取締）	51	1.4	1,676	158			1,336		181
7	河合利樹	東京エレクトロン（社長）	59	6.6	1,665	102		736	741		85
8	O. マホニー	ネクソン（社長）	55	8.4	1,301	113		1,051	137		
9	鈴木 修	スズキ（前会長）	92	—	1,172	22				1,136	13
10	S. シガース	ソフトバンク G（前取締）	54	—	1,151	34			1,116		

出所：図表 14-2 と同じ

分は役員退任の特別功労金 15 億 9400 万円が占めている。4 位はソニーグルー
プの吉田憲一郎会長兼社長 CEO の 18 億 8800 万円（同 12 億 5300 万円）であ
る。こちらもストック・オプションや譲渡制限付株式の付与が大きなウエート
を占めている。

コラム❺　日本人社長よりも高い外国人取締役の報酬

　近年，外国人が日本企業の取締役に就任しているケースが散見される。日本
企業の役員報酬は欧米のそれと比べて低いが，日本で働く外国人取締役の報酬
はどうであろうか。

　外国人取締役の報酬は日本人のそれよりもやはりかなり高いのが一般的であ
る。海外から優秀な人材に来てもらうためには高い報酬の提供は不可欠という
ことであろうか。例えば，これまでの日本企業の役員報酬歴代ランキングトッ
プは，2017 年のソフトバンクグループ元副社長ニケシュ・アローラ氏の 103
億 4600 万円である。これには退任費用の 88 億 4700 万円が含まれている
が，前年の 2016 年も 64 億 7800 万円と巨額で，さらに 2015 年は役員では
なかったものの 165 億 5600 万円という破格の報酬を手にしていた。アロー
ラ氏は，グーグル（現・アルファベット）副社長だった 2014 年に，創業者の
孫正義社長に乞われてソフトバンクに入社した。当初より孫氏の後継候補と言

われていたにも関わらず，わずか 2 年あまりでの退任となった。退任理由は明確にはなっていない。なお，アローラ氏はその後，140 億円の報酬で米セキュリティ・プラットフォーム企業の CEO に転身した。

　上記の事例はちょっと特殊だとしても，やはり外国人取締役の報酬は高いと言ってよいであろう。ソフトバンクの外国人取締役は役員報酬ランキングの常連で，例えばサイモン・シガース氏は 2022 年のランキングでは 7 位で 11 億 5100 万円（前年は 18 億 8200 万円で 1 位）となっている。またコンビニ業界トップのセブン＆アイ・ホールディングスの取締役マイケル・デピント氏は，2016 年から 2022 年まで毎年，20 億円前後の役員報酬を受け取っており，その総額は 141 億円に上っている。同氏の 22 年の役員報酬は 23 億 8800 万円，他方，社長の井阪隆一氏のそれが 1 億 2300 万円なので，実に 20 倍近い開きがある。さらにトヨタ自動車ではジェームス・カフナー氏の 2022 年の役員報酬が 9 億 600 万円（前年は 2 億 8400 万円）なのに対し，社長（当時）の豊田章男氏は 6 億 8500 万円（同 4 億 4200 万円）と，こちらも外国人取締役の報酬が上回っている。

　日本人取締役の報酬が低すぎるのか，それとも外国人取締役の報酬が高すぎるのであろうか。単純に結論は出せないが，少なくとも高額報酬に見合ったパフォーマンスが発揮されなければ社内の理解は得られないであろう。

◆ 創業経営者の報酬はいくらか？

　ところで経営者の収入を役員報酬に加えて配当収入を併せてみると，また違った世界が見えてくる。図表 14-12 は配当収入含む役員報酬ランキングであるが，トップはソフトバンクグループの孫正義氏で 203 億 4700 万円，2 位はファーストリテイリングの柳井正氏で 109 億 7700 万円，3 位はオープンハウスグループの荒井正昭氏で 54 億 9200 万円となっている。いずれも創業経営者で，例えばトップの孫氏の役員報酬は 1 億円で必ずしも高額とは言えないものの，保有する株式の配当は年間 200 億円と巨額である。創業者は一時的な役員報酬だけではなく，むしろ自らの事業を成長させたことへの報酬として高額の配当を長期にわたって手にすることになる。

　ちなみに保有する総資産額を見ると，2022 年のトップは柳井正氏で 3 兆 500 億円，2 位はキーエンスの滝崎武光氏で 2 兆 7920 億円，3 位は孫正義氏で 2 兆

図表 14-12　配当収入含む役員報酬ランキング

（単位：100 万円）

順位	役員名	会社名（役職）	報酬総額配当含む	配当収入	役員報酬総額	基本報酬（固定報酬）	ストック・オプション	賞与	役員退職慰労引当金繰入額	その他
1	孫　正義	ソフトバンク G（代表取締）	20,347	20,247	100	12		50		38
2	柳井　正	ファーストリテイリ（会・社）	10,977	10,577	400	240				
3	荒井正昭	オープンハウス G（社長）	5,492	5,096	396	396				
4	慎 ジュンホ	Z ホールディングス（取締）	4,457	122	4,335	105	4,107	64	56	
5	永守重信	日本電産（会長）	3,318	3,215	103	55		32		16
6	西河洋一	飯田グループ HLD（前会長）	2,750	2,622	128	54				
7	柳井一海	ファーストリテイリ（取締）	2,409	2,294	115	90				
8	柳井康治	ファーストリテイリ（取締）	2,394	2,294	100	59				
9	J. M. デピント	セブン＆アイ HLD（取締）	2,388	－	2,388	222		2,165		
10	森　和彦	飯田グループ HLD（名誉会長）	2,022	1,657	365	172			5	

出所：図表 14-2 と同じ

7270 億円，4 位はサントリー HD の佐治信忠氏で 1 兆 2020 億円，5 位はユニ・チャームの高原豪久氏の 8270 億円となっている（Forbes JAPAN「日本長者番付 2022」）。前年はトップが孫氏で 4 兆 8920 億円であったが，1 年で 2 兆円もの資産を減らしている。同じく前年 2 位の柳井氏も 1 兆 5000 億円の減少である。これは世界経済の変動が株価などに影響を与えた結果である。

◆ 世界の経営者の報酬はいくらか？

　日本企業の経営者の報酬は以前と比べて上昇傾向にあることが分かったが，従来から指摘されていた欧米企業との差は縮まったのであろうか。2022 年度の日米欧の大企業の経営者報酬を見ると，アメリカ 16.0 億円，イギリス 6.9 億円，ドイツ 8.5 億円，フランス 6.1 億円なのに対し，日本は 2.0 億円である（図表 14-13 参照）。日本の経営者報酬は前年比 13.7％増となっているものの欧米の水準とはかなりの差が依然としてある。また報酬の中身を比較して見ると，アメリカは基本報酬 9％，年次インセンティブ 22％，長期インセンティブ 69％と，株式報酬による長期インセンティブが大きな割合を占めている。これに対して，日本は基本報酬 36％，年次インセンティブ 38％，長期インセンティブ 26％と，固定部分である基本報酬の割合が大きく，逆に長期インセンティブは低い結果となっている。つまり日本企業の報酬の特徴は，中長期に企

図表 14-13　日米欧 CEO の報酬

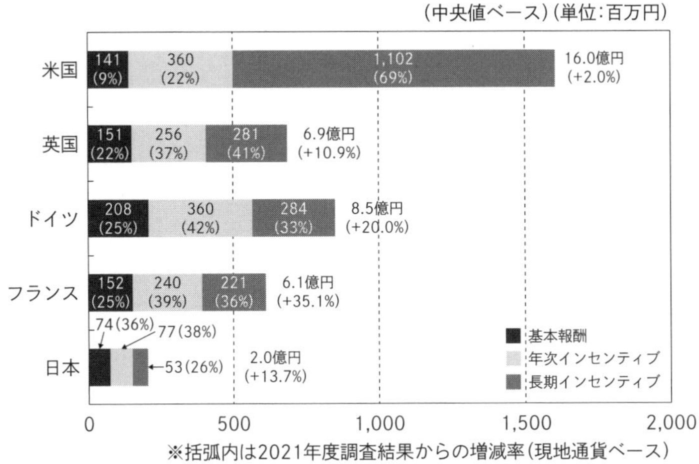

(中央値ベース)(単位:百万円)

※括弧内は2021年度調査結果からの増減率(現地通貨ベース)

注:2021 年度にかかる開示資料より WTW が作成。なお,調査対象は以下のとお
り。米国:CEO 報酬比較―Fortune 500 のうち売上高等 1 兆円以上の企業 314
社の中央値,社外取締役報酬比較―Fortune 500 かつ S&P 500 のうち売上高等
1 兆円以上の企業 156 社,英国:FTSE 100 のうち売上高等 1 兆円以上の企業 52
社の中央値,ドイツ:DAX 構成銘柄のうち売上高等 1 兆円以上の企業 31 社の
中央値,フランス:CAC 40 のうち売上高等 1 兆円以上の企業 34 社の中央値,
日本:CEO 報酬比較―総額は時価総額上位 100 社かつ売上高等 1 兆円以上の企
業 75 社における連結報酬等の中央値。内訳(割合)は連結報酬等開示企業(異
常値を除く)68 社の平均値を使用して算出。長期インセンティブには退職慰労
金単年度を含む。社外取締役報酬比較―時価総額上位 100 社のうち売上高等 1 兆
円以上の企業 75 社における報酬等の中央値
出所:『日米欧 CEO および社外取締役報酬比較』2022 年調査結果(2022 年 8 月 23
日アクセス)https://www.wtwco.com/ja-JP/News/2022/08/report-fy2021-
comparison-of-compensation-for-ceos-and-ned-between-japan-the-united-
states-and-europe

業業績と連動して大きくなる株式報酬の割合が欧米と比べて高くないことであ
る。
　ところで上記の通りアメリカの経営者報酬(中央値ベース)は欧州のそれ
と比べても 10 億円前後高くなっているが,これを個別企業で見るとその高額
ぶりはさらに鮮明になる(図表 14-14 参照)。2021 年の **S&P500**(ニュー
ヨーク証券取引所などに上場する代表的な 500 企業)を対象とするアメリカ
の CEO 報酬ランキングのトップは,オンラインの広告技術会社であるトレー

図表 14-14　アメリカの CEO 報酬ランキング（2021 年）

順位	名前	会社名	報酬総額
1	Jeff Green	The Trade Desk, Inc.	8 億 3496 万ドル
2	Vladimir Tenev	Robinhood Markets, Inc.	7 億 9612 万ドル
3	Peter Rawlinson	Lucid Group, Inc.	5 億 6559 万ドル
4	Robert Scaringe	Rivian Automotive, Inc.	4 億 2214 万ドル
5	Jason Kelly	Ginkgo Bioworks Holdings, Inc.	3 億 8074 万ドル
6	Peter Kern	Expedia Group, Inc.	2 億 9625 万ドル
7	David Zaslav	Warner Bros. Discovery, Inc.	2 億 4657 万ドル
8	David Baszucki	Roblox Corp.	2 億 3279 万ドル
9	Jason Gardner	Marqeta, Inc.	2 億 2439 万ドル
10	David Steinberg	Zeta Global Holdings Corp.	2 億 1645 万ドル

出所：AFL-CIO（アメリカ労働総同盟・産業別組合会議）HP（2023 年 3 月 18 日アクセス）
https://aflcio.org/paywatch/highest-paid-ceos

ド・デスク社の Jeff Green 氏の 8 億 3495 万ドル（1 ドル＝130 円で計算すると約 1100 億円，以下同様），2 位は金融サービス・プラットフォームを運営するロビンフッド・マーケッツ社の Vladimir Tenev 氏の 7 億 9612 万ドル（1035億円），3 位は電気自動車製造・販売のルシード・グループの Peter Rawlinson 氏の 5 億 6559 万ドル（735 億円）となっている。なお，トップの Green 氏の報酬の内訳は，ストック・アワーズ（自社株を無償で取得できる権利）はなく，オプション・アワーズ（自社株購入権）が 8 億 2838 万ドルで，基本報酬は 85 万ドル（1 億 1000 万円）となっている。これを見ると，巨額報酬のほとんどが株式によるものであることが分かる。

　経営者報酬に株式を用いることは，経営者と株主の利害を共有化することにつながる。経営者は自らの報酬をより大きくするためには，企業価値，株主価値の向上を目指すことが想定され，それはそのまま株主にとっての利益につながるからである。そのため，日本企業でも株式による長期インセンティブの割合をもっと大きくすべきだとする主張も見られる。

◆ 経営者報酬をめぐる問題

　大企業経営者の報酬に関しては一般的に社会的関心が高いが，どの水準が適

正なのかは必ずしも絶対的な基準があるわけではない。そもそもアメリカの経営者報酬も一貫して高額であったわけではない。S. M. ジャコビィによれば，トップ 1％の収入は 1930 年代には 18％であったが，1952 年には 8％に低下し，1980 年代初頭まではこの水準だったという。それが 80 年代には再び 18％に戻ったと指摘している。アメリカの経営者の報酬はこの時期から拡大していった（ジャコビィ 2007）。

　さて，アメリカでは高額な経営者報酬が一部の株主などから批判されてきた。企業業績とは無関係に経営者報酬のみが上昇するケースも見られたからである。また格差社会が進む中で，経営者の高額報酬はその象徴にもなっている。経営者報酬と平均的な従業員の賃金の格差を示す指標に**ペイレシオ**（pay ratio）がある。経営者報酬がその会社の従業員の賃金（中央値）の何倍かを示すものである。2021 年の S&P500 全体のペイレシオは，平均 324 倍となっている。これを個別企業で見ると，化粧品・健康食品のニュースキン社が最も格差が大きく 2 万 2092 倍，続いて 2 位アマゾン 6474 倍，3 位トレードデスク 4283 倍となっており，マクドナルドは 16 位で 2251 倍である。こうした会社の従業員から見れば途方もない所得格差ということになる（図表 14-14 の出所と同じ）。

　経営者の高額報酬をめぐっては，**金融規制改革法（ドット・フランク法）**に基づき，アメリカでは 2011 年に**セイ・オン・ペイ**（say on pay）が義務づけられた。これは株主総会で 3 年に 1 回，役員報酬方針や個別の支給額の賛否を問うものであるが，もし否決されても法的拘束力のない勧告的決議となっている。株主が否決する比率は現在ところ多くはないが，経営者にとっては一定のプレッシャーになる。

　一方日本では，多くの会社で報酬委員会が設置されるようになり，そこで報酬案は決定される。そしてアメリカと違って日本では役員報酬は株主総会の審議事項になっており，役員報酬の総額は株主の承認を必要とする。ただし，個別の支給額は取締役会に任せることになっている。

第 15 章

CSR・ESG・SDGs とコーポレート・ガバナンス
——企業社会はどうなるか？

〈本章のポイント〉

　企業の社会的責任（CSR）は戦後の高度成長期に公害などの発生によって大きく取り上げられるようになり，環境対策や倫理，コンプライアンスへの対応が求められた。その後，メセナやフィランソロピーなどの社会貢献活動も注目された。そして 2003 年は日本における「CSR 元年」と言われており，企業や経済団体も積極的に動き出した。CSR をめぐっては賛成論と否定論が見られ，どちらの議論にも耳を傾ける必要があるが，企業が経済的機能のみを追求し，成果を上げればそれでよいとはもはや言えなくなっている。経営者には随伴的結果も考慮に入れた複眼的管理が求められている。また本業と両立させる手法である CSV の導入も提起された。

　1990 年代からは環境問題が国際機関でも大きく取り上げられるようになり，PRI を推進するグローバルコンパクトが提唱され，社会的責任のガイダンス規格である ISO26000 も発行された。国連では MDGs（ミレニアム開発目標）に続いて SDGs（持続可能な開発目標）が掲げられ，「誰ひとり取り残さない」をスローガンに，課題解決に取り組んでいる。投資家の ESG 投資を梃子にして，企業の ESG 経営が目指されているが，みせかけだけのグリーンウォッシュといった問題も指摘されている。

・・

キーワード▶CSR，企業の社会的責任，四大公害病，企業市民，メセナ，フィランソロピー，経団連企業行動憲章，SRI，CSR 元年，随伴的結果，複眼的管理，CSV，国連グローバルコンパクト，ISO26000，MDGs（ミレニアム開発目標），SDGs（持続可能な開発目標），「誰ひとり取り残さない」，PRI，ESG，ESG 投資，ESG 経営，グリーンウォッシュ，マテリアリティ

第 1 節　CSR とその展開

◆ CSR とは何か？

CSR は英語の Social Corporate Responsibility の頭文字を取ったもので，日本語では「**企業の社会的責任**」という。かつては日本語の方が使われていたが，2000 年代になると CSR の言い方が一般的となった。では CSR ＝企業の社会的責任とは何であろうか。

日本の CSR の出発点とも言えるのが，1956 年に出された経済同友会（以下，同友会）の提言「経営者の社会的責任の自覚と実践」である。敗戦から約 10 年，同友会は「**企業は社会の公器**」であると明確に位置づけた上で，「生産諸要素を最も有効に結合し，安価かつ良質な商品を生産し，サービスを提供する」ことが，「**経営者の社会的責任**」だとした。つまり利潤追求のみではなく，経済と社会の調和を説いた。それから間もなく，日本は高度経済成長の時代を迎えることになる。

その高度成長期に次々と発生したのが**四大公害病**であった。水俣病，新潟水俣病は工場排水に含まれた有機水銀，イタイイタイ病は鉱山などから排出されたカドミウム，四日市ぜんそくはコンビナートから排出された亜硫酸ガスが原因だった。いずれも企業利益を優先した結果であり，地域住民に大きな惨禍をもたらした。しかも政府の対応は遅く，被害を拡大させた。また有毒物質が混入したカネミ油症事件や，サリドマイド，スモンといった薬害事件も起きた。全国で公害訴訟が相次いで起こされるとともに，消費者運動が各地で盛んになった。環境庁（現・環境省）が設立されたのは 1971 年である。また欠陥自動車問題やカラーテレビの二重価格問題なども指摘され，企業は消費者対応を迫られた。そして 72 年には「日本列島改造論」を契機とする企業の土地投機，さらに 73 年には石油ショックが日本経済を襲い，企業の便乗値上げ，買占め，売り惜しみなどが顕在化した。狂乱物価の中で企業の利益至上主義に対する厳しい批判の声が出され，反企業ムードが一気に高まった。要するに，経済成長優先，利益優先の企業行動のひずみが露わになり，企業は消費者と真正面から向き合わざるを得なくなったのである。「企業の社会的責任」として強

く求められたのは，企業の環境対策であり，倫理とコンプライアンス（法令遵守）であった。

　ところで1980年代になるとわが国でも**企業市民**（Corporate Citizen）の考え方が出てくる。これは企業の存立基盤は地域社会にあり，企業もまたその一員として地域への貢献活動などを通じて社会に対する責任を担っていく存在だとするものである。こうした見方は，アメリカに進出した日系企業によってもたらされたと言われており，企業はさまざまな地域貢献活動などの実践を通じて「良き企業市民」として行動すべきだとする考え方は日本でも支持を集めた。具体的には，企業によるメセナ活動やフィランソロピー，寄付活動などが挙げられる。**メセナ**はもともとフランス語の「芸術文化支援」を意味する社会貢献活動である。芸術・文化の冠コンサートや冠イベントなどを通じて資金提供をしており，例えば，サントリーはメセナの一環としてサントリー美術館やサントリーホールを設立している。1990年には企業メセナ協議会も設立された。また**フィランソロピー**（philanthropy）はギリシャ語の「フィリア（愛）」と「アンソロポス（人類）」から来ていると言われ，広い意味での社会貢献活動を指している。経団連は1990年に「**1%クラブ**」を設け，所得の1%相当額（個人），経常利益の1%相当額（法人）を目標に参加を募って寄付などを行っている。この他にもマッチングギフト，自主プログラム，企業財団，従業員のボランティア活動などの取り組みがある。したがって，「企業の社会的責任」は社会貢献活動として受止められるようになった。

　しかし，1990年代に入るとバブル経済が崩壊し，さまざまな企業不祥事が噴出してきた。経団連は「国民から信頼され，国際的にも通用する企業行動の確立が求められている」として，1991年に「**経団連企業行動憲章**」を策定し公表した。その冒頭で「企業は，公正かつ自由な競争の下，社会に有用な付加価値および雇用の創出と自律的で責任ある行動を通じて，持続可能な社会の実現を牽引する役割を担う」と述べた上で，「関係法令，国際ルールおよびその精神を遵守しつつ，高い倫理観をもって社会的責任を果たしていく」と宣言している。またこの頃から，世界では地球環境問題が大きく取り上げられるようになってきた。1999年には日本で初の**社会的責任投資**（Socially Responsible Investment，以下**SRI**）ファンドであるエコファンドが発売された。この

SRI ファンドは，投資先企業が社会的責任を果たしているかを基準に選定される。そして 2000 年代に入ると日本でも CSR をめぐる議論が本格化し，2003 年には同友会が第 15 回企業白書「『市場の進化』と社会的責任経営」において CSR の概念を真正面から取り上げ，またリコー，ソニーなどでは CSR 室や CSR ワーキンググループを設置する動きも活発となった。2003 年は日本の「**CSR 元年**」と呼ばれる。

　同友会の CSR 論は，CSR を企業にとっての「コスト」ではなく持続的発展に向けた「投資」であると明確に位置づけ，企業の経済的側面と社会・人間的側面は一体のものだとする。また CSR は，コンプライアンス（法令・倫理等遵守）のレベル以上の自主的な取り組みだという。したがって，CSR とは「企業が事業活動を通じて社会的好影響をもたらし，そのような企業の取り組みが市場で評価されることによって，企業と社会が相乗的・持続的に発展する」ものだと規定している。この他にもさまざまな CSR の定義が各機関から公表されており，それらから共通して見て取れるのは「持続可能性」「企業と社会の共存」などである。

図表 15-1　日本における CSR の時代区分

時代区分	企業の対応
起点（1956 年） 経済同友会の CSR 決議	
第Ⅰ期（1960 年代） 産業公害に対する企業不信・企業性悪説	住民運動の活発化 現場での個別対応
第Ⅱ期（1970 年代） 石油ショック後の企業の利益至上主義批判	企業の公害部新設 利益還元の財団設立
第Ⅲ期（1980 年代） カネ余りとバブル拡大，地価高騰	企業市民としての フィランソロピー，メセナ
第Ⅳ期（1990 年代） バブル崩壊と企業倫理問題，地球環境問題	経団連憲章の策定 地球環境部の設置
第Ⅴ期（2000 年代） 相次ぐ企業不祥事，ステークホルダーの台頭	SRI ファンドの登場 CSR 組織の創設 「CSR 経営元年」

出所：ニッセイ基礎研究所（川村雅彦）「日本における CSR の系譜と現状」（2022 年 12 月 14 日アクセス）https://www.nli-research.co.jp/files/topics /38077_ext_18_0.pdf

◆ CSR 論の肯定論と否定論──ドラッカーとフリードマン

　CSR をめぐってはこれまでさまざまな議論が出されており，それを肯定する主張と批判する主張が存在する。ここでは M. フリードマンの CSR 否定論と P. F. ドラッカーの CSR 肯定論を簡単に見ておこう。

　まず**フリードマン**（Milton Friedman）は，シカゴ学派の総帥で新自由主義の代表的な経済学者である。彼は 1970 年に「ニューヨーク・タイムズ・マガジン」の記事で「企業の社会的責任は利益の最大化」だと主張した。そもそも企業の所有者は株主であり，経営者は市場におけるゲームのルールを守りながら株主の富を最大化すべきだという。「企業の社会的責任」という名の下に，経営者が会社を代表して慈善事業に勝手に寄付することや，社会的な問題を解決しようとすることを，彼は批判する。なぜなら，それは会社の所有者である株主の利益を損なうからである。「企業の社会的責任」とはあくまで株主のために最大限利潤を追求することであり，それは株主だけではなく社会にとっても有益なのだと論じた。つまり経営者は事業の経営に専念すべきだというのである。フリードマンのこの主張は明快で分かりやすく，株主第一主義を代表する主張としてコーポレート・ガバナンス論でもしばしば取り上げられている。ちなみに，フリードマンのこうした考えを基本的に継承するエージェンシー理論では企業を「契約の束」と見なしており，企業は擬制であって実在ではないとして，「企業の社会的責任」はないという立場を取っている（第 7 章第 3 節参照）。

　これに対して，**ドラッカー**（Peter F. Drucker）は，企業は社会の制度＝機関であり，その活動が「社会にとってよい」ことだからこそ正当化されるのだという。ところが，企業が社会の求める財・サービスの提供という機能を果たそうとすると，地域や社会に対して**社会的衝撃**を与えることになる。その典型が廃棄物や汚染物質であり，人間や地域などの「生活の質」にも影響を与える。これは，企業の目的遂行に付随して起こる副産物ということであり，別の面から見ると三戸公が提起した**随伴的結果**ということである。社会的衝撃が起こらないように経営者は随伴的結果も考慮に入れた**複眼的管理**をすることが求められるが，それでも意図しない結果は起こりえるし，問題の発生を避けられない場合もある。ドラッカーは，それが意図した結果であろうがなかろうが，

企業が生み出した衝撃に対しては，経営者は責任を負わねばならないという。そうした問題の解決には費用と便益を考えたトレードオフが必要であり，最適なバランスを取る必要がある。経済的成果を上げることなしには社会的責任は取れないのであって，そこには自ずと限界があることも指摘している。

　なお，ドラッカーはフリードマンにも言及しており，彼の主張にも一定の理解を示す。すなわち企業は経済組織であり，それが「社会的責任」のために機能遂行に支障を来すようであれば社会全体が不利益を被る危険があり，さらに経営者が法的に権限を持たない分野にまで権力を行使してしまうことにも危険性があるからである。しかし，そうした危険性はあるものの，企業は「社会的責任」を回避できないとドラッカーは明確に述べている。

◆ CSR から CSV へ？

　CSR をめぐっては賛否両論あることを見たが，両者を止揚するような **CSV**（Creating Shared Value）の考えが経営戦略論の泰斗・**ポーター**（Michael E. Porter）と**クラマー**（Mark R. Kramer）によって 2011 年に提起された。CSVは「**共有価値の創造**」と訳され，企業が自らの事業を通じて社会的課題の解決に取り組み，社会的価値と経済的価値の両立を目指そうとする考え方である。その具体例は，トヨタ自動車のハイブリッドカー「プリウス」に見ることができる。ハイブリッドカーは二酸化炭素（CO_2）の削減という社会的課題の解決に貢献すると同時に，環境に優しい車ということで消費者が支持して販売が大きく伸び，トヨタ自動社も十分な経済的利益を得ることができた。社会的価値と経済的価値を見事に両立させたのである。この例からも明らかなとおり，社会的価値と経済的価値のどちらかを犠牲にするのではなく，両立させようとする点が CSV の最大の特徴である。ドラッカーもこれと同様の考えを以前から表明しており，理想的な方式とは，社会的衝撃を取り除くことがそのまま収益を上げうる事業機会に転換することである，と指摘している（Drucker 1974）。

　確かに CSV は社会的価値と経済的価値を両立させる，言わば一石二鳥の方法である。これまで CSR に対しては寄付や余分なコストを支払わなければならないものだという否定的な意見が一方にはあったが，CSV はそうした問題

を解決してくれるからである。そのため,「CSR から CSV へ」という流れで把握すべきだという声が聞かれた。しかし, CSV はどんな企業でも簡単に実践できるというものではない。つまり CSR の１つのやり方としては高く評価できても, CSR にそのまま取って代わるといった性格のものではないと言えよう。

コラム❻　B Corporation と Benefit Corporation

　アメリカでは, これまで株主利益を重視した企業経営が基本とされてきたが, こうした流れに対抗するものとして, 社会問題の解決を目指しながら営利事業を行う**社会的企業**が台頭してきている。それが B Corporation と Benefit Corporation である。両者は似たような名称であるが, 同じではない。

　まず **B Corporation** は, 2006 年にアメリカのペンシルベニア州で設立された非営利組織 B Lab が認証するもので, 正式には Certified B Corporation（認証Bコーポレーション）という。認証を受けるためには B Lab が作成した社会・環境などのパフォーマンス評価（B Impact Assessment）を受けねばならず, 時間と費用がかかる。認証期間は３年で, 継続には再審査が必要である。企業形態には関係なく認証対象となっており, 認証を受けると企業のブランド力が高まることが期待される。これまで認証を受けたのは主に未上場の中小企業であるが, 世界 89 か国, 6502 社が認証を取得している。このうち日本企業は 20 社が認証を受けている（2023 年 3 月 20 日現在）。

　他方, 2010 年にはメリーランド州で初めて Benefit Corporation 法が制定された。**Benefit Corporation** とは, 公益性を重視し, 特定の社会貢献を目的とする企業形態であり, 設立要件は各州法で規定されている。通常の株式会社と同じく営利企業として株主への利益分配は行うが, Benefit Corporation であることを予め定款に明示し, 社会や環境にプラスになる公益活動を行うことが取締役の義務となっている点が異なる。また州による要件の違いにより①モデル法タイプと②デラウェア州タイプの２つがある。税制上の優遇は特にない。

　アウトドア用品大手のパタゴニアは, 2011 年にBコーポレーションになり, 翌年には Benefit Corporation になった。2022 年, 創業者のイヴォン・シュイナード氏は IPO（新規株式公開）をせずに, 保有する全株式 30 億ドル（約 4300 億円）を環境 NPO に寄付した。上場すると短期的な利益を追求せざ

　るを得なくなり，環境保護という自社のパーパスが犠牲になることを嫌ったという。同じく B コーポレーションであるメガネ販売のワービーパーカーは，メガネが 1 つ売れると 1 つ寄付する仕組みを作り，経済的に困窮している人を支援する活動を行っているが，2022 年の上場後は株価の低迷に直面しており，経済と公益の両立は必ずしも容易ではない。

　　世界では公益を掲げる企業形態が登場してきている。イギリスでは **Community Interest Company（CIC）**，ドイツでは**公益有限責任会社（gGmbH）**，フランスでは **Entreprise à Mission（使命を果たす会社）**が認められている。日本には同様の会社形態はないが，新設が検討されている。

◆「組織の社会的責任」の国際規格

　1990 年代になると，CSR は日本も含めて世界各国で積極的に取り上げられるようになってきた。その背景としては，ベルリンの壁の崩壊（1989 年），それに続くソ連邦の崩壊（1991 年）で冷戦が終結することで，世界経済が急速にグローバル化の方向に進んだことがある。企業はグローバル市場での活動を活発化させ，それにともない途上国を中心に環境問題や児童労働，強制労働などの人権問題，あるいは貧富の格差など，グローバル化の負の側面が顕在化するようになった。国際機関もこうした事態を憂慮して対応する動きを示し，例えば 2000 年にはアナン国連事務総長（当時）の呼びかけで**国連グローバル・コンパクト**が提起され，人権，労働，環境，腐敗防止の 4 分野で 10 の原則が示された。これは「人間の顔を持ったグローバリゼーション」を標榜するもので，2022 年末現在，原則に賛同した 2 万を超える世界の企業や機関が署名をしている。

　こうした流れの中で，国際的な非政府機関である **ISO（国際標準化機構）**は 2010 年に「社会的責任のガイダンス規格」である **ISO26000** を発行した。ISO の規格は，わが国でも品質マネジメントの ISO9001（2008 年），環境マネジメントの ISO14001（2004 年）で広く知られているが，ISO26000 は「社会的責任」の国際規格である。これは企業に限定されておらず，あらゆる組織が対象となっている。しかも他の ISO 規格とは異なり，認証規格（第三者による認証）は必要なく，「ガイダンス文章」（手引き）となっている点が大きな

特徴である。その内容は，7つの原則と7つの中核主題からなっている。前者の原則は，「説明責任」，「透明性」，「倫理的な行動」，「ステークホルダーの利害の尊重」，「法の支配の尊重」，「国際行動規範の尊重」，「人権の尊重」であり，後者の中核主題は，「組織統治」，「人権」，「労働慣行」，「環境」，「公正な事業慣行」，「消費者課題」，「コミュニティへの参画及びコミュニティの発展」となっている。

　ISO26000における「社会的責任」の定義は，「組織の決定及び活動が社会及び環境に及ぼす影響に対して，・・・透明かつ倫理的な行動を通じて組織が担う責任」となっている。これはドラッカーの社会的責任論とも重なってくる。また原則の1つにステークホルダーの利害の尊重も挙げられており，企業，組織体は広く自らの組織のステークホルダーに対する影響を考慮する必要がある。ISO26000は世界90か国以上の代表と40以上の機関が策定に参加したと言われており，現在の世界のCSRに対する考え方がここに包括的に盛り込まれていると言えよう。日本企業もISO26000を活用したCSR活動を展開するようになってきている。またISO26000とは別に，国際NGOである**GRI**（Global Reporting Initiative）が2000年にGRIガイドライン，2016年にGRIスタンダードを発行し，サステナビリティ報告のためのガイドラインを提供している。これらは日本企業のサステナビリティ報告書の作成などで利用されている。

第2節　SDGsとESG

◆ SDGsとは何か？

　産業革命以来，人類は化石燃料を含む大量の資源を使ってさまざまな商品を作り，**大量生産・大量消費**の社会を築いてきた。それは先進国を中心に「豊かな社会」を実現したとも言えるが，その一方で，地球資源の加速度的消費とその影響を危惧する声が出されるようになる。1966年にはK.ボールディングが「**宇宙船地球号**」という比喩で，地球資源の有限性とその使用による汚染に警鐘を鳴らし，1972年にはローマクラブによる有名な「**成長の限界**」という報告書が出された。そして国連環境計画（UNEP）の委託を受けて国

際自然保護連合が 1980 年にまとめた「世界保全戦略」で初めて「Sustainable Development（持続可能な開発）」という概念が示された。1992 年の「**地球サミット**（国連環境開発会議）」では，「**気候変動枠組条約**」，「**生物多様性条約**」，「**アジェンダ 21**」などが採択された。これによって環境分野での国際的な取り組みが本格化することになる。

　そして 2000 年の国連ミレニアム・サミットで「**ミレニアム開発目標**（Millennium Development Goals，以下，**MDGs**)」が採択された。MDGs には「極度の貧困と飢餓の撲滅」「普遍的初等教育の達成」「環境の持続可能性確保」など 8 つの目標（ゴール）が掲げられ，これらの目標にはさらに 21 の具体目標（ターゲット）が設定されるとともに，その達成度を測る 60 の指標が用意された。MDGs は 2015 年までの達成を目指し，同年の最終報告書で成果が明らかにされた。15 年間の取り組みで多くの成果が生まれる一方，さまざまな格差の存在など，残された課題も明らかになった。こうした状況を受けて

図表 15-2　SDGs 誕生までの流れ

年	キーワード	出来事
1972	**成長の限界**	ローマクラブは「成長の限界」という報告書において人口増加や環境汚染が続くとあと 100 年で地球の成長は限界に達すると警鐘を鳴らした。世界初の環境に関する国際会議がストックホルムで開催される
80	**持続可能性**	「世界自然環境保全戦略」で初めて「持続可能性」の概念が登場。SDGs のルーツとなる
89	**冷戦終結**	ベルリンの壁が崩壊。経済のグローバル化が加速する中で，地球環境問題の重要性が指導者層の間でも認識される
92	**地球サミット**	リオデジャネイロで「地球サミット」が開催される。持続可能な開発に関する行動の基本原則などを収めた「リオ宣言」などが採択される。気候変動枠組条約には 155 カ国が署名
97	**京都議定書**	第 3 回国連気候変動枠組条約締約国会議（COP3）において京都議定書が採択され，地球温暖化対策の世界的な協調取り組みが始まる
2000	**MDGs**	開発途上国の貧困，教育などを改善する 8 つのゴールと 21 のターゲットが掲げられる。ミレニアム開発目標（MDGs）と呼ばれ，SDGs の原型となる
15	**SDGs**	MDGs の後継として 2030 年までに達成すべき持続可能な開発目標「SDGs」が生まれる。開発途上国だけでなく，先進国も対象にして，世界中の取り組みとなる

原出所：農林水産省資料などを基に東洋経済作成
出所：『週刊東洋経済』2022 年 7 月 30 日号

図表 15-3　SDGs の 17 の目標

❶ 貧困をなくそう	❿ 人や国の不平等をなくそう
❷ 飢餓をゼロに	⓫ 住み続けられるまちづくりを
❸ すべての人に健康と福祉を	⓬ つくる責任，つかう責任
❹ 質の高い教育をみんなに	⓭ 気候変動に具体的な対策を
❺ ジェンダー平等を実現しよう	⓮ 海の豊かさを守ろう
❻ 安全な水とトイレを世界中に	⓯ 陸の豊かさも守ろう
❼ エネルギーをみんなに。そしてクリーンに	⓰ 平和と公正をすべての人に
❽ 働きがいも経済成長も	⓱ パートナーシップで目標を達成しよう
❾ 産業と技術革新の基盤を作ろう	

出所：国連広報センター

2015 年に「国連持続可能な開発サミット」で採択されたのが「**持続可能な開発目標**（Sustainable Development Goals，以下，**SDGs**)」である。17 の目標（ゴール）と 169 の具体目標（ターゲット）が設定されており，2030 年までに達成することを目指している（図表 15-2 参照）。

　SDGs は，「持続可能な開発」という言葉からも明らかなとおり，「環境と開発を互いに反するものではなく共存し得るものとしてとらえ，環境保全を考慮した節度ある開発」（外務省 HP）をしていこうとするものである。「**誰ひとり取り残さない**」というのが SDGs の大きな柱であり，したがって目標 1. は「貧困をなくそう」，目標 2. が「飢餓をなくそう」となっている。これらは経済的な発展なくしては達成が不可能である。そのため目標 8. は「働きがいも　経済成長も」となっている。しかしまた，経済問題だけではなく環境問題や社会問題も当然，目標の中には含まれており，環境・社会問題と経済問題をともに解決していこうとするのが SDGs の狙いである（図表 15-3 参照）。

◆ ESG とは何か？

　ESG は，Environment（環境），Social（社会），Governance（ガバナンス）の頭文字を組み合わせた言葉である。ESG は，2006 年に国連のアナン事務総長（当時）が提唱して国連環境計画・金融イニシアティブ（UNEP FI）と国連グローバル・コンパクトが共同して作成した**国連責任投資原則**（Principles for Responsible Investment，以下 **PRI**）で初めて取り上げられた。PRI は 6 つの投資原則から構成されており，第 1 原則で「私たちは，投資

分析と意思決定のプロセスに ESG の課題を組み込みます」と謳われている。ここで「私たちは」というのは機関投資家や金融機関のことを指す。つまり ESG とは金融市場で資金を運用する機関投資家が E（環境），S（社会），G（ガバナンス）の 3 つを十分に配慮して投資を行うことを意味しており，それは **ESG 投資**ということである。なお，現在は投資家だけではなく一般の企業も ESG を意識するようになっており，その場合は **ESG 経営**という言い方がされるようになっている。

　この PRI の趣旨に賛同する機関は署名することになっており，世界では 5319 社，日本では 121 社が署名を行っている（PRI・HP, 2023 年 3 月 20 日現在）。世界最大規模の年金基金と言われる日本の GPIF（年金積立金管理運用独立行政法人）も 2015 年に PRI に署名した。PRI の運用資産は 2021 年に 121.3 兆ドル（1 京円超）と極めて巨額である（同上）。つまりこれだけの莫大な資金が ESG を意識しながら金融市場で運用されているということであり，そのため資金の受け手である投資先企業も ESG を意識した経営をせざるをえなくなる。つまり ESG 投資の意義は，最終的には投資先企業の行動を ESG 重視の方向に変えていこうとする点にある。

◆ SDGs，ESG，CSR はどういう関係か？

　ここまで SDGs，ESG，CSR を説明してきたが，こうしたアルファベットの頭文字の似たような単語が 3 つ同時に並ぶと，何がどう違うのか混乱してしまう。はたしてこれら 3 つの関係はどうなっているのであろうか。

　まず SDGs はすべての取り組みの中心に位置すると言ってよかろう。地球環境が破壊されてしまえば人類は生存できず，また貧困から抜け出せねば人間は生きてゆけないからである。人類はすでに地球の再生能力の 1.69 倍を消費していると言われている（Global Footprint Network 2019）。つまり地球とそこに住む人々の生活がサステナブル（持続可能）である必要があり，そのためには各国政府，国際機関，学術機関，企業，自治体といったあらゆる組織，そしてすべての市民が SDGs に取り組むことが求められている。この中でも特に企業は SDGs において大きな責任と役割を担っていると言えよう。貧困や地球環境問題などを解決して「持続的な発展」を目指すためには，企業の SDGs 活動

への積極的な参加と資金が不可欠だからである。

　そこで企業活動のあり方を問われることになるが，企業はCSRを意識した行動を取ることが求められている。CSRは人権，労働慣行，環境などへの対応もあれば，社会貢献なども含まれており対象領域は広い。これらがSDGsの具体的なターゲットとも重なる部分があることは言うまでもない。これに対してESGは基本的には投資家が投資の意思決定にESG課題を組み込んで行うものである。そして，それは結果として投資を受ける企業側をESG経営に向かわせることになる。ESGの対象範囲は環境（E）・社会（S）・ガバナンス（G）ということで，CSRの方が対象はより広範である。企業ならびに投資家にとってCSRとESGはまったく別物ではなく，環境対応など両者は大きく重なる部分を持っている。

　したがって，SDGs，CSR，ESGの関係は，地球とそこに住む人々のサステナビリティを目指すSDGsの枠組みがあり，それと重なる側面を持ちながら企業はCSRの活動を行い，また投資家はESG活動を行うことになる。世界がSDGsの達成に向かって進んでいく中で，企業はCSRとESGという活動を通じてSDGsに貢献するものと位置づけることができよう。

第3節　ESGとコーポレート・ガバナンス

◆ ESG投資はどのように行われるか？

　ESG投資の前身とも呼べるのがSRI（社会的責任投資）である。SRIの歴史は古く，アメリカのキリスト教会が，教義に反する武器，たばこ，アルコール，ギャンブルなどの業種を投資対象から除外したことに始まると言われている。そのため，倫理的な価値観が重視された投資という側面があった。これに対し，2006年のPRI（責任投資原則）で登場したESG投資は，すべての企業がESGを考慮することで投資対象となりえるという意味では範囲が広く，しかも長期的な企業価値の向上を目指すものである。

　ESG投資において考慮されるESG要因を見ると，〈環境（E）〉に関しては気候変動，資源の枯渇（水を含む），廃棄物，汚染，森林減少など，〈社会（S）〉に関しては人権，現代奴隷制，児童労働，労働条件，従業員関係（エン

プロイー・リレーションズ）など，〈ガバナンス（G）〉に関しては役員報酬，贈賄および腐敗，取締役会 / 理事会の多様性および構成，ロビー活動および政治献金，税務戦略などが挙げられている（UN「責任投資原則 2021」）。勿論，こうした考慮すべき要因は狭く限定されたものではなく，多数ある。投資家はこうした ESG 課題を意識しながら投資を行う。

　ところで ESG 投資の方法に関しては，**世界持続可能投資連合**（Global Sustainable Investment Alliance, GSIA）が 7 つの代表的な手法を挙げている（図表 15-4 参照）。ESG 投資では実際にこの表にあるような手法が用いられており，GSIA の 2020 年のデータ（"GLOBAL SUSTAINABLE INVESTMENT REVIEW 2020"）を見ると，世界では **ESG インテグレーション**が最も多く実施されており，**ネガティブ・スクリーニング**がそれに続いている。前者はアメリカ企業が中心で，後者はヨーロッパ企業で多く用いられている。地域別の投資額ではアメリカが前回調査から大きく伸張して全体の 48.3%，続いてヨーロッパが 34.0% となっており，日本は 8.1% である。なお，投資主体別に見る

図表 15-4　ESG の投資手法

名称	手法の概要
ネガティブ・スクリーニング	ESG 項目に基づき，特定のセクターや企業などを投資先から除外する
ポジティブ・スクリーニング	業種内で比較して ESG パフォーマンスの評価が高い企業に投資する
国際規範スクリーニング	OECD, ILO, UN, UNICEF 等が策定した国際規範を満たしていない企業を投資先から除外する
ESG インテグレーション	投資先を分析・選定する際に，財務情報だけでなく ESG 情報も含めて分析する
サステナビリティテーマ投資	サステナビリティに関する特定のテーマや資本（例：クリーンエネルギー，グリーンテクノロジー，サステナブル農業等）に対して投資する
インパクト / コミュニティ投資	特定の社会的課題あるいは環境課題を解決することを目的として投資する
エンゲージメントと株主行動	ESG 方針に基づき，エンゲージメント，株主提案，議決権行使を行うことで，企業行動に影響を与える

出所：東証（2020 年）「ESG 情報開示実践ハンドブック」（2022 年 12 月 29 日アクセス）https://www.jpx.co.jp/corporate/sustainability/esg-investment/handbook/nlsgeu000004n8p1-att/handbook.pdf

と，機関投資家が 75％，個人投資家が 25％となっており，ESG 投資は基本的に機関投資家が主導している。

◆ **非財務情報とは何か？**

　企業の投資情報としては伝統的に財務諸表で示された財務情報が基本であったが，ESG 投資の登場などもあり，企業価値を考える場合に**非財務的情報**が重要な位置を占めるようになってきた（図表 15-5 参照）。これは財務情報以外のものを指し，具体的には各企業が発行する**有価証券報告書，統合報告書，CSR 報告書，サステナビリティ報告書**などで公表されている。つまりサステナビリティの追求や企業価値の向上には，人的資本，環境対策，技術特許など企業の非財務的な側面が大きな意味を持つため，その実態を投資家に的確に伝える必要がある。GPIF が東証第一部（現・プライム市場）上場会社を対象に行ったアンケート調査では，非財務情報の任意開示をしている企業は 85.1％に上り，その数は増大傾向にある。報告書の作成に当たって参考にされているのは「気候関連財務情報開示タスクフォース（TCFD）の提言報告書」，「GRI

図表 15-5　オムロンのサステナビリティ重要課題（マテリアリティ）への取り組み

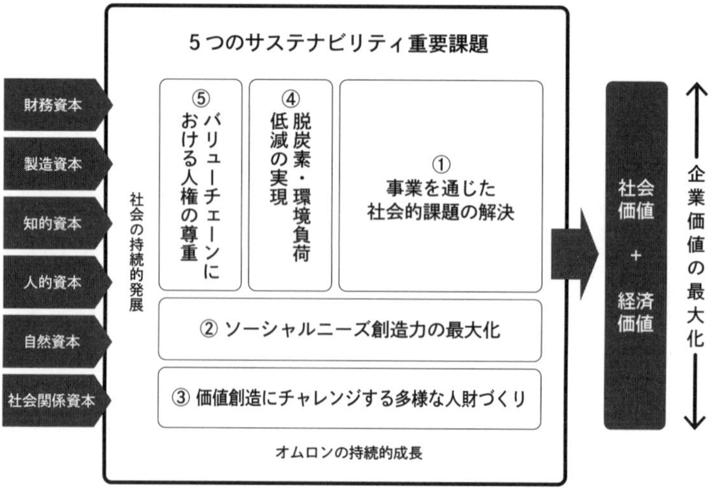

出所：オムロン HP（2022 年 12 月 31 日アクセス）https://sustainability.omron.com/jp/omron_csr/sustainability_management/

ガイドラインまたは GRI スタンダード」,「国際統合報告評議会（IIRC）が策定した国際統合報告フレームワーク」,「経済産業省が策定した価値協創ガイダンス」などである（GPIF「第 7 回機関投資家のスチュワードシップ活動に関する上場企業向けアンケート集計結果」）。また，企業の ESG 活動における主要テーマ最大 5 つを尋ねたところ，1 位気候変動（77.9％），2 位コーポレート・ガバナンス（71.7％），3 位ダイバーシティ（55.0％），4 位人権と地域社会（43.2％），5 位健康と安全（38.8％）という回答が上位を占めた（同上）。こうした ESG の取り組みのうち，その企業が最も力を入れている事項すなわち優先度の高いものを**マテリアリティ（重要課題）**という。例えば，オムロンは 5 つの重要課題を掲げている（図表 15-5 参照）。ESG 投資では，投資家はこうした情報を参考にしながら投資判断を行う。

◆ ESG 投資の課題は何か？

　資金の出し手は企業の ESG 対応を評価して投資を行うが，ESG の実体が伴わない**グリーンウォッシュ**（greenwashing）が世界的に問題視されるようになっている。グリーンウォッシュとは環境に配慮していると謳いながら実際は根拠がないものや，イメージ優先といったごまかしなどである。ESG の文字を頭につけたファンドなどでも，環境問題や社会問題にどれだけ資するか不明なものや，専門の担当者を置いていないケースなども報告されている。これらは「名ばかり ESG」と言うことができ，ESG の意義が問われる事態である。

　また 2022 年に起きたロシアのウクライナ侵攻を契機にエネルギー価格が高騰し，化石燃料を扱うエネルギー関連株や兵器生産の防衛関連株に投資資金が移動する傾向が見られた。投資というマネーの力で環境や社会の問題を解決していこうとしても，利益が上がらなければ資金は逃避する。

　企業の ESG 対応を後戻りさせないためには，投資家も企業もしっかりした取り組みを行い，成果を出すことが必要である。

第 4 節　企業社会の行方へとコーポレート・ガバナンス

　コーポレート・ガバナンス論はアメリカにおいて「株主第一主義」を全面

に掲げてスタートし，実際に株主重視経営が株式会社の進むべき方向となった。特に市場に絶対的な信頼を置くアメリカ型のコーポレート・ガバナンスこそがグローバル・スタンダードだとされ，世界を席捲した。しかし，振り子が一方に大きく振れると，その反動もまた大きくなる。勝者が富を独り占めする「ウィナーテークオール（Winner take all)」の世界が広がった。そして株主重視経営の先に待っていたのは世界に未曾有の経済的打撃を与えた 2008 年のリーマンショックであり，同じく世界に広がった経済格差と貧困の連鎖であった。「強欲資本主義」へ批判が沸き起こった。アメリカでは 2011 年に「ウォール街を占拠せよ（Occupy Wall Street)」という運動が起こり，人々の怒りの声が上がった。トリクルダウン理論は幻に終わり，新自由主義で突き進んできたことにも反省の声が聞かれる。

　「株主第一主義」を支持し推進してきたアメリカの経営者団体ビジネス・ラウンドテーブルは 2019 年，消費者，従業員，取引先，地域社会，株主といったすべてのステークホルダーの利益を配慮し，その上で長期的な企業価値向上に取り組むことを宣言した。「株主第一主義」からの方針転換である。日本企業でもステークホルダー重視は当然のこととして語られるようになってきた。

　今，企業が最も考えなければならないのは，SDGs で示されたように地球とそこに住む人々の生活をどうやってサステナブルなものにしていけるかである。世界がこれを成し遂げられねば企業そのものの存続もまたあり得ないものとなる。したがって，企業は SDGs を推進する「サステナブル経営」を求められている。そして近年は**「パーパス経営」**ということも強調されるようになってきた。「パーパス」（purpose）とは企業が存在する目的，存在意義のことである。会社は何のためにあるのか，なぜ自社は存在するのかといった社会における存在意義を自ら問おうとするものである。明確なパーパスを会社の内と外に示し，会社はそれに基づいて社会の中で活動しようとしている。つまり企業の根幹が問われているのである。

　企業は社会の富を生み出す手段であり，また人々には便利で快適な生活を提供してきた。しかし，いまや近代文明，特に 20 世紀に登場した企業文明の転換が主張されるようになってきた。そこでは企業文明が抱える人間性，文化多元性，環境という 3 つの問題が指摘されており，21 世紀の企業像には，

〈生成・存続・発展〉に〈調和〉を加えるべきことが主張されている（村田 2023）。本書が論じた企業社会は決して企業のためにある社会ではない。企業が健全で持続的な経営をしていくことではじめて，地球とそこに住む人々の生活は維持される。そういう意味で，企業がどういう方向に進むべきかを問うコーポレート・ガバナンスの重要性は益々大きくなっていると言えよう。

参考文献

第 I 部

ヴェーバー，マックス著／大塚久雄訳（1989）『プロテスタンティズムの倫理と資本主義の精神』岩波文庫

神田秀樹（2023）『会社法（第 25 版）』弘文堂

菊澤研宗（2006）『組織の経済学入門―新制度派経済学アプローチ』有斐閣

清水正徳（1982）『働くことの意味』岩波新書

三戸公（1978）『経営学』同文館

三戸浩・池内秀己・勝部伸夫（2021）『ひとりで学べる経営学（改訂版)』文眞堂

Drucker, P. F. (1942), *The Future of Industrial Man: A Conservative Approach*, John Day, New York. (上田惇生訳『産業人の未来』ダイヤモンド社，2008 年)

Drucker, P. F. (1946), *Concept of the Corporation*, John Day, New York（上田惇生訳『企業とは何か』ダイヤモンド社，2008 年)

Drucker, P. F. (1950), *The New Society: The Anatomy of Industrial Order*, Harper & Brothers, New York（現代経営研究会訳『新しい社会と新しい経営』ダイヤモンド社，1957 年)

第 II 部

清武英利（2016）『奪われざるもの―ソニー「リストラ部屋」で見た夢』講談社＋α文庫

日本経済新聞社編（1988）『昭和の歩み ③ 日本の会社』日本経済新聞社

濱口桂一郎（2021）『ジョブ型雇用社会とは何か―正社員体制の矛盾と転機』岩波新書

三戸公（1991）『「家」の論理 I，II』文眞堂

三戸公（1991）『会社ってなんだ―日本人が一生を過ごす「家」』文眞堂，カッパブックス版，1984 年

三戸公（1994）『「家」としての日本社会』有斐閣

宮本又郎（1999）『日本の近代 11　企業家たちの挑戦』中央公論新社

森川英正（1996）『トップ・マネジメントの経営史―経営者企業と家族企業』有斐閣

安岡重明（1998）『財閥経営の歴史的研究―所有と経営の国際比較』岩波書店

Abegglen, J. C. (1958), *The Japanese Factory: Aspects of Its Social Organization*, Glencoe, IL, The Free Press（占部都美監訳『日本の経営』ダイヤモンド社，1958 年)

第 III 部

伊丹敬之（2000）『日本型コーポレートガバナンス―従業員主権企業の論理と改革』日本経済新聞社

伊藤健市・田中和雄・中川誠士編著（2006）『現代アメリカ企業の人的資源管理』税務経理協会

江戸英雄（1994）『三井と歩んだ 70 年』朝日文庫

奥村宏（2005）『最新版　法人資本主義の構造』岩波現代文庫

貴堂嘉之（2019）『南北戦争の時代─19 世紀』岩波新書

小倉昌男（1999）『小倉昌男経営学』日経 BP 社

勝部伸夫（2004）『コーポレート・ガバナンス論序説─会社支配論からコーポレート・ガバ
　　ナンス論へ』文眞堂

神谷秀樹（2008）『強欲資本主義─ウォール街の自爆』文春新書

ジャコビィ，S. M.（2007）「コーポレート・ガバナンスと雇用関係の日米比較」独立行政
　　法人労働政策研究・研修機構（国際フォーラム開催報告）「日米比較：コーポレートガ
　　バナンス改革と雇用・労働関係」https://www.jil.go.jp/foreign/labor_system/2007_3/
　　america_02.html

ドーア，ロナルド（2006）『誰のための会社にするか』岩波新書

深尾光洋（1999）『コーポレート・ガバナンス入門』ちくま新書

堀江貞之（2015）『コーポレートガバナンス・コード』日経文庫

正木久司（1983）『株式会社支配論の展開　アメリカ編』文眞堂

三戸公（1982）『財産の終焉─組織社会の支配構造』文眞堂

三戸公（1994）『随伴的結果』文眞堂

三戸浩・池内秀己・勝部伸夫（2018）『企業論　第 4 版』有斐閣

南博・稲場雅紀（2020）『SDGs─危機の時代の羅針盤』岩波新書

村上芽・渡辺珠子（2019）『SDGs 入門』日経文庫

村田晴夫（2023）『文明と経営』文眞堂

山田正喜子（1988）『アメリカの経営者群像─マネーゲーム時代の勝者と敗者』TBS ブリタ
　　ニカ

Harmer, M. A. and Hering, T. (2017), *Putting Soul into Business: How the Benefit
　　Corporation is Transforming American Business For Good*, HCollaborative, LCC（河
　　野昭三訳・解説『ベネフィット・コーポレーション入門─さらば株主資本主義』文眞
　　堂，2022 年）

Berle ,A. A. and Means, G. C. (1932), *The Modern Corporation and Private Property*,
　　Harcourt, Brace and World, New York（森杲訳『現代株式会社と私有財産』北海道大
　　学出版会，2014 年)

Drucker, P. F. (1974), *Management: Tasks, Responsibilities, Practices*, Harper & Row,
　　New York（上田惇生訳『マネジメント─課題・責任・実践』ダイヤモンド社，2008
　　年）

Herman, E. S. (1981), *Corporate Control Corporate Power: A Twentieth Century Fund
　　study*, Cambridge University Press

Roe, M. J. (1994), *Strong Managers, Weak Owners: The Political Roots of American
　　Corporate Finance*, Princeton University Press（北條裕雄・松尾順介監訳『アメリカの
　　企業統治─なぜ経営者は強くなったか』東洋経済新報社，1996 年）

注：このリストには本書で直接的，間接的に利用した文献を挙げているが，すべてを網羅したもので
　　はない。また訳書に関して同一著書で複数ある場合は，代表的なものだけを挙げている。

索　引

著者紹介

勝部 伸夫 (かつべ・のぶお)

1956年　島根県出雲市生まれ
1979年　立教大学経済学部経営学科卒業
1986年　立教大学大学院経済学研究科博士後期課程修了
熊本商科大学助手，講師，助教授を経て熊本学園大学（校名変更）教授。
現在　専修大学商学部教授・博士（経営学）

主著

『ひとりで学べる経営学（改訂版）』（共著，文眞堂，2021年，初版2006年）
『企業論　第4版』（共著，有斐閣，2018年，初版1999年）
『経営学史叢書　第V巻　バーリ=ミーンズ』（共著，文眞堂，2013年）
『経営哲学の授業』（共著，PHP研究所，2012年）
『現代企業の新地平』（共著，千倉書房，2008年）
『コーポレート・ガバナンスの国際比較』（共著，税務経理協会，2007年）
『はじめて学ぶ経営学─人物との対話─』（共編著，ミネルヴァ書房，2007年）
『コーポレート・ガバナンス論序説─会社支配論からコーポレート・ガバナンス論へ─』（単著，文眞堂，2004年）
『ベンチャー支援制度の研究』（共著，文眞堂，2002年，中小企業研究奨励賞準賞）

日本企業論──企業社会の経営学──

2023年4月28日第1版第1刷発行　　　　　　　　　　　　　検印省略

著　者──勝部伸夫

発行者──前野　隆
発行所──株式会社 文 眞 堂
　　　　〒162-0041 東京都新宿区早稲田鶴巻町533
　　　　TEL：03 (3202) 8480 / FAX：03 (3203) 2638
　　　　HP：https://www.bunshin-do.co.jp/
　　　　振替 00120-2-96437

製作……真興社